五千年间不知有多少精彩绝伦的智慧耗尽在这里

版权声明

罗织经

原典（唐）来俊臣 ⊙ 马树全 译注

全国百佳图书出版单位
时代出版传媒股份有限公司
黄山书社

图书在版编目(CIP)数据

罗织经/(唐)来俊臣原典;马树全译注. -- 合肥:黄山书社,2010.3
(天下无谋之秘卷八书)
ISBN 978-7-5461-0999-2

Ⅰ.①罗… Ⅱ.①来… ②马… Ⅲ.①政治-谋略-中国-唐代 Ⅳ.①D691

中国版本图书馆CIP数据核字(2010)第028861号

罗织经　原　典:(唐)来俊臣　译　注:马树全

出 品 人:任耕耘　选题策划:闻　钟　责任编辑:周振华
特约编辑:三　可　贺宝恕　责任印刷:李　磊　装帧设计:朗观设计

出版发行:时代出版传媒股份有限公司(http://www.press-mart.com)
黄山书社(http://www.hsbook.cn/index.asp)
(合肥市翡翠路1118号出版传媒广场7层 邮编:230071)
经　销:北京时代联合图书有限公司　营销部电话:010-65513628
印　制:三河市刚利印务有限公司　电　话:0316-3656666

开本:720*998　1/16　印张:20　字数:320千
版次:2010年3月第1版　2015年11月第4次印刷
书号:ISBN 978-7-5461-0999-2　定价:35.00元

订购热线:13911893133

谋略与文化
（总 序）

也许，真的像有人所说的，中国文化是一种谋略型的文化。但是，当下谋略类书籍的流行却似乎与所谓的“谋略型中国文化”并无太大的关系，起码没有本质的联系。因为文化的深处未必是谋略，而“谋略”的深处一定是文化。

在中国历史上，存在着儒、道、兵、法、墨、纵横、阴阳等许多学派。这些主要的学派不仅非常关心政治，还不约而同地指向了“治人”，而治人就必须讲究方法，讲究方法就是智谋，就是谋略，就是权术。然而，当时的实际情形是智谋被提升为一种牢不可破的社会制度性的规范和原则，各种学派和文化都在智谋中找到了自己的定位，纳入了谋略的范畴，成为智谋的不同组成部分。这样一来，中国的智谋型文化就形成了。

在历史上，对中国的智慧、谋略、政治有影响的学派虽有十几家，但影响最大的主要是儒、道、法三家。中国的智慧和政治虽然常常呈现出纷纭复杂的状态，其实万变不离其宗，只要掌握了这三家的思想精核，也就把握住了中国的谋略和智慧。

儒家的智慧是极为深刻的。它是一种非智谋的大智谋，其运谋的方法不是谋智，不像法家或兵家那样直接以智慧迫使对方服从；而是谋圣，即从征服人心着手，让人们自觉自愿地为王道理想献身。用今天的话讲，就是非常注重做“政治思想工作”，首先为人们描绘一幅美好的蓝图，并百折不挠地到处宣传这种理想，直到人们心悦诚服。其实，这已经不是儒家谋略的高明，更不是儒家谋略比别的学派的谋略狡诈，在这里，它已经上升到了人性、人道的范畴。这就是儒家智谋的合理性之所在，也是其成为真正的大智谋的根本原因。

法家的智慧很特殊。法家之法作为君主统治天下的手段，是建立在非道德的基础上的。法家之法的根源在于封建集权制，因此，它就特别强调“势”。“势”就是绝对的权威，是不必经过任何询问和论证就必须承认和服从的绝对的权威。有“法”无“势”，“法”不得行；有“势”无“法”，君主不安。但如何才能保证“势”的绝对性呢?这就需要“术”。“术”就是统治、防备、监督和刺探臣下以及百姓的隐秘的具体权术和方法。中国的“法制”最发达的地方就在于“法”与“术”联手创造的御臣、牧民的法术系统。“法”的实质是强力控制，“势”的实质是强权威慑，“术”的实质则是权术阴谋。这些都是直接为维护封建王权服务的。

道家的智慧是极为聪明的。黄老的有关著作处处流露出智慧的优越感，处处显示出对别的学派的鄙夷和不屑。黄老道术自以为是最聪明的学说，它认为天地万物都受道的支配。道是绝对的、永恒的，是永远不可改变和亵渎的；世间的人是有限的，对于道只可以体味、尊重和顺应。那么，如何体味和遵循道呢？黄老哲学认为，那就是要顺应自然，要无为，然后才能无不为。所谓"圣人无心，以天地之心为心"，说的就是圣人没有自己的主张，万物的自然运行就是圣人的主张。人如果不能体察道，就不能"知常"，不能顺应自然，在现实中就容易招致祸害。

当然，在具体的历史进程中，这三家的智慧从来没有单独存在过，总是相互融合，甚至进而吸收其他学派的思想，只是在不同的历史时期和不同的背景下各个学派的思想相互消长而已。

智谋型文化对于塑造中华民族的性格有着很大的影响，甚至在一定程度上决定了我们民族的性格特征。当然，这里不仅有正面的影响，也有负面的影响。在一定意义上，中国人的学问往往被理解成谋略，"世事洞明皆学问，人情练达即文章"，就是很有代表性的话。有许多中国人不惜把自己的一生都花在谋划、算计别人上，给社会带来了极大的内耗。遗憾的是，谋划和算计在长期的历史发展过程中，不仅有用，而且早已上升为一种根深蒂固的为人们所称许的处世态度。它已经不是一种"术"，而是人生的"道"，已成为中国人难以改变的文化精神。一般所说的中国人善于"窝里斗”,就由此而来。

然而，中国的智慧首先是道而不是术，也就是说,术只是道的表现形式,道则是术的根本,是术的决定因素。只要掌握了道,术就会无师自通,就会自然而然地显现出来。无论是儒家、道家,还是法家、兵家,他们都是正大光明的“阳谋”学派,他们都有一个共同的特点,就是都要求首先提高自己的道德境界,加强自己的人格修养,然后才是智慧谋略。如果颠倒了这一关系,那就无论如何也弄不懂中国的智慧。

所以鲁迅先生说:捣鬼有术也有效,然而有限,成大事者,古今未有。

因为,权谋绝不仅仅是一种技术,中国权智在本质上是一种至为深刻的文化。只有人的身心内外都渗透了这种文化,才能自然而然地达到内谋谋圣、外谋谋智的境界,才能成为真正的圣、智兼备的谋略家。

冷成金

中国人民大学文学院教授

机诈巧骗　可以休矣

（代 序）

在《新唐书》、《旧唐书》和《唐会要》等典籍中，均提到来俊臣及其党羽编制《罗织经》一事。据史载，他们“共为罗织，以陷良善。又造《罗织经》一卷，其意旨皆网罗前人，织成反状。”但《罗织经》已佚千年，无人得见。

两年前，笔者有幸从日本朋友东木先生手中获唐朝人万国俊手抄《罗织经》一卷，可惜已磨损残缺，有些字迹模糊不清。阅后深为其中权谋之术所震惊，于是决意将其收集整理，以昭示后人。两年来，笔者查阅了大量古籍资料，求教过诸多唐史专家，经过潜心研究，查证补遗，终于使其恢复原貌。

在编译过程中，笔者才真正感受到《罗织经》那不同寻常的意味，正如柏杨在《中国人史纲》中评述的那样：“他所著《罗织经》一书，是人类有史以来第一部制造冤狱的经典。”

在点校整理的过程中，笔者感到有如下几点值得今人深思：

1.封建专制社会中，上至皇族，下至平民百姓，人人都是受害者，就连手执生杀予夺之权的周兴、来俊臣也不能例外。唯一的结论是，一个坏的制度可以让好人变坏；反之，一个好的制度可使坏人的为祸程度大大减弱。正所谓："非人之过也，实乃情势使然。"

2.历代君主都渴望忠臣，而小人却充斥朝野。具有讽刺意味的是，忠臣虽为世人景仰，而小人却过得好些。历史的经验告诉人们，对待奸人恶行，采取鸵鸟政策是不行的。只有充分地展示它，了解它，才能最终战胜它。因噎废食的结果只能是邪行恶举大行其道。

3.南周王朝作为封建社会长链中最具封建色彩的一环，却出了一个最为"反封建"的现象——女皇。这的确是意味深长的。如果看了《罗织经》，读者就会明白其中的奥妙所在。也就是说，《罗织经》对研究南周王朝和中国历史上唯一的女皇所处之社会的政治、经济、文化等方面，确有不可替代的史料价值。

任何当代文化，只有汲取传统文化的优秀成分并去其糟粕，才能成长壮大。毋庸置疑，因《罗织经》为酷吏来俊臣所著，今又保留其原文大貌，遗毒尚存，故请读者自鉴。但本书定能为广大读者识破伎俩、反奸防骗，提供值得借鉴的东西。同时，本书若能为研究者提供参考，实为笔者之幸。

在此，向不吝赐教的诸位专家学者以及给本书以大力支持者，致以衷心的谢忱！

由于笔者学识水平和鉴别能力有限，拙作瑕疵必多，请读者见谅。

闻 钟

2010 年于北京天朗园

前　言

唐朝酷吏来俊臣所撰的《罗织经》,是一部专讲罗织罪名、角谋斗智的书籍。在中国几千年的历史上,它是一道独特的"风景"、一次必然的孽生,有着不同寻常的意味。

其一,它是人类有史以来第一部制造冤狱的经典。

其二,它是酷吏政治中第一部由酷吏所写的、赤裸裸的施恶告白。

其三，它是文明史上第一部集邪恶智慧之大成的诡计全书。

其四，它第一次揭示了奸臣比忠臣过得更好的奥秘——权谋厚黑。

据史载,整人专家周兴临死之际,看过《罗织经》,自叹弗如,甘愿受死;一代人杰宰相狄仁杰阅罢《罗织经》,冷汗迭出,却不敢喊冤;雄才女皇武则天面对《罗织经》,叹道:"如此机心,朕未必过也。"遂生杀机。难怪柏杨在《中国人史纲》中颇具讽刺意味地写道:"南周王朝在历史上出现短短十六年，对人类文化最大的贡献是一部《罗织经》。"

来俊臣之流早已丧命,但不可否认,他们的害人哲学和封建遗毒并未彻底消亡。为了让世人认清奸人面目，识破恶人伎俩，本着存留历史真实、从反面认知人性的目的，我们在保留本书原貌的基础上，批判性地对全书作了逐段逐句的解释评议。为了让读者更深入、更形象地了解恶人的手段，吸取教训，我们在每一释评之后，又根据史实，编写了相关事典。这样使读者可以从反面汲取有益的东西，从而在纷繁复杂的世象中防诬反骗，识破伎俩，免受其害，此为本书出版之目的。

历史经验告诉我们，奸人的“智慧”不可忽视。他们害人无数，一方面因为他们心狠手辣、无耻之极；另一方面，也因为奸人的心机和手段实不乏“高明”。正直善良的人们如果小看了他们，难免会吃亏上当、遭其暗算。从这个意义上说，我们揭穿奸人的害人把戏并不是目的，目的是使人们洞悉其奸，勿受其害。正所谓，防天花需种牛痘。只有了解邪恶，才能战胜邪恶。

目 录

● 人们上当受骗，源于对人考察不深；人们一厢情愿地过分善良，恶人便利用这一点谋取私利。

● 不能料事在先，不能对敌无情，就无法保全自己，无法免受伤害。

● 施恩于人，并不一定能得到好的回报，实力才是最重要的。

● 不轻信别人便不会迷失心智，任人摆布；洞悉他人好恶，加以利用，才能做到悦人服人，御人制人。

事上卷 第二 027

● 历来的高位者，多是虚荣心极强、心高气傲的人物。他们虽以好忠正、远小人自居，其实没有几个能真正做到。

● 贪占一点，没有本事，只要表现得忠顺，就不会成为统治者眼中最大的祸患。

● 没有人心甘情愿地取悦别人，但取悦上司也是一门很深的智慧，在这方面，用常理行事是不行的。

● 官运亨通的第一要诀，便是揣摩上司隐藏起来的想法。

● 如果凡事硬要分个是非曲直，那么官场就容他不得，各种非难也就会加诸彼身。

治下卷 第三 053

● 不让下属知其根底，保持距离且不轻易示好，便是御下戒律的要义。

● 聪明的上司，往往故意把下属的提升过程拉得很长。饥饿的猎狗，总是能捕获更多的猎物。

● 何时示以权威，何时示以恩惠，如何交替使用之，是上位者要首先领悟的。

● 高官厚禄，功名富贵，最能使人消磨意志，不起异心，尽忠报效。

● 统御那些恃才傲物的下属的最有效手段，便是掌握和利用他内心深处的恐惧。

● 获取权力需要勇气和胆量，保持权力需要智谋和耐心。

● 对于有心获取权力的人，必须首先修习获取权力所需的本事，否则只能有害无益，自讨苦吃。

● 掌握权力，排挤对手，找一个正当的名义，尤为重要。

● 明智的掌权者，在不损害自己利益的同时也会让人小利，收买人心。

● 权术离不开阴谋和欺诈，只因它实用和有效，所以即使是正人君子也不敢小视于它。

● 对手不会示敌人以真面目，最危险的敌人总是以朋友的身份出现。

● 自私者眼中，利益永远要比善名实惠得多。

● 投机者总是按照利益的大小来调整敌人的定义，作出最有利自己的选择。

● 关键是要掌握对手的把柄，有了此点要制伏他就容易多了。

● 对敌行动，最忌优柔寡断、顾虑重重，从而失去先手，由主动变被动。

- 谋划出富贵，知止保恒远。
- 去旧纳新，任用私人，最为新主子所奉行。
- 讨好君主固然重要，君主宠幸的人也必须交结。
- 官场中的关系网是无处不在的，如果就事论事，不把此中利害考虑在内，势必会因此结怨他人，牵一发而动全身。
- 荣宠带来的危险和贫穷带来的危险是同样不可低估的。

- 君子惜名的个性，实是他们致祸的根源所在。
- 保身之道，重要的是不树强敌，成为众矢之的。
- 软刀子杀人往往最见奇效。
- 在无力抗辩的情况下，主动承认错误，甚至违心地认下罪名，不失为摆脱厄运、获得新生的一条途径。
- 人不会永远处于顺境，考虑到这个现实，有远见的人便事事留有余地。

● 刑法在确定犯罪方面，本是以事实为根据的，离开了这一要旨，那么如何处罚犯罪，便成了当权者对付民众和政敌的一种手段了。

● 肉体的残害、酷刑的无所不用，向来是酷吏的看家本领；但精神上的打击是别的方法无法比拟的，也是最奏效的。

● 审案问罪最忌心有同情，不忍下手，这是酷吏和阴谋者的经验之谈。

● 在凶险四伏的官场之上，一个人如果没有机心，不设心防，该是一件十分可怕的事。

● 阴谋者的招法和酷吏的伎俩，因为针对性强，切入点准，威慑力大，所以常常是致命的，也是非一般人所能忍受的。

●在酷吏和阴谋者的整人手法中，不能忽视他们言语恐吓的杀伤力。

●专横和高压，使得人们不得不随波逐流，逆来顺受，也给酷吏的恶行找到了借口。

●惩罚人针对他们不情愿的地方，就会给他们带来最大的痛苦。

●只要掌有权力，只要把持舆论武器，受害者就无法抗辩鸣冤，世人也难知事情的真相。

●每一件大的冤案、错案，统治者都有不可推卸的责任，甚至是真正的元凶。

●在淫威强权之下，纵是智慧再高，有时也是全然无用。

●在人际关系中，保持一定的距离对谁都有好处。

●在朋友眼里看来无妨的东西，在小人的眼中就大有文章可做了。

●多数的冤案，表面上人证物证俱在，看似合理合法，挑不出什么毛病，这正是冤案制造者的狡猾之处。

罗织经 唐·来俊臣

|原 文|

阅人卷 第一

人之情多矫，世之俗多伪，岂可信乎？子曰："巧言、令色、足恭，左丘明耻之，丘亦耻之。"耻其匿怨而友人也。

人者多欲，其性尚私。成事享其功，败事委其过，且圣人弗能逾者，概人之本然也。

多欲则贪，尚私则枉，其罪遂生。民之畏惩，吏之惧祸，或以敛行；但有机变，孰难料也。

为害常因不察，致祸归于不忍。桓公溺臣，身死家衰；夫差存越，终丧其吴。亲无过父子，然广逆恒有；恩莫逾君臣，则莽奸弗绝。是以人心多诈，不可视其表；世事寡情，善者终无功。信人莫若信己，防人毋存幸念。此道不修，夫庸为智者乎？

事上卷 第二

为上者疑，为下者惧。上下背德，祸必兴焉。

上者骄，安其心以顺。上者忧，去其患以忠。顺不避媚，忠不忌曲，虽为人诟亦不可少为也。上所予，自可取，生死于人，安能逆乎？是以智者善窥上意，愚者固持己见，福祸相异，咸于此耳。

人主莫喜强臣，臣下戒怀妄念。臣强则死，念妄则亡。周公尚畏焉，况他人乎？

上无不智，臣无至贤。功归上，罪归己。戒惕弗弃，智勇勿显。君至亲亦忍绝，纵为恶亦不让。诚如是也，非徒上宠，而又宠无衰矣。

治下卷 第三

甘居人下者鲜。御之失谋，非犯则篡耳。

上无威，下生乱。威成于礼，恃以刑，失之纵。私勿与人，谋必辟。幸非一人，专固害。机心信隐，交接靡密，庶下者知威而畏也。

下附上以成志，上恃下以成名。下有所求，其心必进，迁之宜缓，速则满矣。上有所欲，其神若亲，礼下勿辞，拒者无助矣。

人有所好，以好诱之无不取。人有所惧，以惧迫之无不纳。才可用者，非大害而隐忍。其不可制，果大材而亦诛。赏勿吝，以坠其志。罚适时，以警其心。恩威同施，才德相较，苟无功，得无夭耶？

控权卷 第四

权者，人莫离也。取之非易，守之尤艰。智不足弗得，谋有失竟患，死生事也。

假天用事，名之顺也。自绝于天，敌之罪也。民有其愚，权有其智。德之不昭，人所难附焉。

乱世用能，平则去患。盛世惟忠，庸则自从。名可易，实必争；名实悖之，权之丧矣。嗜权逾命者，莫敢不为；权之弗让也，其术乃极。机为要，无机自毁；事可绝，人伦亦灭。利禄为羁，去其实害；赏以虚名，收其本心。若此为之，权无不得，亦无失也。

制敌卷 第五

人皆有敌也。敌者，利害相冲，死生弗容。未察之无以辨友，非制之无以成业。此大害也，必绝之。

君子敌小人，亦小人也。小人友君子，亦君子也。名为虚，智者不计毁誉。利为上，愚者惟求良善。

众之敌，未可谓吾敌；上之敌，虽吾友亦敌也。亲之，故不可道吾亲；刑之，故向吾亲亦弃也。惑敌于不觉，待时也。制敌于未动，先机也。构敌于为乱，不赦也。害敌于淫邪，不耻也。敌之大，无过不知；祸之烈，友敌为甚。使视人若寇，待亲如疏，接友逾仇，纵人之恶余，而避其害，何损焉？

固荣卷 第六

荣宠有初，鲜有终者；吉凶无常，智者少祸。荣宠非命，谋之而后善；吉凶择人，慎之方消徙。君命无违，荣之本也，智者舍身亦存续。后不乏人，荣之方久，贤者自苦亦惠嗣。官无定主，百变以悦其君。君有幸臣，无由亦须结纳。人孰无亲，罪人慎察其宗。人有贤愚，任人勿求过己。

荣所众羡，亦引众怨。示上以足，示下以惠，怨自削减。大仇必去，小人勿轻，祸不可伏。喜怒无踪，慎思及远，人所难图焉。

保身卷 第七

世之道，人不自害而人害也；人之道，人不恕己而自恕也。君子惜名，小人爱身。好名羁行，重利无亏。名德不昭，毁谤无损其身；义仁莫名，奸邪不以为患。

阳以赞人，置其难堪而不觉；阴以行私，攻其讳处而自存。庶人莫与官争，贵人不结人怨。弱则保命，不可作强；强则敛翼，休求尽善。罪己宜苛，人怜不致大害。责人勿厉，小惠或有大得。恶无定议，莫以恶为恶者显；善无定评，勿以善为善者安。自怜人怜，自弃人弃。心无滞碍，害不侵矣。

察奸卷 第八

奸不自招，忠不自辩。奸者祸国，忠者祸身。无智无以成奸，其智阴也。有善无以为奸，其知存也。智不逾奸，伐之莫胜；知不至大，奸者难拒。忠奸堪易也。上所用者，奸亦为忠；上所弃者，忠亦为奸。势变而人非，时迁而奸异，其名难恃，惟上堪恃耳。

好恶生奸也。人之敌，非奸亦奸；人之友，其奸亦忠。道同方获其利，道异惟受其害。奸有益，人皆可为奸；忠致祸，人难以为忠。奸众而忠寡，世之实也；言忠而恶奸，世之表也。惟上惟己，去表求实，奸者自见矣。

谋划卷 第九

上不谋臣，下或不治；下不谋上，其身难晋；臣不谋僚，敌者勿去。官无恒友，祸存斯须，势之所然，智者弗怠焉。料敌以远，须谋于今；去贼以尽，其谋无忌。欺君为大，加诸罪无可免；枉法不容，纵其为祸方惩。

上谋臣以势，势不济者以术。下谋上以术，术有穷者以力。臣谋以智，智无及者以害。事贵密焉，不密祸己；行贵速焉，缓则人先。其功反罪，弥消其根；其言设谬，益增人厌。行之不辍，不亦无敌乎？

问罪卷 第十

法之善恶，莫以文也，乃其行焉；刑之本哉，非罚罪也，乃明罪焉。

人皆可罪，罪人须定其人。罪不自昭，密而举之则显。上不容罪，无谕则待，有谕则逮。人辩乃常，审之勿悯，刑之非轻，无不招也。或以拒死，畏罪释耳。人无不党，罪一人可举其众；供必无缺，善修之毋违其真。事至此也，罪可成矣。

人异而心异，择其弱者以攻之，其神必溃。身同而惧同，以甚其畏而刑之，其人固屈。怜不可存，怜人者无证其忠。友宜重惩，援友者惟招其害。

罪人或免人罪，难为亦为也。

刑罚卷 第十一

致人于死，莫逾构其反也；诱人以服，非刑之无得焉。刑有术，罚尚变，无所不施，人皆授首矣。

智者畏祸，愚者惧刑；言以诛人，刑之极也。明者识时，顽者辩理；势以待人，罚之肇也。

死之能受，痛之难忍，刑人取其不堪。士不耐辱，人患株亲，罚人伐其不甘。人不言罪，加其罪逾彼；证不可得，伪其证率真。刑有不及，陷无不至；不患罪无名，患上不疑也。

人刑者非人也，罚人者非罚也。非人乃贱，非罚乃贵。贱则鱼肉，贵则生死。人之取舍，无乃得此乎？

瓜蔓卷 第十二

事不至大，无以惊人。案不及众，功之匪显。上以求安，下以邀宠，其冤固有，未可免也。

荣以荣人者荣，祸以祸人者祸。荣非己莫恃，祸惟他勿纵。罪无实者，他罪可代；恶无彰者，人恶以附。心之患者，置敌一党；情之怨者，陷其奸邪。

官之友，民之敌；亲之友，仇之敌，敌者无常也。荣之友，败之敌；贱之友，贵之敌，友者有时也。是以权不可废，废则失本。情不可滥，滥则人忌。人不可密，密则疑生。心不可托，托则祸伏。智者不招己害。能者寻隙求功。饵之以逮，事无悖矣。

【阅人卷】第一

人之情多矫，世之俗多伪，岂可信乎？子曰：“巧言、令色、足恭，左丘明耻之，丘亦耻之。”耻其匿怨而友人也。

人者多欲，其性尚私。成事享其功，败事委其过，且圣人弗能逾者，概人之本然也。

多欲则贪，尚私则枉，其罪遂生。民之畏惩，吏之惧祸，或以敛行；但有机变，孰难料也。

为害常因不察，致祸归于不忍。桓公溺臣，身死家衰；夫差存越，终丧其吴。亲无过父子，然广逆恒有；恩莫逾君臣，则莽奸弗绝。是以人心多诈，不可视其表；世事寡情，善者终无功。信人莫若信己，防人毋存幸念。此道不修，夫庸为智者乎？

本卷精要

人们上当受骗，源于对人考察不深；人们一厢情愿地过分善良，恶人便利用这一点谋取私利。

不能料事在先，不能对敌无情，就无法保全自己，无法免受伤害。

施恩于人，并不一定能得到好的回报，实力才是最重要的。

不轻信别人便不会迷失心智，任人摆布；洞悉他人好恶，加以利用，才能做到悦人服人，御人制人。

原文

人之情多矫，世之俗多伪，岂可信乎？

译文

人们的情感许多是做作出来的，世间的习俗许多是虚假的，怎么可以相信呢？

释评

作为酷吏之首和整人专家，来俊臣、万国俊之流并非泛泛之辈，其行为固为人不耻，但不可否认，此等小人的见解和手段实不乏“高明”和“深刻”之处。此言切中时弊，一语道破了封建专制时代的人际关系和社会现实的冷漠、虚假本质，令人深思。

对人和社会的本质认识是十分重要的，它直接决定着一个人的思维方式和行为准则。如果对此认识不清或流于肤浅，便只能归结到天真、幼稚之列，其后果必然是处处碰壁，一事无成。

【事典】故作贪鄙的东方朔

汉武帝时代的东方朔，无所不知，无所不晓，为一代名家。他最初为了谋取功名，竟用了三千枚竹简上书朝廷，以求重用。汉武帝赏识他的才华，遂招他入朝。

东方朔为官之后，判若两人。他再不言

东方朔

本姓张，平原厌次人，汉武帝宠臣。朔深谙太平盛世为官之道，有大才，然藏而不露，偏以滑稽侍君，自称“避世于朝廷间者”。

镜　鉴

太平盛世才高遭忌，守愚得全。

国事，却是故意表现自己的贪鄙。皇帝赐宴之后，剩下的肉他总是揣在怀中带走，赏赐给他的绸缎，他都用来娶漂亮女子，且是一年便休，还要索回先前给人家的东西，随后再娶。

这种做法惹来一片非议。有人指责他说："先生博古通今，自命不凡，怎会干这种为人不耻的事呢？先生如此行事，就不怕有损声名，丢掉官位吗？"

东方朔说："时代不同了，人情世故却是一样的。春秋战国时代，群雄逐鹿，人才便显得十分重要。如今天下太平，政通人和，贤君和庸主都能安于其位，人才的重要性也就差多了。礼贤下士，那是君主有所需要才做出来的姿态，我怎敢当真呢？更何况忌贤妒能的人比比皆是，我又怎敢表现我的才能呢？"

终其一生，东方朔虽官位不高，却是风平浪静，无灾无难，其智慧故事也广为人知。

原文

子曰："巧言、令色、足恭，左丘明耻之，丘亦耻之。"耻其匿怨而友人也。

译文

孔子说："甜言蜜语、和颜悦色、毕恭毕敬，这种态度，左丘明认为可耻，我也认为可耻。"他们不耻心中藏着的怨恨，表面却与人要好的虚伪行径。

释评

社会是复杂的，现实是残酷的。人们出于各种目的和需求，总会戴上面具，做出假相来掩饰本心，骗取信任，为己谋利，这不能不说是一种悲哀和无奈。这在左丘明、孔子等圣贤眼中是可耻的行为，却常常是人们安身立命、隐忍避祸的生存之法，更是奸佞小人邀宠弄权的晋身之道，虽为人所轻，但颇为实用。退而求其次，难怪此道盛行不衰了。

【事典】张居正的另一面

张居正一生历任嘉靖、隆庆、万历三朝，是明朝杰出的政治家。他出任内阁首辅十余年，实行一系列的改革措施，使日趋没落的明王朝一度有所振作。

张居正得居高位，施展抱负，说来竟与他巴结取悦权重一时的掌印太监冯保大有关系。

冯保贪财好色，为人不端，张居正虽对他心生厌恶，可为了争首辅之位，他竟自甘下贱，百般取媚冯保。为了讨取冯保的欢心，张居正不惜送他名琴7张，珍珠帘5副，黄金3万两，白银10万两及其他多种珍玩。

公元1572年，隆庆皇帝去世，年仅十岁的朱翊钧继位，冯保遂在朱翊钧的生母李贵妃面前大肆攻击时任内阁首辅大臣的高拱，极力推荐张居正。高拱不知内情，竟将他上疏要将冯保驱逐出宫的事告诉了张居正。张居正一知此事，便毫不犹豫地出卖了引他为知己的高拱，把此消息密报给了冯保。

冯保诬告高拱有造反之心，高拱遂被放逐。张居正除去宿敌，终登内阁首辅之位，得偿所愿。

张居正

明代内阁首辅。字叔大，湖广江陵人，出身贫寒，以科举入翰林，在政治的风浪中，他模仿老师徐阶“内抱不群，外欲浑迹”，相机而动，终登相位，权倾朝野。

镜　鉴

勿显高志，随俗乃安。

原文

人者多欲，其性尚私。

译文

人的欲望是多种多样的，人的本性是自私的。

释评

对人的认识，小人的见解有其独特的参考价值。他们本领很少，学识不多，却能欺上瞒下，兴风作浪，这让人不能对其等闲视之。有一点可以肯定，那就是小人总能找到人性的弱点并加以利用，从而达到自己的目的。

事实上，人类社会的无穷祸患，无不是由人们的多欲和自私引发的。

【事典】李义府的转折点

李义府是唐高宗时代的宰相，他外表看上去温和谦恭，未言先笑，可是内心却阴险恶毒，人称“笑里藏刀”。

唐高宗登基伊始，李义府只任一个中书舍人的低级职务。当时宰辅大臣长孙无忌又不喜欢他，遂贬他出京，到偏远的壁州担任司马小官。李义府惶急之中，向同僚王德俭求救。

王德俭官位不高，无法直接帮助李义府，但他深通人情世故，便给李义府出了一个主意。他说：“人都是自私的，皇上也不例外。现在皇上要立武则天为后，只因大臣们反对才迟迟未决，此等时候，如果你上奏皇上，提出此议，满足皇上的私心，必受皇上的喜爱，那你就可转危为安了。”

李义府大喜过望，依计便行。他连夜写好奏书，坚请废黜皇后王氏，拥立武则天为后，并敲开阁门，将此折递入宫中。

李义府此举正中唐高宗的下怀，他立刻被召见，并被赐一斗珍珠。武则天获知此事，对他也另眼相看，还派人向他致谢。结果他不但未被贬官，还被升了官，倒是那些反对废后的长孙无忌等人，最后被迫害致死。

原文

成事享其功，败事委其过，且圣人弗能逾者，概人之本然也。

译文

事情成功了便享受功劳，事情失败了便推托过错，圣人尚且不能超越这一点，这大概是人的本性所决定的吧。

释评

虚荣心，是人所共有的；责任感，是人所缺乏的。在是非成败面前，人的这种本性最易暴露出来。认识到这一点，对人对己都是大有益处的。它可使人丢掉幻想，因而明白，对人不能期望太高，要求太多，对己不要自信太强，自责太切。凡事若能顺其自然，就势而为，便会处理好各种各样的人和事，不致怨天尤人，犯忌涉险。

【事典】冤死的晁错

汉景帝的谋臣晁错，忠心耿耿，他为了国家的统一和巩固，向景帝提出"削藩"的主张。晁错的父亲听此消息，马上从家乡颍川赶到京城长安，对儿子劝戒说："你太幼稚无知了，这事成了，那是皇上的功劳；这事若是办坏了，罪名便会全都落在你的身上。无论如何，这是费力不讨好的事，聪明人怎会干这种愚蠢的事呢？"

晁错回答说："这事对国家有利，有人怨恨于我那也顾不得了。只要皇上明白我的心

晁　错

颍川人，汉文帝时太子家令，汉景帝时御史大夫。晁错以《削藩策》进景帝，获重用，然因削藩激起八王之乱，在"诛晁错，清君侧"的口号下，晁错成为政治牺牲品，被腰斩。

镜　鉴

莫忘下属的特别职责——"替死鬼"。

意，又有谁能加害于我呢？”

晁错的父亲顿足而泣，他说：“大祸临头了，你还不自知，我还能说什么呢？”言罢他竟服毒而死。

以吴王刘濞为首的“七国之乱”随之爆发。他们以“清君侧、诛晁错”为名，四下举事，一时天下大乱。

面对如此形势，登基不久的汉景帝乱了手脚。和晁错有仇的大臣袁盎趁机向景帝进言说：“王侯造反，这全是晁错一人造成的。皇上受了晁错的蒙蔽，不应该削藩，令其丧失他们的地盘。倘若杀掉晁错，恢复他们的封地，赦免七国的造反之罪，叛乱自会平息。”

景帝听罢此言，默不做声，良久，他才如释重负地高声说：“为了一个晁错，我何必得罪天下！”

景帝遂命丞相陶青等人弹劾晁错，说他离间君臣，大逆不道，无大臣之礼，应当腰斩，父母、妻儿、兄弟姐妹，应一律处死。这出由景帝自编自导的丑剧，景帝自然是无不照准，且是立即执行。

可悲的是，晁错当时正在忙于平叛事宜，行刑的使臣来逮捕他，他却以为皇上有要事相召，还换上了朝服。直到马车将他拉到处决死囚的长安城东市，他才知不妙。不等他出声，便被人拉下车来，立行腰斩。

晁错至死也不明此中情由。景帝虽杀了晁错，却未能使叛乱平息，只是白白断送了一代名臣的性命。

原文

多欲则贪，尚私则枉，其罪遂生。

译文

欲望多了就会起贪心，极端自私就会有偏差，罪恶从此便产生了。

释评

多欲和自私，是人很难克服的自身弱点，没有几个人能真正超脱此中局限。从这个意义上说，人都是有罪的；区别只在罪大罪小而已。人间的一切罪恶，归根结底，还是源于人们自身的这种缺陷。这就要求人们正视自我，时刻检查自己的言行，加强修养，弃恶向善，从根本上战胜人性的弱点。否则，便只能越陷越深，难以自拔。

【事典】骤登显要的主父偃

西汉的主父偃未发迹时，穷困潦倒，连借钱都无处可借。世态的炎凉，自身的困顿，使他对世间的一切充满了仇恨，发誓一定要出人头地，报复那些羞辱他的人。他一度游历了燕、齐、赵等藩国，可始终不被任用，这更增加了他的仇恨。万般无奈，他孤注一掷地来到首都长安，直接向汉武帝上书。这次的冒险使他大有所获，汉武帝对他竟十分赏识，立即被授以官职。一年之内，他竟连升四级，官居显位。

有了权势，主父偃便迫不及待地施展了他的报复行动。以往得罪过他的人，都加以罪名，纷纷收监治罪。哪怕只是从前对他态度冷淡的人，他也不肯放过，极尽报复，不惜致人死地。至于当初冷遇他的燕、齐、赵等藩国，他更是处心积虑地把一腔仇恨发泄在其国王身上。汉武帝的哥哥刘定国，是燕国国王，他无恶不作，臭名昭著，先是霸占了父亲的小妾，生下一个儿子，接着又把弟弟的媳妇强行抢来，据为己有。主父偃正为如何报复燕王发愁，偏赶这时有人向朝廷告发了燕王的丑行。主父偃主动请缨，获准受理此案。他假公济私，不仅向武帝诉说此中实情，还添油加醋地编排了燕王其他“罪行”，终迫使燕王自杀了事。

汉武帝的远房侄子刘次昌，为齐国国王。主父偃想把自己的女儿嫁给他，却遭到齐王的拒绝，为此，主父偃怀恨在心，便对武

主父偃

汉武帝时大臣。出身贫寒，先习纵横术，后改学《周易》、《春秋》、百家之言，然久不得志。元光元年，直接上书武帝，渐得武帝重用。然树敌多，终以贿赂遭族灭。

镜　鉴

要懂得给别人留有余地。

帝进言说："齐国物产丰饶，人口众多，商业兴旺，民多富有，这样的大国如此重要，陛下应该交由爱子掌管，才可免除后患。"主父偃的一席话打动了汉武帝那根脆弱的神经，他遂被任命为齐国丞相，监视齐王的举动。不想主父偃一待上任，便捏造罪名，对齐王严刑逼供，肆意陷害，齐王吓得自杀而亡。

下一个报复目标自然是赵王了。赵王刘彭祖深知这一点，索性来个先发制人，抢先上书汉武帝，揭发主父偃贪财受贿，胁迫齐王。

主父偃这次猝不及防，陷入被动。他被收监下狱，承认了受贿之罪，却拒不承认胁迫齐王的罪名。

汉武帝本不想杀他，主父偃的政敌公孙弘百般进谗，说他胁迫齐王，离间陛下的骨肉，非杀不可。加上主父偃树敌太多，竟无人肯为他说一句好话，终使武帝狠下心来，将主父偃族灭。

主父偃有此下场是可以预见的。早有人劝戒他说："做人不能太过霸道，不留余地。你如此行事，实在过分，我真为你担心哪！"主父偃却不以为然，振振有词地回答说："大丈夫生不能五鼎而食，死难免五鼎而烹。我求官奔波四十余年，受尽屈辱，今朝大权在手，怎能不尽情享用？人人都有欲望，人人都有私心，穷困时连父母、兄弟、朋友都不肯认我，我又何必在意别人的说法？"

原文

民之畏惩，吏之惧祸，或以敛行；但有机变，孰难料也。

译文

老百姓害怕惩罚，官吏恐遭祸患，不得不收敛自己的行为；一旦有了机缘变故，谁都无法预料。

释评

刑罚对犯罪的威慑作用是显而易见的，历代的统治者都不惜用重典来维护自己的统治。刑罚的作用又不是万能的，它不能从根本上消除人类的自私和贪念，何况利益和权力的诱惑力十分巨大，总有人会为它不惜铤而走险，置生死于不顾。这就要求人们不仅要防人，更要修身养性，抗拒诱惑，切不可疏乎对自己的约束。

【事典】韦皇后的倒行逆施

唐中宗软弱无能，皇后韦氏却是野心勃勃，她要效法武则天，一心想当女皇帝。

韦皇后生活淫乱，她的女儿安乐公主也不是善类，也一直想当皇太女。母女二人把持朝政，搞得天怨人怒，群情激愤。

正直的大臣向中宗揭发了韦氏母女的恶行，中宗深受触动。韦皇后得知此事，索性找来安乐公主，对她说："你的父皇是不会饶恕我们的，我们的富贵得来不易，现在是决断的时候了。"

安乐公主自知罪行不轻，一旦获罪，便生不如死。她和韦后一样，已尝到了权力的甜头，又怎肯束手待毙？她年纪不大，心肠却十分恶毒，她对韦后说："我们有所顾忌，才会安于现状，没有极端行事。此刻父皇尚在犹豫，当是我们最后一搏的大好时机。"

母女二人于是决心除掉中宗，以实现她们当女皇的美梦。韦皇后亲手做了一个有毒的饼子，安乐公主亲自送给中宗，将中宗毒死。

中宗死后，韦皇后临朝称制，由于心虚，韦后母女实行严刑峻法，稍有怀疑，便将人治罪，甚至对保卫皇宫的禁军也施以高压政策，动不动就加以惩罚。一时，韦氏一党猖狂肆虐，朝中上下人人自危，敢怒而不敢言。

如此局面，使暗中等待时机的李隆基心头窃喜。他四处联络反韦势力，又争取到和韦氏矛盾尖锐的宫门禁军的支持，遂发动了

韦皇后

唐中宗皇后。先勾结武三思等专擅朝政，后临朝称制，意欲成为第二个武则天。后，李隆基起事，被杀，追贬为庶人。

镜　鉴

力不能及却勉强去做则遭祸。

宫廷政变,一举夺取了政权。而利欲熏心的韦氏母女,女皇梦还没有醒来,便被诛杀,只落得个首身异处的下场。

原文

为害常因不察,致祸归于不忍。

译文

人们受害常常是因为对人没有仔细的察验,人们遭受祸患往往是由于对人心慈手软。

释评

趋利避害是人们孜孜以求的目标。实际上,缺乏对人的本质认识和对人性的充分了解,要达到这一点是不可能的。人们上当受骗,源于对人考察不深;人们一相情愿地过分善良,恶人便利用这一点谋取私利。正因为如此,人生才会显得那么的复杂和坎坷,社会才会呈现那般残酷和无奈。

【事典】孟尝君的无知

战国时代的齐国公子孟尝君,以养士著名。他门下的食客数千人,无一不受到他的优待。有此善举,有识之士争先恐后地投奔他,至于一些无甚才识之辈,更是以他为大树,到他那混口饭吃。

难能可贵的是,孟尝君对他们一视同仁,并没有因为一些人的滥竽充数而亏待他们。他有如此气度,食客和天下人无不对他赞誉有加,敬佩之至。

当然,天下没有白吃的午餐,孟尝君如此不惜代价地养客待士,自是希望这些人为他卖命效力。食客也的确为他做了一些事,那广为人知的“鸡鸣狗盗”的故事便是一例,他们帮助孟尝君解脱了困境,渡过了难关。

俗话说,天有不测风云。由于孟尝君的声望太大,齐国国君有了猜忌之心,便罢免了孟尝君的职务,把他赶出都城。最令孟尝君伤心的是,他门下的数千食客,一看孟尝君失势,竟纷纷离开了他。

最令孟尝君生气的是,后来他官复原职,那些先前背弃他的食客又纷纷返回了。孟尝君心生恼怒,愤愤地对一直陪伴他的冯谖说:“这些人实在是太可恶了,他们不仁不义,还恬不知耻地敢回来见我,真是把我当傻瓜了。我自问没有一丝亏待他们之处,可他们竟那样对我,这个世上还有道义可言吗?我一定要好好地羞辱他们,以解我心头之恨!”

冯谖长叹一声,问孟尝君:“事情总有它的道理,先生你可知道此中的奥妙吗?”

孟尝君摇头说:“我实在不知,请先生教我。”

冯谖见孟尝君态度诚恳,也就直言相告:“人之常情,什么时候也差不了多少。正像有生必有死一样,富贵时自会有人追随于你,贫贱时当然就缺少朋友,这是事情固有的道理啊。打个比方说吧,先生看见去市场赶集的人了吗?一大早,人们便争先恐后地来到集市上;到了天黑,即使是路过集市,人们也不作片刻停留。这是为什么呢?道理很简单,人们并不是对早上的市场有所偏爱,也不是对晚上的市场有所憎恶,只是因为晚上的市场已经没有人们所需要的货物了。这般说来,当你失势的时候,人们弃你而去,不是一件很正常的事吗?你对此耿耿于怀,岂不是对人失于考察吗?现在还不是你可以放纵的时候,为了你的大业,你不要责怪他们,否则就断了宾客的来路,于你有害而无益。”

孟尝君闻听此言,对冯谖称谢不已。他不再追究此事,反使食客们自惭形秽,人人都对他有了以死报效之心。

原文

桓公溺臣,身死家衰。

译文

齐桓公过分信赖宠臣,以致惨死,家族衰败。

释评

权力和才智往往使人刚愎自用，自视甚高。齐桓公身为一代霸主，竟为小人的伎俩所蒙蔽，以致受害，恰能证明过分自信的害处实在可怕，对此万万轻视和忽略不得。与其说是奸恶小人害了齐桓公，不如说是齐桓公自作自受的结果。对任何事情的考察和分析，外因始终是次要的，内因才是事情成败的关键。在此，反省自身是必要的，是不能怨天尤人的。

【事典】齐桓公的悲剧

齐桓公姜小白由于重用管仲、鲍叔牙等一批贤明大臣，称霸天下四十年。有此业绩，齐桓公渐渐骄纵起来，到了晚年更是怠于国政，耽于游乐。管仲病危时，竭力劝阻桓公不要亲近竖刁、易牙、卫开方，告诫他绝不可使他们掌握权力，否则后患无穷。

齐桓公表现得极为自负，他说："他们对我忠心不二，我对他们施有大恩，他们怎会背叛我呢？你是多虑了。"

管仲连连摇头，又进言道："人性是无法改变的，没有人不爱自己超过别人。竖刁本不是宦官，却自愿接受宫刑，他连自己的身体都忍心残害，对别人又怎会留情？没有人不爱自己的儿女，易牙为了邀宠，竟杀死他的三岁小儿做成一盘蒸肉献给大王，他连自己的儿女都狠心下手，对谁还会客气？没有人不爱自己的父母，卫开方却十五年没有回家尽孝，他连父母都不闻不问，还能在乎别人吗？我死之前，还可以驯服他们，他们不敢作乱。我死之后，大王不辨忠奸，若是还相信他们，那将害人误国了，大王绝不可姑息，再作犹疑。"

齐桓公虽然答应了管仲的请求，并没有真正觉醒。管仲死后，他依然对其宠信如故。

两年后，齐桓公病重，不能上朝理事。竖刁、易牙见齐桓公已无利用价值，便决定杀掉太子姜昭，拥立桓公的另一个儿子姜无亏，以保他们的富贵。他们下令禁止任何人出入寝宫。为把桓公饿死，又把服侍桓公的人全部赶走，还在寝宫外筑起高墙。这样，名震天下的齐桓公竟被活活饿死在病榻上。更惨的是，齐桓公饿死之后，尸体因无人料理，腐烂生蛆，直到蛆虫多得爬出围墙之外，人们才知道他原已早死多时了。

原文

夫差存越,终丧其吴。

译文

吴王夫差没有吞并越国,最后却导致吴国的灭亡。

释评

越王勾践卧薪尝胆的故事,历来被人称为隐忍的典范。从另一个角度看,这又是吴王夫差心存一念之仁,养虎为患的结果。勾践的演技固然高超,可若是夫差当机立断,痛下杀手,就不会有国破身亡的下场了,历史也将因之改写。权力场上向来是残酷无情、你生我死的,不能料事在先,对敌无情,就无法保全自己,免受伤害。

【事典】夫差的短视

公元前496年,吴国国王阖闾进攻越国,结果阖闾大败,因脚趾中了越军的毒箭而死。阖闾的儿子夫差继位,他立志报仇雪恨,每顿饭前都让卫士大声向他说:"夫差,你忘记杀父之仇了吗?"每到这时,他都大声回答说:"誓死不忘。"有此决心,他厉兵秣马,勤于政事,两年后对越开战,大获全胜,生擒了越王勾践。

夫差大仇得报,踌躇满志。对如何处理越国,吴国的大臣们却发生了争论。忠心耿耿的伍子胥主张吞并越国,以绝后患,他对夫差说:"越国狼子野心,对其绝不能姑息,大王若不趁此良机将其并入版图,势必令其有喘息之机,一旦它有所振作,吴国就危险了。何况吴越的仇恨已经种下,纵是大王有心怜恤,他们也不会心存感激的。"

吴国的另一重臣伯嚭为越国收买,便提出与伍子胥完全相反的意见,力主保全越国,作为吴国的附庸。他为此游说夫差,给夫差戴了许多高帽,又说若是吞并越国,便显得夫差薄情寡恩了。

夫差自视甚高,实际上却是优柔寡断,贪图虚名之辈。他十分草率地接受了伯嚭的建议,保全了越国,只让越王勾践留在姑苏,当做人质。

勾践忍辱负重，百般讨好夫差。一次夫差病了，他竟亲自去尝夫差的粪便。夫差为勾践的假相所迷惑，三年之后，便放勾践回国。

勾践死里逃生，秘密重整军备。他又施展美人计，把西施送与夫差，令其沉迷酒色，荒废国政。伍子胥洞悉其奸，屡次进谏夫差。无奈夫差执迷不悟，最后竟下令让伍子胥自杀。

公元前473年，距夫差生擒勾践整整二十年之后，越国一切准备就绪，向吴国展开了全面进攻。很快，吴军败退，首都姑苏陷落。夫差逃到阳山，向勾践请求仿效二十年前的故事，让吴国保留下来。勾践却答复说："先前老天爷把越国赐给你，你不接受。现在老天爷把吴国赏赐于我，我又怎敢拒绝呢？"

夫差至此，悔恨难当，只好自杀。临死之时，他用布把脸蒙上，说无颜到地下去见伍子胥了。

原文

亲无过父子，然广逆恒有。

译文

关系密切没有超过父子的，可是像杨广那样的逆子却总是存在。

释评

权力使人疯狂，甚至失去人性，无恶不作。历史上，似隋炀帝杨广杀父夺位的事，从来就没有停止过。这是封建专制时代的痼疾，权力既能让人一步登天，为所欲为，自会使人产生觊觎之心。与此相比，封建社会所宣扬的仁义道德，三纲五常，便显得分外苍白了。在夺权者眼里，权力才是第一位的，如果亲情成了夺权的障碍，自然就要排除。

【事典】隋炀帝的兽行

隋炀帝杨广，以荒淫奢靡、残忍恶毒留下千古骂名。在他所有的恶行之中，杀父篡位，只是其中的一例，由此便可见他的蛇蝎心肠了。

杨广在五个兄弟中排行第二，生得俊美，仪表不凡。按照封建社会宗法嫡长子继承制，大哥杨勇被立为太子，他被封为晋王。杨广是个野心勃勃的奸恶之人，对此他心怀愤恨，日夜筹划把太子扳倒。

一次，隋文帝去京城之外的仁寿宫小住，太子杨勇在京期间，于冬至这一天在东宫接见了群臣。按照封建社会的规矩，太子是不能和群臣来往的，以避干政的嫌疑。杨广以此大做文章，他急忙赶往仁寿宫，诬陷太子将有非常之举。隋文帝不辨真伪，于是将杨勇废黜，让杨广做了太子。

谋得了太子之位，这只是杨广夺权的第一步，太子只不过是个名位，只要父皇还在，是没有任何实权的。于是，他又把隋文帝视为眼中钉，必欲除之而后快。

公元606年，隋文帝病倒了。杨广假意服侍父皇，陪伴左右，却是期待文帝早死，以便马上登基。一天，他在林园中遇见文帝的宠妾宣华夫人，百般调戏，只因宣华夫人誓死不从，他才没有得手。

此事被文帝得知，大骂杨广禽兽不如，他后悔改立太子，要立刻恢复杨勇的太子之位，并将杨广治罪。文帝此举，已然晚了，此时他的周围都是杨广的心腹，他的号令自是无人听从。杨广指使自己的心腹大臣张衡，对文帝下了毒手，可怜一代英主，竟被两腿撕裂，活活肢解，惨死在病榻之上。

隋炀帝

杨广，杨坚次子，以阴谋手段夺得帝位。在位期间好大喜功，百姓不堪重负，终于引发叛乱，在江都被部将缢杀，隋朝灭亡。

镜　鉴

人多善伪，至亲亦不可信。

原文

恩莫逾君臣，则莽奸弗绝。

译文

施以恩德没有超过君对臣的，但是像王莽那样的奸臣却从未断绝。

释评

封建时代，臣子的富贵荣华都是君主所授予的，这种恩情自是无人可比了。作为奸雄的代表，王莽深受皇恩，竟干下篡逆之事。似他这样的人，在历史上比比皆是，不足为怪。由此可见，施恩于人，并不一定能得到好的回报；实力才是最重要的。有此依托，即使寡恩薄情，也会令人畏惧，不受人欺。

【事典】忘恩负义的王莽

西汉的王莽，为历代诟骂，他篡汉自代，愚弄天下，早已是奸恶臣子的代名词了。

从改朝换代，江山易姓的手法上来看，王莽又是一个非同寻常的人物，他完全靠一个人的力量和智慧，没有动用一兵一卒，就完成了夺取帝位、建立新朝的大业，可谓一个奇迹。

王莽的发迹，起初完全得力于他的那个当皇后的姑姑王政君。王莽出身孤寒，父亲早死，他和母亲相依为命，艰苦度日。王政君见其母子可怜，多方照顾，对王莽爱之逾子，怜爱备至。她不顾众大臣的非议和反对，极

王　莽

字巨君，汉元帝皇后王政君之侄，魏郡元城人。篡汉建立新朝，公元23年赤眉绿林军攻入长安被杀，在位15年。

镜　鉴

伪装与隐忍是窃国大盗的必杀技。

力提拔王莽，以致王莽三十八岁时，已是朝廷重臣，身兼大司马之职。

王政君如此行事，有人便向她进言道："王莽虽是皇后的至亲，加恩于他未尝不可。只是王莽外表看似敦厚，其实未必心存感激。一旦尾大不掉，皇后的苦心白费不说，大汉的江山可危险了。"

应该说王莽的伪装功夫天下一流。虽有臣子进言，王政君却怎么也看不出王莽有不臣之心。她曾私下把王莽召来，对他说："你有今日，非是姑姑之功，乃皇恩浩荡之故。我们王家深受汉室大恩，任何时候，我们都要恪尽职守，报效天子。"

王莽装得涕泣横流，忠心不二。王政君为其愚弄，更是不遗余力地提携他了。

有了王政君这个靠山，再加上皇帝年幼无知，王莽欺上瞒下，培植自己的势力，最后被封为"安汉公"，位在三公之上，一手把持了朝政。

位极人臣，王莽并没有心满意足。他要当皇帝，自然遭到身为汉家之后的王政君的反对。刘汉王朝若是不存，她也就失去立足的根基了。她把王莽招来，未待训斥，只见王莽再不像从前那样恭敬，却是傲慢无理地抢先说："我意已决，姑姑就不要多费唇舌了。汉室气数已尽，天命在我，姑姑若是知趣，还是把玉玺交给我吧。"

王政君深知王莽羽翼已成，再也无法驾驭他了，她又悔又恨，无奈之下，便愤愤地将玉玺摔在地上，以致玉玺有损，缺了一角。

至此，王莽完全撕掉了伪装，他登基做了皇帝，建立了"新朝"。

原文

是以人心多诈，不可视其表。

译文

因此说人的内心隐含着太多的欺骗，不能光看他的外表。

释评

以貌取人，轻言轻信而上当受骗，遭受祸事的例子不胜枚举。实际上，要想透过人的外表，识别真伪，辨别忠奸，确是一件很难的事。这要求人们首先必须加强防范意识，不要抱有侥幸心理；其次，人们要克服自身的弱点，不能为别人不实的奉承、恭维之言所迷惑，任何时候都要保持清醒的头脑。俗话说，忠言逆耳，大奸似忠，人们倘若只凭自己的好恶行事断人，终究是片面的，往往存在着很大的误区。这方面，自欺欺人不行，一相情愿也不可。

【事典】过河拆桥的秦桧

北宋灭亡之时，秦桧被金人俘虏，他卖身投敌，被派回南宋充当内奸。

起初，他不但得不到南宋朝廷的信任，反是惹得许多大臣对他的身份大加质疑。因为被俘虏的大臣很多，他们很少能像秦桧这样平安返回，且是携妻带子，毛发无损。

秦桧焦灼之际，想起一人，他是南宋宰相范宗尹。此人年纪虽只有三十三岁，却已手握军政大权，颇得皇上的信任。于是他带着重礼，登门向他求助。

范宗尹虽年轻，然而不是一个简单人物。他善于投机，攻于心计，品行比秦桧好不了多少。北宋之时，他也背叛了宋朝，且向金人推荐张邦昌为帝，只因张邦昌垮台太快，他才又投靠了宋高宗赵构。凭着他的谄媚功夫，竟是后来居上，成为百官之首。

范宗尹自恃聪明绝顶，没想到这次遇上了比他更强劲的对手。秦桧拜见范宗尹时，极尽恭维的同时，又以其外表朴实，态度诚恳，赢得了范宗尹的好感。再加上秦桧所奉上的大礼非轻，范宗尹于是引他为知己，在高宗皇帝面前极力荐举秦桧。不到一年，秦桧便升到了副宰相之位。

范宗尹对秦桧有如此之恩，不想秦桧却把他当成了自己爬上宰相高位的绊脚石。他

秦　桧

南宋宰相，江宁人。北宋末年任御史中丞，与宋徽宗、钦宗一起被金人俘获。南归后，任礼部尚书，两任宰相，前后执政十九年。

镜　鉴

利益相关之人所说的话不可信。

虽在表面上不改对范宗尹的逢迎之相,暗地里无时无刻不在思量将他扳倒。

一次,范宗尹私下找秦桧商量要事,对他说:“皇上欲发大赦令,同时要给百官都晋升一级,我要谏阻此事;何况现在朝中尚存当年奸臣蔡京等人所提拔的余党,这些人更要清除出去。此事关系重大,不知你以为如何?”

秦桧深知范宗尹志不在此,他已是位极人臣,无可再升,他只是怕别人升官对自己不利。至于清除蔡京余党之说,范宗尹自可借机排除异己,亦可收买民心,以增其名望。

秦桧比范宗尹的高明之处,在于他不仅看破了范宗尹的用心,更看到此议若是提出,势必伤及百官的利益,定会遭到他们的强烈反对,使范宗尹陷于孤立,这可是扳倒他的绝好机会。于是秦桧极力赞成,大声言好,还信誓旦旦地保证说:“宰相如此看重下官,莫说要我鼎力声援,就是赴汤蹈火,下官也万死不辞。”

秦桧这种态度,更坚定了范宗尹的决心。第二天上朝,他便将此议提出。结果正如秦桧所料,满朝文武反对不说,就是高宗赵构也不以为然。

范宗尹心中惶急,只盼秦桧表态支持,不想秦桧一待开口,却是极力反对之词,且态度比任何人都严厉得多。他的这一举动自然赢得了大臣们的拥护,高宗赵构也颇为赞许,只有范宗尹瞠目结舌,至此方知中了秦桧的奸计。他四面楚歌,无奈之下,只好请求辞职。秦桧接掌了相位,阴谋终于得逞。

原文

世事寡情,善者终无功。

译文

世上的事缺少情爱,做好事的人最后却得不到功劳。

释评

人心不古,世态炎凉,往往使人悲观气馁,甚至弃善从恶。从这一点看,那些奸恶之人,天生未必就是个坏种子。俗话说,近朱者赤,近墨者黑,社会大环境对人的影响是重要的。在坏人当道、好人遭殃的封建专制时代，自然会使那些是非不分、根基尚浅之人，产生这样的错觉。与其为善，不如为恶。这虽和圣贤的教诲相悖，可他们一旦尝到了为恶的甜头，谁又会真正在乎那些劝世良言呢？

【事典】苻坚的错误

前秦帝国的皇帝苻坚，任用平民出身的王猛为相，统一了中国的北方，是个颇有作为的帝王。淝水之战失败后，前秦帝国迅速瓦解，他被后秦的姚苌所杀，结束了其轰轰烈烈的一生。

苻坚是个心地善良，胸襟开阔的人，他对人从不猜忌，即便是那些投降或被俘的帝王将相，他也以礼相待，从不杀戮。甚至如鲜卑亲王慕容垂，羌部落酋长姚苌，他还引为知己，授予高官和赋予很大的权柄。

王猛生前曾劝谏苻坚说："皇上与人为善，也不能不分敌我。国家的死敌不是晋帝国，而是杂处在国内的鲜卑人和羌人。更让臣担心的是，他们的首领都在朝中身居要职，有的更握有兵权，一旦有变，国家就危险了。"

苻坚坚信只要诚心待人，对方一定能诚心待我，有此观念，他并未把王猛之言放在心上。王猛死后，他对这些人更是信任不二，宠爱日隆。

淝水之战后，苻坚逃到洛阳，那些尚未到达淝水的大军也闻风溃散。鲜卑籍大将慕容垂见有机可乘，遂起反叛之心。他借故黄河以北人心浮动，自请苻坚派他前去宣慰镇抚。符坚对他毫无防范，不仅痛快答应了他的请求，还亲自向他致谢。慕容垂渡过黄河后，立即号召前燕帝国的鲜卑遗民复国，建立了后燕帝国。

苻　坚

前秦世祖皇帝，字永固，励精图治二十余年，基本统一了北方。公元383年攻东晋，兵败淝水，前秦遂衰，公元385年为姚苌所杀。

镜　鉴

宽恕敌人是致命的错误。

其后，迁到关中的鲜卑人，又在慕容泓的领导下，建立了西燕帝国。苻坚命他的儿子和羌籍大将姚苌征讨西燕，结果大败，苻坚的儿子阵亡，姚苌畏罪逃到北方，后又叛变，建立了后秦帝国。

鲜卑人和羌人的反叛使前秦帝国陷入了灭顶之灾。不久，首都长安被困，苻坚突围西行，在五将山被后秦兵生擒，送到后秦皇帝姚苌的手上。

苻坚至此，仍怀有生的希望。姚苌二十年前犯罪当诛，在绑赴刑场处斩时，时为亲王的苻坚见他英武不凡，遂动了恻隐之心，将其救下。有此大恩，苻坚深信姚苌自会感恩图报，放他一马。

万没想到，姚苌先是向他索取传国玉玺，继而百般污辱。苻坚万念俱灰，大骂姚苌忘恩负义。姚苌不待他多言，就把苻坚活活缢死。面对如此惨剧，后秦将士都忍不住流下了眼泪。

原文

信人莫若信己，防人毋存幸念。

译文

相信别人不如相信自己，防范别人不要心存侥幸。

释评

人的自私和贪欲，决定了一个人不可能完全为别人着想。即使肯为别人牺牲，那也是有条件、有限度的。何况人随时在变，更增加了这种不确实性。由此看来，相信自己才是根本，对人保持防范之心实属必要。不轻信别人便不会失去自我，任人摆布；对人设防便不会毫无机心，无力应变。

【事典】宋高宗的防身术

南宋高宗时，秦桧久居相位，炙手可热。朝廷内政外交，均为秦桧所把持。在外人眼里，高宗对秦桧可谓宠信无比，毫无猜忌了。

其实,这只是表面的现象。由于秦桧长期专权,他的党羽遍布朝野,各要害部门均被其心腹掌握,甚至高宗身边的贴身侍从和御医都是秦桧的人,他们随时把高宗的一举一动向秦桧报告。

如此局面,高宗既恨且怕。他深知如若对秦桧采取行动,要冒极大的风险,没有十分的把握。何况秦桧有金人作后台,更是令他棘手,心有余悸。他进退不能,深悔先前轻信重用了秦桧,现在,他只能把仇恨压在心底,对其严加防范了。

每次上朝,高宗都在靴子中暗藏一把短刀,以作防身之用。秦桧所进献的美食,他佯装收下,暗中却统统丢弃。有病用药之时,他总是令人先尝,直待确认无毒才敢服用。长此以往,他始终不敢大意,以至不知内情的妃嫔们还以为他得了怪病。

公元1155年,66岁的秦桧重病在床,他自知大限将至,于是希望能让儿子秦熹接掌相位。

宋高宗

南宋皇帝,姓赵名构,字德基。因不思收复故土,宠信秦桧,处死岳飞而背负恶名。北宋灭亡后,在南京即帝位,在位36年。

镜　鉴

环境严酷时,唯有自己可以相信。

眼见秦桧将死,高宗心头窃喜。为了防备万一,他仍是装出对秦桧十分关爱的模样,不仅派人送医送药,慰问有加,还在秦桧临死的前一天,亲自驾临秦府,探视病情。

秦桧见高宗亲至,挣扎着想把自己的想法告诉高宗,无奈他虽有一口气在,却是已经说不出话了。秦熹自知父亲的心意,于是向高宗探询将来由谁接任宰相。高宗冷冷作答:“此乃国家大事,你根本就不该打听。”

离开秦府的当晚,高宗下了决心,命人起草诏书,解除秦桧祖孙三人的一切职务。第二天此诏公布天下,秦桧得知此事,当天夜里便急火攻心,哀号而死。高宗闻讯大喜,如释重负,他拔出靴中的短刀,丢在地上,大声说:“老匹夫已死,朕再也用不着这个东西了。”

原文

此道不修，夫庸为智者乎？

译文

这种技艺不学习，难道还能成为一个有智慧的人吗？

释评

识人之能，向来是智者所以为智者的显著标志，也是古今所有成大事者必备的一种重要本领。只有了解人性，看清人的优缺点，掌握人的心理，才能做到悦人服人，御人制人。对普通人而言，这也是不可或缺的生存和生活技能——缺乏对人的深刻了解和正确认识，对每时每刻都要和别人打交道的人们来说，若想应对自如，趋利避害，走向成功，那实在是不可能的事。

【事典】范蠡的先见之明

越王勾践灭吴兴国，有两大功臣，一个是范蠡，一个是文种。勾践先前战败时，范蠡教勾践以韬晦之术，使其隐忍暂渡难关，并亲随勾践在吴国做了好几年人质，受尽了苦难。文种提出了灭吴的七种方法，勾践按此计谋，终于打败了吴国，称霸一时。

胜利到来之时，越国上下人人欢庆，只有范蠡一人竟是眉头紧皱，闷闷不乐。

范蠡不愧是个智者，此时此刻，他竟预感到了将来才会发生的灾难，而所有这些，全是凭他对勾践多年的观察和了解而得出的。他在出逃之后，曾给文种送来一封信说："狡兔死，走狗烹；高鸟尽，良弓藏；敌国破，谋臣亡。越王这个人，长长的脖子，尖尖的嘴，面貌凶诈，其心难测，可与共患难，不可与共欢乐。你如果不尽早离开他，必遭祸事。"

文种自恃功高，缺乏范蠡的识人之能，便认为范蠡危言耸听，小题大做。他虽没有听从范蠡的劝告，却也小心戒备起来，从此称病在家，不问国事。

勾践为人奸险，疑心甚重，他深知文种的才能高超，便有心将他除去。何况吴国已灭，再也用不着他了，万一他要作起乱来，自己根本就不是他的对手。

越王有此机心，文种的悲剧命运便注定了。勾践以探病为名，来到文种的府上，对他冷冷地说："先生教我七种灭吴之策，实在高明的很哪！我只用其中的三种，就把吴国灭了，剩下的四种方法，先生准备用它对付谁呀？"

文种不明就里，还如实回答说："吴国已灭，它自无用处了。"

勾践冷笑一声，阴声道："不然，我的地下先人尚需有人辅佐，先生大才，可足当此任了。"

勾践留下一把名为"属镂"的宝剑，言罢便走。文种这时才明白，勾践已不容他活在世上了。他痛悔难当，眼泪纵横，想起先前范蠡的劝告，更是肝肠寸断，恨己失察于人，方有今日之祸。他唏嘘良久，只好自刎而死。

【事上卷】第二

为上者疑，为下者惧。上下背德，祸必兴焉。

上者骄，安其心以顺。上者忧，去其患以忠。顺不避媚，忠不忌曲，虽为人诟亦不可少为也。上所予，自可取，生死于人，安能逆乎？是以智者善窥上意，愚者固持己见，福祸相异，咸于此耳。

人主莫喜强臣，臣下戒怀妄念。臣强则死，念妄则亡。周公尚畏焉，况他人乎？

上无不智，臣无至贤。功归上，罪归己。戒惕弗弃，智勇勿显。虽至亲亦忍绝，纵为恶亦不让。诚如是也，非徒上宠，而又宠无衰矣。

本卷精要

历来的高位者，多是虚荣心极强、心高气傲的人物。他们虽以好忠正、远小人自居，其实没有几个能真正做到。

贪占一点，没有本事，只要表现得忠顺，就不会成为统治者眼中最大的祸患。

没有人心甘情愿地取悦别人，但取悦上司也是一门很深的智慧，在这方面，用常理行事是不行的。

官运亨通的第一要诀，便是揣摩上司隐藏起来的想法。

如果凡事硬要分个是非曲直，那么官场就容他不得，各种非难也就会加诸彼身。

原文

为上者疑，为下者惧。

译文

上司的疑心重，下属的恐惧多。

释评

位尊权重，高高在上，向来是许多人追求的目标。历史上，为了争夺权力的宝座，甘愿就死，不惜一搏的人比比皆是。如此看来，上司疑心别人图谋不轨，也就不难理解了。身为下属，没有不想建功立业的。这不仅是进身的资本，也是许多人的人生追求。问题是功高常有震主之嫌，“狡兔死，走狗烹”的故事，总让人心有余悸。有此缘故，他们的惶惧便可想而知了。这就要求做下属的一要对上司的认识能深入本质，二要明确自己的定位。如果不知忌讳，任性而为，情况就凶险了。

【事典】周勃的幸运

周勃是汉高祖刘邦的同乡，他追随刘邦，屡立战功，被封为绛侯。

刘邦死后，吕后专权，汉宫面临严重的危机。周勃此时身居太尉之职，虽握有兵权，却被吕氏子弟架空，不得施为。他自不气馁，暗中始终为铲除吕氏而精心筹划。

吕氏死后，周勃见时机已到，便毅然起事。他来至军营，对军士说：

“先皇密诏，清除逆党。我受先帝重托，望各位助我除奸。忠于刘氏者袒露左臂，忠于吕氏者袒露右臂！”

周勃德高望众，如此登高一呼，军士们无不响应。周勃于是率领这支军队清除了诸吕，迎立刘邦的第五个儿子刘恒为帝，史称汉文帝。

如此功勋，不想却招来了汉文帝的猜忌之心。他自知没有周勃的拥立之功，自己绝然当不上皇帝。可他有这等能耐，对自己始终是个威胁。

汉文帝表面上对周勃加官晋爵，背地里却一脸忧郁，寝食不安。

周勃的一位家人私下对周勃进言说：

“大人铲除逆党，居功至伟，皇上感激之余，疑心便会产生了。大人何不主动请退，以安其心呢？”

周勃一笑置之，说：

“皇上宅心仁厚，自是不比常人了。你以小人之心度君子之腹，不是很可笑吗？”

周勃雄心勃勃，一心想为重振汉室江山再立新功。他这般举动，却是更令汉文帝不可忍受，他索性以被封侯的人都该回到自己封地为由，把周勃赶出了朝廷。

事至此处，周勃方知皇上对他怀有戒心。他大为恐惧，以至朝廷来人，他都吓得穿上盔甲，以防不测。他如此小心，还是遭人暗算，有人告他谋反，汉文帝不由他分辩，便将他逮捕入狱，欲治其死罪。

周勃几近绝望之际，用重金贿赂狱吏。狱吏为其出了一策，周勃如梦方醒，连连称谢。

原来，狱吏只在一副竹简的背面写了六个字：“请以公主为证。”公主是汉文帝的女儿，周勃的大儿媳妇。

周　勃

周勃，西汉开国功臣。随刘邦起兵，以军功拜为将军，屡建战功。汉高祖六年，受封绛侯。刘邦死后，吕后专权，待吕后死，周勃与陈平等合谋，拥立文帝，官至右丞相。

镜　鉴

功高震主，是为官的大忌。

周勃依计而行，公主于是求老太后出面，文帝碍于情面，这才不得不放了周勃。

事后，周勃亲自向那个狱吏致谢，那个狱吏说：

“大人实在太幸运了。我看管的这个狱门，凡被人告之以谋反的，没有一个人能活着出去。大人的幸运，可是公主的功劳啊。”

周勃万分感慨，连连摇头说：

“我自以为位高权重，却是不及你通晓人情世故啊。我先前不听家人劝告，终有此祸。今用你策，方解大难。这其中的教训太深刻了，我能不死，真是万幸啊。”

原文

上下背德，祸必兴焉。

译文

上司和下属的心意不一致，祸事便由此产生了。

释评

考察古今，王朝兴替，社会动荡，无不是从上下离心开始的。上下一心，是做好一切事情的首要前提。这不仅要求为上者反躬自省，礼贤下士，虚心纳谏，也要求为下者修身隐忍，不计毁誉，凡事以大局为重，维护上下一致的局面。如果上下各为其利，毫无谦让之心；上下各为其名，毫无改过之实，事情发展下去，便一发不可收拾。上下俱损，对谁都没有好处。

【事典】何曾的警觉

晋王朝创立之初，宰相何曾一次从朝上回来，忧心忡忡。他的儿子不明其故，上前询问，何曾便对他说：

“国家初创，本该上下用心，朝气蓬勃。可是我所见到的，却是人人以清谈为能，御前会议上大臣们也不谈国家大事，唯恐一言不慎，惹祸上身。如此下去，还有幸免的吗？这不是个好兆头，只怕你们还可免祸，孙儿辈就注定要遭难了。”

司马氏当权，始自曹魏的权臣司马懿父子。他们为了一己之私，对忠于皇帝或被疑心忠于皇帝的士大夫，格杀勿论，手段极其残忍。甚至曹魏的第四任皇帝曹髦，也被他们杀死。如此形势之下，士大夫们发明了一种避祸方法，那就是不谈国事，言辞完全脱离现实，也不涉及任何事物，号为“清谈”。

晋王朝建立后，清谈风气仍是不改，它造成的直接恶果便是人人以不干正事为荣，以致行政官员不问政事，将领不问军事，人不尽其职，职不守其责。人们百般谋求享受之外，再无崇高的理想了。

何曾的警觉是难能可贵的，可他的儿子却不以为然，他说：

“父亲大人真是多虑了。现在人人都是这样，你又何必操此闲心呢？再说，江山是皇上的，皇上尚且不思改变如此局面，父亲大人又能有多大能力呢？至于以后的事，谁又可以预见得到呢？”

何曾长叹一声，又道：

“危险来临之前，总有它的征兆。危机显现之始，总有它的迹象。眼下的局面，是维持不了多长时日的。”

事实验证了何曾的判断无误。不久，八王之乱便爆发了，晋王朝很快走向了衰落。公元317年，晋王朝皇帝司马邺被前赵帝国俘虏，西晋灭亡。司马邺的堂叔司马睿在建康称帝，建立了东晋，偏居一隅。

原文

上者骄，安其心以顺。

译文

高高在上的人骄傲，顺从他可使其心安。

释评

历来的统治者，多是虚荣心极强，心高气傲的人物。他们虽以好忠正，远小人自居，其实没有几个能真正做到。古时忠臣的命运大多不妙，恰能说明这一点。这就为小人之辈提供了广阔的生存空间，他们处处表现得毫无违逆，竭力迎奉上司的心意，反使那些正人君子们显得和上司二心了。这就从根本上规范了封建专制时代为人下者的处世准则：唯上是从，唯命是听。

【事典】夏言的祸因

夏言是明朝嘉靖时的名臣，他四次入阁为首辅大臣，权重一时，名震天下。他的下场却是可悲的，最后被处以极刑，斩首于北京菜市口。如此人生巨变，探根溯源，不能不归结到夏言的刚直上。

夏言学问高，本事大，唯其如此，皇上才不得不借重他。夏言自恃才高，刚直得近于傲慢，哪怕对皇上他也敢反驳，多有不顺。皇上屡有不快，只是隐忍未发。

这个奥秘被时任礼部尚书的严嵩捕捉到了，他要借此扳倒夏言，自己登上首辅之位。

一次，嘉靖皇帝因迷信道教，制作了一批道士服似的服装分赐大臣，要他们穿着上朝。夏言认为此举有伤国体，就是不肯听命。严嵩看出嘉靖皇帝为此内心恼怒，便借机进谗道：

"夏言目无皇上，当众抗命，臣下都以为他太过分了。他每以忠正自居，如此不敬皇上，其狼子野心不是昭然若揭吗？"

嘉靖深以为然，自此疏远了夏言。与夏言相反，严嵩在嘉靖面前表现得极为恭顺，凡事无不赞成，即使明知皇上有误，他也一味拥护，遭人讥笑也不在话下。长此以往，嘉靖皇帝对他的好感日增，最后让他入阁拜相，成了一名重臣。

夏言先后三次被免去首辅大臣之职。第四次入阁为首辅时，他的一位好友来到他的府上，与众不同的是，他未有贺词，却是连声叹息，不住地摇头。

夏言心中有异，问其缘故，他的好友便说道：

"大人三去相位，可知是为什么吗？"

夏言乃道：

"皇上见异，乃是小人作祟。如今皇恩逾隆，足见皇上的英明。"

其友却道：

"大人刚直，天下尽知。皇上容你三次，还会容你下次吗？小人陷你三次，还会收手不为吗？望大人引以为戒。否则祸不可测了。"

夏言凛然道：

"大丈夫为国尽忠，岂能藏头缩尾，违心行事？我心无私，皇上自能体察，祸从何来？"

他依然行事如故，嘉靖皇帝愈加厌恶他。后来在收服蒙古人被占领的河套地区一事上，夏言又出言犯上，和嘉靖皇帝有了争执，加上严嵩在旁进谗，嘉靖皇帝终于动了杀机，将他定了死罪。

临刑之前，夏言似有所悟，悲愤道：

"我以刚直为美，上却以柔顺为善，我有此祸，又怪得了谁呢？"

原文

上者忧，去其患以忠。

译文

高高在上的人忧虑，忠于他可使其免除忧患。

释评

历朝历代，对上不忠之事都是滔天大罪，不可饶恕。这是统治者真正的心病，无时无刻不在发作。正因如此，奸恶小人害人之时，才总是想方设法给人冠以谋反不忠的罪名，来打动为上者那敏感的神经。历史上的贪官污吏，谄媚之徒之所以为上所容，于此就不难解释了：贪占一点，没有本事，只要表现得忠顺，就不会成为统治者眼中最大的祸患。否则，即使你清廉刚正，本事过人，只要有了不忠的嫌疑，便一无是处了。这是封建统治者用人的根本原则，也是为下者必须时刻谨记的事上晋身之道。

【事典】雍正的御臣术

清朝雍正皇帝，以严苛多疑著名。他对臣下颇不放心，想方设法探知他们的一举一动，以察忠奸。为此，他在满朝大臣身边都安插了耳目，随时把大臣们的言行报告于他。

一次，状元出身的官员王云锦新年在家和朋友玩纸牌，其间纸牌竟少了一张，这事虽是古怪，王云锦也没放在心上。

雍　正

康熙第四子，传说篡改遗诏而获皇位，有权谋，勤政有为。然而雍正帝大兴文字狱，建立特务机构，执政颇为严酷。

镜　鉴

设法消除居上者的对自己的猜忌方能自保。

一次上朝时，雍正突然问他新年在家干了些什么。王云锦虽不知皇上此言何意，一向诚实的他便老实回答说在家玩了纸牌。万想不到，雍正听过即笑，开口说：

“你那纸牌少了一张，是不是呢？”

王云锦心惊非小，忙道：

“正是。”

雍正轻轻颔首，从衣袖中摸出一张纸牌丢在他的面前。王云锦看罢便惶然失色，这张纸牌正是那日他遍寻不到的。

雍正夸奖了王云锦的诚实无欺，王云锦却是吓得冷汗迭出。如果他说了谎话，那结果便十分凶险了。这点小事皇上尚且掌握，那还有什么皇上不知道呢？

此事在朝野传开，大臣们无不心惊肉跳。他们行事更加谨慎了，唯恐被人揭发出来，招致祸端。一时，人人都尽表其忠，私下里也不敢丝毫马虎。雍正依此招法，牢牢控制住了臣下。

原文

顺不避媚，忠不忌曲，虽为人诟亦不可少为也。

译文

顺从不要回避献媚，忠心不要忌讳无理，虽然遭人诋毁也不能少做。

释评

俗话说，人在江湖，身不由己，谄媚别人，不择手段，这是小人行径，为人不齿。可若置身官场，求取功名，这就是所谓的权术了。不但要懂，更要践行，否则就寸步难行，是不得不为的。没有人心甘情愿地取悦别人，让上司高兴也是一门很深的学问，在这方面，用常理行事是不行的。官场中人最讲实际利益，若能讨得上司的欢心，加官晋爵，别人的说长道短又算得了什么呢？

【事典】杨再思的做官诀窍

从一个县尉，爬到宰相高位，仅仅用了几年的时间，这不能不说是个奇迹。

武则天时的杨再思，就是这个奇迹的创造者。

有人向他求教此中的学问，杨再思说："讨好上司是最重要的，千万不要顾忌自己的身份和面子，只要上司高兴，再下贱的事我都会干，且是乐此不疲。"

他这样说，也是这样干的，甚至为此遭人不齿，他也如若未闻，丝毫不放在心上。

当时，武则天的男宠张易之、张昌宗兄弟权势极大，杨再思一心想巴结他们，只是苦于没有机会。一次，他去参加他们举行的宴会，张易之的哥哥张同休拿他取乐，说他长得像高丽人。在众人的大笑声中，他不以为羞，反以为荣，竟是当众跳起了高丽人的舞蹈，挤眉弄眼，故作丑状。事后还亲自向张同休致谢，极尽媚态。

有人谄媚张昌宗长得漂亮，说他面似莲花。杨再思却能更进一步，说：

"此言差矣！非六郎似莲花，然莲花似六郎也。"

他如此行事，连他家的下人也看不下去了。一次，他家下人大胆地问他：

"大人高官显位，何必讨好别人呢？"

杨再思说：

"你一个下人，为什么要怕我呢？"

不待下人作答，杨再思便说：

"道理很简单，你不讨好我，我就要辞退你，你便没饭可吃了。我不讨好有权势的人物，他们便会整治我，我便一无所有了。与其说几句好话，出一点小丑，而能换来荣华富贵，美满平安，我何乐而不为呢？无知的人才会笑我，我又何必在意他们呢？

原文

上所予，自可取，生死于人，安能逆乎？

译文

上司能给你什么，自然能拿回什么，生死都控于人手，怎么能违背他们呢？

释评

封建专制时代,权力是上司所赋予的,上司的喜怒哀乐直接决定着一个人的命运。这一点,是每一个为官者所必须认清的事实。由此观照官场上的人物,他们的所作所为无不是以此为金科玉律,不敢稍有逾越。不然,你的下场便可悲了。事实上,小心侍奉上司都未必能赢得上司的欢心,更何况违背他呢?在封建专制时代,违背上司实是官场中人的最大禁忌。

【事典】霍光家族的败亡

汉朝的霍光长期专权,他安排家人亲属在朝为官,人数众多,皆居高位。一时,霍氏家族权倾朝野,不可一世。

霍光死后,儿子霍禹继任大将军、大司马,侄孙霍山为丞相,外孙女上官氏为皇太后,小女儿霍成君为皇后。如此势力,似乎比霍光生前有过而无不及,霍氏家族更觉得有恃无恐,行事愈加张狂了。

霍光的妻子霍显更为霸道。她为了女儿将来有了儿子能当上太子,竟指使女儿去毒害汉宣帝和别的妃子所生的儿子。此事虽然没有得逞,却可见她的胆大妄为了。

有趣的是,早在霍光在世之时,茂陵人徐生就曾对霍氏家族的命运做出过必亡的预言。当时徐生的密友难以置信,徐生就解释说:

"一个人若是忘乎所以,就会迷失方向,本末倒置。为人臣子的权力再大,若是不知收敛,感谢皇恩,就会忘本招怨,人人侧目。霍光不知避让,家族中人个个为官,皇上自会不满猜忌。霍氏家族骄横不法,势必群情激愤,待时而击。如此上有怨怒,下有积恨,

霍　光

霍去病同父异母弟,武帝时期重要谋臣。武帝崩,昭帝八岁登基,霍光为辅政大臣。昭帝崩,刘贺即皇帝位,无道,霍光聚群臣废刘贺,迎刘询。终其一生,霍光辅佐汉室三朝皇帝,摄政近廿年。

镜　鉴

权势大时,须得收敛,否则遗祸子孙。

他们又行大逆不道之事,怎能安然无事呢?”

事情的发展果如徐生所料。霍光死后不久,反对他的大臣便开始发难了。御史大夫魏相第一个站了出来,弹劾霍氏的劣迹。汉宣帝重用魏相为丞相,采取了一系列削夺霍氏权势的措施。先是剥夺了霍禹审批奏书的权力,又将握有兵权的霍氏中人调出朝廷。

汉宣帝这般动作,霍氏家族自知大祸将至。情急之下,他们不思谢罪,却起了谋反之心,于是密谋杀掉魏相等人,废掉汉宣帝,立霍禹为帝。

阴谋很快就败露了,霍氏一门成了阶下囚。霍禹被腰斩,霍显被暴尸街头,皇后霍成君被废黜,后自杀身亡。雄霸汉室前后达六十年的霍氏家族,一夜之间,便烟消云散了。

原文

是以智者善窥上意,愚者固持己见,福祸相异,咸于此耳。

译文

因此有智慧的人擅长暗中猜度上司的心意,愚蠢的人只坚持自己的见解,他们福祸不同,都是源自这个原因。

释评

官运亨通之人,多是能揣摩出上司心意的心理大师。他们善于观察,从上司的一举一动中,能准确无误地判断出上司的内心想法,进而抢先一步为上司分忧。如此善解人意,相信没有几个上司会不喜欢他。与之相反,官运不顺者,大多不会体察上情,他们又往往自恃聪明,喜欢自作主张。如此一来,说话办事就难合上司的意思,甚至会招致上司的厌恶,其结果是祸非福,便是很自然的事了。

【事典】代代红的裴矩

裴矩是官场上有名的不倒翁。他一生侍奉过北齐、隋文帝、隋炀帝、宇文化及、窦建德、唐高祖、唐太宗，历经三个王朝，七个主子，最难得的是，他竟在他们手下都很得势，备受宠信。

此中奥秘，说来无他，乃是裴矩深通揣摩之术所致。

在隋炀帝手下时，他察言观色，掌握了隋炀帝好大喜功，贪图享乐的本质，于是他对症下药，千方百计鼓动他开边扩土，发动战争，为此他还自告奋勇，深入西域诸国考察，写成一本《西域图记》献给隋炀帝。此举果然令隋炀帝大为高兴，不但重赏于他，还每天相召，询问西域状况，升他做了黄门侍郎，全权负责西北地区和西域各国的事务。

隋炀帝到西北巡视之时，裴矩煞费苦心地说服西域各国的酋长，盛装相迎，极尽奢华。有人不解，说：

“此举花费甚巨，皇上要是怪罪下来，事情就不好办了。”

裴矩胸有成竹，他说：

“皇上素喜排场，讲究威严，如果我们吝于金钱，无有威仪，皇上就会感到有失天子体面，他这个心思我们若不能体察，皇上才会真的降罪呢。”

果然，隋炀帝到时，一见各国酋长佩珠戴玉，拜谒道旁；当地百姓浓装艳抹，人群如潮，登时龙颜大悦，喜不自胜。他嘉许裴矩办事得力，升他做了银青光禄大夫。

裴矩又奏请隋炀帝将各种杂技玩耍艺人，全都召到东都洛阳，让西域各国酋长、使节观看；还建议在洛阳街头设篷建帐，盛排酒宴，让外国人白吃白喝。隋炀帝问他此举有何用处时，裴矩竟道：

“天朝大国，皇上威名，不如此显不出天国富庶，不如此人莫感我皇圣德。”

如此荒唐之举，正好合了隋炀帝极好虚名之心，他连声赞好，叹道：

“你处处留心，皆合朕意，真乃忠臣也。”

隋炀帝赐钱四十万，又赏他多种宝物。

裴　矩

一代名臣，在北齐、隋、唐皆任官职，共事七主。史载“裴矩八十岁精明不减，历事诸主，均受礼遇，以熟悉故事，常受咨询”，为一代传奇人物。

镜　鉴

摸准上意，方有官运。

后来,裴矩在唐太宗手下为官时,又针对唐太宗痛恨贪赃受贿,善于纳谏的心理,及时调整了迎奉之法。一次,唐太宗派人故意给人送礼行贿,掌管门禁的一个小官收受了贿礼。太宗要将他正法,裴矩却故作义正辞严地加以阻止,大声为其辩解道:

"陛下引诱在先,陷人以罪,与礼不合。臣以为万万不可,只怕此例一开,治贪无功,却损陛下的英明。再说,收取一点小贿,便要治人于死,也是罚之过重,于法有违。"

正当人们为裴矩的大胆之言捏把汗时,却不知裴矩早已料事在先了。果不其然,唐太宗不仅接受了他的意见,还大大夸奖了他一番,将裴矩举为群臣学习的榜样。

原文

人主莫喜强臣,臣下戒怀妄念。

译文

当主子的没有喜欢手下的人势力过于强大的,当臣子的要戒除心中存有的非分之想。

释评

俗话说,树大招风,如果下属的威望和实力威胁到上司的地位,上司第一个便会要对他不利。所以说,一个人权力太大未必是件好事,做下属的首先要恪守本分,不可有不正确的想法。如果起了念头,便难以头脑冷静,甘为人下了,势必会干出大逆不道的事来,招来灭顶之灾。可悲的是,强臣人人想做,做到了的却不知掩其锋;妄念人人皆有,一有机会便要尝试一逞。这种悲剧始终在不停地上演着。

【事典】少年得志的谢晦

刚刚三十岁的谢晦,已是南北朝时刘宋王朝的左卫将军了。他深得皇帝刘裕的信任，不免心高气傲，自命不凡起来。

由于他的地位显赫，巴结他的人自然不少，以至一次他回家探亲，亲朋故旧、乡邻街坊都来看望他，一些不沾边的人也来攀附，他家的巷子都被人群车马填满了。

谢晦得意之余，对他担任中书侍郎的哥哥谢瞻说：

"人生在世，功名岂能没有？倘若不然，会有这么多人巴结我吗？我只恨自己的权势还是不大，否则怕是来拜见我的人更多了。"

谢瞻却深以为忧，对弟弟劝诫说：

"他们来看你，并非出于至情，不过是敬慕你的权势罢了。如果你是个普通百姓，他们自不会来了。咱们家一向甘于平淡，你也未有什么大功。如此得来的地位，只怕难以久长。现在你洋洋自得，可到了落难的那一天，你是忍受不了随之而来的羞辱的。如此看来，你现在的发达并不是咱家的福气啊。"

谢晦听不得哥哥的良言，谢瞻便把自家与弟弟家用篱笆隔开，不再往来。他还上书给皇帝刘裕，请求刘裕降职使用弟弟，以免他日后惹祸牵连家人。

谢晦为此对哥哥怀恨在心，刘裕也对谢瞻的请求不予理睬，反而赋予他更大的权力。谢瞻忧郁成疾，索性有病不医，以求早死。死前，他给谢晦写了一封信，最后语重心长地告之曰：

"我死无恨，却庆幸免受诛戮之刑了。只盼弟弟迷途知返，高位勿恋，妄念勿生，慎之知止。为国为家，切莫迟疑！"

利令智昏的谢晦，至此还是没有听从哥哥的劝告，相反，他的野心愈发膨胀。最后，他竟参与了谋反杀帝的活动，事败被杀。谢家一族因此多受株连，不少人白白丧失了性命。谢瞻的忧惧，终成了事实。

原文

臣强则死，念妄则亡。

译文

臣子权势过大会招致死祸，想法荒谬会导致灭亡。

释评

自古强臣的下场多是凄惨的。如果据此简单的说高官显位都是害人的,也会失之片面。其实,人的因素才是第一位的,一个人的位置变了,地位高了,最易产生骄狂之心,凡事没有了小心谨慎,问题便会油然而生。身处高位的人面对的诱惑是最诱人的,意志薄弱的人往往会因一念之差,而走上看似美妙的死路。这就要求为人下者不仅要时时自爱,更要刻刻自省、自律,万不可因一时的得意而放纵胡为,如是方可高枕无忧。

【事典】谨小慎微的张安世

西汉显贵最久的家族,非张安世莫属。终西汉一朝,张氏家族屹立不倒,成为历史上一个鲜有的特例。

张安世本是著名酷吏张汤的儿子,张汤死后,汉武帝怜其遭人暗算,便对张安世着意提拔,加恩眷顾。他历仕三朝,深得皇上信任,虽是朝廷重臣,却从不敢骄狂自恃,反是如临深渊,凡事无不小心谨慎。

他的儿子认为他怯懦,张安世便开导他说:

"你的爷爷就因为秉性太刚而死,许多权臣又因野心太大而亡,这个教训不能不吸取了。我如此行事,一则为我,二则也为你们后代着想啊。如果身居高位,便意得志满,骄奢淫逸,四处张扬,那不是自寻死路吗?日后你自然知道我这样做的好处。"

他确是一个有心之人,凡事都用尽心机,即使有的做得看似没有必要,他也考虑再三,不敢疏忽。每当和皇上商量国政作出决定之后,他必称病不朝,掩人耳目。一待政令颁布之后,他还故作不知地派人去丞相府探问详情。如此一来,当真瞒过了群臣,没有人知道他参与决策的事。

霍光死后,有人奏请皇上让他接任大将军之职。他得知此事,不喜反忧,向汉宣帝极力推辞。汉宣帝不准,他便勉强接受,却从不以大将军自居,为人处事倒比从前更加谦恭了。

有人向汉宣帝报告说:

"张安世辱没大将军的威名,实不堪任。有此卑微的大将军,当是我朝的耻辱。"

汉宣帝痛斥了那人,正声道:

“张安世掌大权而不揽势,居高位而不显扬,何人能及?如此大贤大德之人,朕最是放心,实是我朝的大幸。”

张安世身兼选贤拔能的大权,这本是能给他带来利益的肥差,可他却从不让被提拔的人知道是他荐举的结果。有人闻得风声向他送礼致谢时,他也拒不受礼,坚不承认此事。以至常有人误会他尸位素餐,不任其事。

张安世对家人的要求尤其严格。儿子为光禄勋,他认为父子俱为显贵,不宜同朝为官,便请求将儿子调离京城。他的侄子张彭祖曾和汉宣帝一起读书,他的哥哥张贺对汉宣帝又有救命养育之功。张贺死后,汉宣帝追封他为恩德侯,张彭祖被封阳都侯,孙子张霸被封关内侯。对此,张安世多次谢绝,反复陈情,推辞不掉时,他便只受其名,将俸禄上交国库。

更为难得的是,张安世生活俭朴,竟是夫人亲自纺织,家中仆人耕种土地,自给自足。他总是教育儿孙要戒除骄气,不可恃势凌人,如有犯者,他必亲自动手,予以严惩。

如此经营,苦心孤诣,张安世富贵久长,祸事不招,自不能说是幸运的缘故了。

原文

周公尚畏焉,况他人乎?

译文

周公姬旦尚且惧怕这些,何况是其他人呢?

释评

周朝的姬旦,向来被称为忠臣中的典范。他辅佐自己的侄子国王姬诵,一饭三吐哺,日理万机,即便如此,仍免不了遭人谗诟。由此可见忠臣难做,为官不易。于是,隐而不仕、功成身退,才是大智慧者的首选之路。至于那些心存侥幸,贪图富贵之人,大祸临头的时候才想收手,却是悔之不及了。

【事典】逃亡的姬旦

公元前1116年,周武王姬发逝世,儿子姬诵继位。姬诵年幼,只有十二岁的他无法理政，治理国家的重任便落到了他的叔父姬旦身上。

当时，周朝立国不久，百废待兴。商朝的残余势力随时有可能兴风作浪。只要稍有变故，就会天下大乱，前功尽弃。

姬旦废寝忘食，日夜不停地为国事操劳。他有出众的才能，周王朝的礼教、政治制度、宗法制度，都是他亲手制定的。

正是因为他的过人之能，人们开始怀疑他有篡位的野心了，一时谣言四起。远在东方的四个封国还以此为名起兵叛乱，占据了周王朝在东方的全部疆土。

姬旦忍辱负重，亲率大军平叛。经过三年的苦战，叛乱得平，周王朝最严重的危机得以平安度过。

胜利之时，姬旦的心腹将领劝他功成身退，还说：

"眼下大王尚幼，四境得安，当是退隐的最好时机了。先前大人为人猜忌，恐怕以后就更遭人谤诟了。大王一旦成年，他会容忍一个如此功高盖世的叔父吗？"

姬旦默然许久后，道：

"为私，我当退隐；为公，时下还需我在朝上为大王分忧。再说我和大王乃是至亲，或许他不至于此吧。"

姬旦谢绝了他人的好意，继续为国事奔劳。公元前1109年，年已十九岁的姬诵突然下令免去了姬旦的所有职务，剥夺了他的一切权力。两年之后，姬诵又要除后患，致其死地。这时，姬旦才不得不选择了逃亡，星夜奔走，跑到了他儿子姬伯禽为国君的鲁国。又过了两年，他便忧郁成疾，死在了那里。

周公旦

名姬旦，文王第四子，武王同母弟。武王死后，因成王年幼，由周公摄政，在巩固和发展周王朝的统治上起了关键性的作用。其言论见于《尚书》诸篇。

镜　鉴

功高之人，最易遭忌。

原文

上无不智，臣无至贤。

译文

上司没有不聪明的，下属绝无最有德行的。

释评

上下级的定位，决定着上下级关系的本质。封建专制的黑暗，官大一级压死人的现实，使上司无端神化，他是绝对正确的，是没有错误的，如果事情办砸了，那也只怪下属办事不力，是能力不够所致。如果不循着这个思路为人行事，凡事硬要分个是非曲直，那么官场就容他不得，各种非难也就会加诸彼身，令人百口莫辩，处处被动。

白　起

战国时期秦国大将，征战37年，未尝败绩，歼敌一百余万，世称"常胜将军"。后因敌国反间，遭猜忌，被秦王赐死。

镜　鉴

上者有错，下者亦不可忤逆。

【事典】无辜获罪的白起

战国末年，秦国的大将白起，一生忠勇，战功卓著。他征战近四十年，从一名下属军官升到秦军统帅，凭的就是他超众的军事天才和过人的智慧。

白起武将出身，性情直率，出言无忌。他自以为是正确的东西，便绝不改变，少有变通。他常以此为傲，却不知这给他日后埋下了杀身大祸。

公元前266年，秦国围攻赵国都城邯郸。久攻不下之际，秦昭王便让白起取代王陵为帅，继续攻打。白起分析了当时的形势，向秦昭王进言说：

"这一仗不该再打下去了。眼下时机未到，赵国虽在长平一役中大败，可如今事关存亡，他们一定会拼死而战。再有各国援军相助，局势对我不利，大王还是罢兵为善。”

秦昭王坚持再战，他说：

“我国以战为本，将军攻无不克，如今罢兵，自不是什么上上之策。孤王料定再战可成，将军就不要推辞了。”

白起拒不挂帅，秦昭王亲自上门相请，他也以有病为由，不肯出征，秦昭王悻悻而去。白起的管家便向白起说：

“将军如此让大王难堪，这可对将军不利啊。”

白起训斥他说：

“大王糊涂，身为臣子，怎能不加劝谏，还要讨好顺从大王呢？我身经百战，局势明晰于心，自不会看错。他日我军再败，大王就知道他的不智了。”

白起的管家却说：

“将军英明，天下无不赞颂。大王身为人主，即使战败，为了他的颜面，也是绝不肯认错的。反是将军有言在先，到了那时，只怕因为忌恨，大王会对将军不利。”

不久，秦军再败的消息传来，白起便说：

“大王不听我良言相劝，致有此败，相信大王会知错就改了。”

秦昭王为败绩正恼，这会儿又听闻白起之言，怒不可遏。他把白起降为士卒，赶出了都城。他还不解气，当白起离开都城后，又派人追上白起，命他自杀。白起自刎之前，愤慨不已，无奈君命难违，是非难辩，他只有一死了。

原文

功归上，罪归己。

译文

功劳让给上司，罪过留给自己。

释评

为官之道往往蕴含着最高的人生智慧，怎样出人头地，如何处世，何以避祸，这些经验和方法对每一个人都十分重要。把自己的功劳让给上司，把上司的过错揽给自己，这绝不是简单的谦让，只有看透了官场本质的人才能做到。正所谓，欲要取之，必先予之，这也是一种相互利用和利益交换。如果一个人什么也不想牺牲，特别是还要和上司与虎谋皮，那他就什么也得不到了。

【事典】李泌的政治经验

唐代的中后期，李泌是政坛上有名的人物。他先后被四代皇帝所宠信，也为大臣们所尊崇，这在当时复杂而凶险的政治环境中，实是别人难以做到的事。

李泌的成功不是偶然的，这一切皆源自于他那丰富的政治经验和为人处事之法。仅举一事为例，便可见其制胜之术了。

唐德宗时，李泌担任宰相。西北边陲的回纥想与唐朝议和，德宗皇帝因早年曾受回纥人的羞辱，对此拒不答应。议和对双方都是有利的事，李泌便极力撮合此事。他不急不躁，多次陈述利害，无奈德宗皇帝记仇心重，就是不肯，有几次还对李泌严加斥责了一番。

朝中大臣有的对李泌说：

"皇上态度坚决，大人何必自讨没趣呢？大人切不可再提此议了，否则祸事加身，我们都以为大人太不值了。"

李泌说：

"皇上也知议和的好处和必要，只是一时激愤，才会不允。相反，如果我不极力促成此事，皇上早晚会怪罪于我的。"

果不其然，又过了一段时间，德宗皇帝怨气消了，便接受李泌的劝告。李泌又亲自和

李　泌

唐代中后期重要政治人物，历仕玄宗、肃宗、代宗、德宗四朝，官至宰相。早年学道，据说能长期绝粒食气，修黄老谷神之要。

镜　鉴

功归上，过归己，放弃的是虚名，得到的是实利。

回纥首领见面，屡经交涉和说服，终使他们答应了唐朝的五条要求，且向唐朝皇帝称儿称臣。

这件十分艰巨的工作，全凭李泌之力方得以完成。可当德宗皇帝询问回纥人何以这般顺从时，李泌对自己的辛劳却是只字未提，倒是极力撒谎渲染说：

“陛下威名远播，回纥人极为敬畏，才会如此行事。陛下大仁大德，不计前仇，施恩于彼，纵是虎狼亦会感化，何况是人呢？小臣亲见亲闻，何其幸也！”

德宗皇帝高兴异常，竟是一把抓住李泌的双手，久久不肯松开。从此，他对李泌更加宠信，简直到了言听计从的程度。

原文

戒惕弗弃，智勇勿显。

译文

戒备警惕之心不要丢失，智慧勇力不要显露。

释评

事情总有正反两面。对人有利的东西，在不同的时间和场合，也许就会变得对人有害。封建官场是最能磨灭人的个性和摧残智慧的地方，老实听话常常比有胆有识更为管用。这是官场中人万不可掉以轻心的关键所在，任何时候都不该有所松懈。尤其是一个人得意之时，往往会忘形失态，显露真性，放纵自己，这才是最危险的时刻。

【事典】李勣的机智

唐高宗时，李勣和长孙无忌、褚遂良同是顾命大臣，极受唐高宗的信任。正因如此，当唐高宗欲立武则天为皇后时，长孙无忌、褚遂良才口无遮拦，极力劝阻此事。

高宗为此改变了对二人的看法，表面上却一如往日。二人不知就里，仍是自恃高宗的宠信，对此事绝不让步。

李勣以其绝顶的聪明从高宗的态度上,看到了反对是不会有结果的,而且必遭祸患。他又不肯让别人说自己胆小怕事,不尽其力。两难之下,他采取了避让之法,既不反对高宗改立皇后,又不反对长孙无忌等人据理力争。

一次,长孙无忌、褚遂良等元老重臣约他进宫进谏,他先是一口应承,后又借病不去。等那些人碰了一鼻子灰回来,他又安慰他们说:

"皇上的意志一时很难改变,只要大家不泄不馁,坚持下去终会有成效的。"

众人敬重他智谋过人,便请他出谋划策,不想他一口回绝,还说:

"君子对人,尚且以诚相待,今对皇上,如施巧计,反令皇上对我等猜疑,弄巧成拙了。以诚即可,何用其他?"

众人走后,其子见李勣独坐桌旁,愁容不展,便上前说:

"父亲一向足智多谋,此事就真的没有解决的好办法吗?"

李勣长叹一声,方道:

"长孙无忌等人,有恃无恐,祸在眼前了。我自保尚难,还怎敢显露什么才智呢?"

后来,唐高宗和李勣单独在一起的时候,以此事相询,李勣便说此乃陛下的家事,不必和外人商议。只此一句,既顺从了皇帝的意思,又让别人挑不出毛病,李勣的智慧于此可见。

长孙无忌、褚遂良等人,在武则天当上皇后后,纷纷遭到迫害,唯独李勣无灾无难,且是无人非议。

原文

虽至亲亦忍绝,纵为恶亦不让。

译文

虽然是最亲近的人也忍心断绝,纵然是干邪恶的事也不躲避。

释评

残酷无情是官场的特征,为了权力和地位,历史上骨肉相残、无恶不作的事屡见不鲜。这固是封建官场的本质使然,也与一个人的追求有关。如果人们把权力作为自己的人生目标,当权力和亲情、良心发生冲突的时候,他自会选择权力。相反,他便只能失去权力。试图在此调和的,是不会两全其美的,残忍的现实总是逼使人们不得不作出残忍的选择,违心干下恶事。

【事典】绝情的吴起

战国时期的军事家吴起,一生热衷权力,为此达到了令人震惊的程度。

吴起原在鲁国为官,为了求取更大的功名,他百般取悦鲁国权贵。由于他才能出众,本事超群,齐鲁交战时,鲁国国君便有心让他做主帅。

嫉妒他的人便向国君进谗说:

"吴起的妻子是齐国人,如今我们和齐国作战,怎保吴起不会和齐国勾结,对大王不利呢?他这个人嗜权如命,是什么事都能干出来的,大王切不可委以重任。"

有此一说,鲁国国君便犹豫了。吴起得此讯息,急忙去见国君明志。他好说歹说,国君就是不肯答应他做主帅。

吴起心生恼怒,自认这个机会千载难逢,是万万不可错过的。左思右想,他把心一横,却是想到了杀妻取信这一残忍的方法来。

他不露声色地对妻子说:

"我眼下有个大好机遇,成则挂帅,败则难料,你可希望我得偿所愿吗?"

妻子和他患难与共,不假思索便答:

"夫君志向远大,若能大事有成,真是可喜可贺了。"

吴起冷冷道:

"只怕要难为你了。不过此事势在必行,你休要怪我不念夫妻的情义!"

不待妻子醒悟过来,他已痛下杀手,要了她的性命。

吴　起

战国初期政治家,卓越的军事统帅。先习儒,后学兵。先入鲁求仕,后入魏、入楚,皆有建树。周安王二十一年,楚悼王死,楚贵族变乱,吴起被射杀车裂。

镜　鉴

为功利灭人情,虽得高位,难逃天谴。

吴起如此行事，原想可以解除鲁国国君的戒心，不料事与愿违，鲁国国君还是对他放心不下，终未让他挂帅。可他却毫无悔意，只道：

“男儿以荣显为要，怎可让所谓的亲情来缚住我的手脚呢？牺牲在所难免，这一次只是我的运气不好而已。”

吴起有此恶行，人皆不齿，他反是不以为意。更让人难解的是，他的亲生母亲病逝之时，他也不肯回家奔丧。当人们责难他的时候，他还振振有词地说：

“先前我曾发下重誓，不为将相，绝不还乡。大丈夫一言九鼎，我是不会为母死之事而违背我的誓言的。”

吴起后来虽功成名就，然而却不得善终，被乱箭射死。

原文

诚如是也，非徒上宠，而又宠无衰矣。

译文

如果真能这样，不但上司会对其宠信有加，而且宠信不会衰减。

释评

能让上司青睐，宠信不衰，这是官场中人梦寐以求的事。正因此事不易做到，千百年来，人们总是探求此中的奥秘，吸取成功者的经验，以求其中的诀窍。令人失望和不解的是，圣贤的教诲和正人君子的作为，往往在实践中处处碰壁，相反，小人的伎俩和权术，常常是制胜的法宝，最为实用。这也许正是封建官场黑暗本质的反映，对此人们必须要有明辨是非的能力，切不可为其表面现象所迷惑，丧失正义的立场。

【事典】仇士良的经验之谈

仇士良作为唐朝后期的大宦官，干尽了坏事，却始终得宠。他专权二十多年，晚年因病退休时，他对前来送行的宦官们说：

“侍奉天子，宠信不衰，你们想听听老夫的经验之谈吗？”

仇士良有此一说，实是有感从前这些小宦官，曾就此话题多次向他求教所发，只因那时他心有顾忌，才屡屡不肯作答。如今功成身退，他不想再隐瞒什么了。

仇士良为小宦官时，受尽了屈辱，稍有不顺，便会受到比他资格老的宦官的毒打，他起初还有不忿，后来一个老宦官对他说：

“你这个样子，简直像正人君子的行为了，怎么能在宫中混下去？你不要气愤，也不要感到不公，要忍耐下去，要像没事一样。为什么我这么说呢？因为我从前也有过你这样的经历，结果我不肯屈服，险些丧命啊！要想混出个人样，这些遭遇都是难免的，你现在最该学习的，不是怨天尤人，而是如何赢得上司的欢心。”

仇士良不乏聪明，经此教训，他牢记在心了。渐渐地，他的心思全都用在了迎奉上司之事上，多有创见，百无禁忌，终于爬上了高位，做了宦官的首领。

仇士良今日欲讲真言，众宦官盼望已久，俱是屏住声息，生怕漏掉一字。仇士良踌躇满志，遂道：

“皇上是我们的主子，侍奉他没有妙法是不行的。一味地讨好取悦，那是人人都能做的事，不足为奇。老夫以为，要想权势不衰，还是要从根本上入手。怎么办呢？说来简单，那就是引导皇上贪玩游乐，不务正事，不让他闲暇下来。否则，皇上闲时读书，和有学问的大臣会面，那他的才智就深远了，就不会沉溺于声色犬马了，我们也迷惑不住他了。所以说，惑其心志最为关键，诱其享乐最不可废，使其昏昏最为我用。如此一来，皇上的一切都在我们的掌握之中，还愁富贵不久长吗？”

【治下卷】第三

甘居人下者鲜。御之失谋，非犯则篡耳。

上无威，下生乱。威成于礼，恃以刑，失之纵。私勿与人，谋必辟。幸非一人，专固害。机心信隐，交接靡密，庶下者知威而畏也。

下附上以成志，上恃下以成名。下有所求，其心必进，迁之宜缓，速则满矣。上有所欲，其神若亲，礼下勿辞，拒者无助矣。

人有所好，以好诱之无不取。人有所惧，以惧迫之无不纳。才可用者，非大害而隐忍。其不可制，果大材而亦诛。赏勿吝，以坚其志。罚适时，以警其心。恩威同施，才德相较，苟无功，得无天耶？

本卷精要

不让下属知其根底，保持距离且不轻易示好，便是御下戒律的要义。

聪明的上司，往往故意把下属的提升过程拉得很长。饥饿的猎狗，总是能捕获更多的猎物。

何时示以权威，何时示以恩惠，如何交替使用之，是上位者要首先领悟的。

高官厚禄，功名富贵，最能使人消磨意志，不起异心，尽忠报效。

统御那些恃才傲物的下属的最有效手段，便是掌握和利用他内心深处的恐惧。

原文

甘居人下者鲜。御之失谋，非犯则篡耳。

译文

自愿处于下属地位的人很少。上级对下级的管理如果没有计策，不是下级抵触上级，就是下级夺取上级的权力。

释评

官场之中，人们你争我夺，无不是为了爬上高位，御使他人。永不满足的虚荣心，驱使着他们千方百计地获取更大的权力，永远不会停止。这种心态，是每一个掌权者所必须了解和掌握的。其实，官场中的上下级，本是利害相互冲突的矛盾对立面，上级对下级既要利用，又要防范，下级对上级既不得不服从他，又无时无刻不在窥伺他、算计他。这就要求为上者在管理下级时，一则不可放纵大意，二则要注意方式方法。

【事典】孙休智灭权臣

三国时代吴国的权臣孙綝废黜了国君孙亮，迎立孙休为帝。他以此为傲，骄横不可一世。一次，他献美酒给孙休，孙休未受。他便对左将军张布说：

“陛下若是没我，怎可当上国君？如今

吴景帝

孙休，孙权第六子，吴国第三任皇帝。太平三年，孙綝发动政变，罢黜孙亮，迎孙休为帝。孙休即位后颁布良制，施仁政。永安七年早逝，年三十岁。

镜　鉴

力量不及时，需要隐忍。

我送礼与他，不想却受此羞辱。看来当初我未听从众劝，自立为君，是大错特错了。”

张布是孙休的亲信，听此言语，自是马上向孙休做了汇报。孙休早知孙𬘭的不臣之心，今又得此讯息，便决心将他铲除。他本想马上动手，以解心头之恨，可冷静下来，他却采取了隐忍之策。于是他对张布说：

“孙𬘭逆贼狼子野心，不能不除。但此贼在朝多年，党羽众多，现在还不是除贼的最好时机。何况，朕立足未稳，不可轻易犯险，唯今之计，只有暂时安抚于他，日后再图。万望将军勿泄此事。”

孙休暗中安排，表面上却一再拉拢赏赐孙𬘭。有人状告孙𬘭谋反，孙休竟把告状人交给孙𬘭，任他处置。孙𬘭更加得意了。

孙𬘭的一个朝中死党颇有机智，他看出苗头不对，便对孙𬘭警告说：

“皇上宠信大人，可谋反大事，他也不能不置一词便轻轻放下，这太可疑了。还望大人明察。”

孙𬘭狂妄地说：

“老夫为官多年，权倾朝野，皇上施恩于我，本属应该。量他也不懂得什么智谋，你再危言耸听，老夫绝不轻饶！”

孙休就这样稳住了孙𬘭。等到一切安排停当之后，孙休利用腊月节大臣入朝贺节的机会，命人把孙𬘭一举擒获，将其处死，终于除去了这个心腹大患。

原文

上无威，下生乱。

译文

上司没有威严，下属就会闹出祸事。

释评

官有官威，高高在上者向来神秘莫测，不苟言笑，虚张声势，以期令人敬畏，俯首听命。事实上，这种作态也是必要的。在下属的眼中，上司无有威严，便是软弱可欺，没有了畏惧，做事自然不会循规蹈矩，上司的决定也不会被很好地贯彻执行。如此闹出祸事，自然不可避免。

【事典】齐威王的妙计

战国时期，初登齐国国君宝座的齐威王，在外人的眼里毫无威严。他不理国政，举止不端，不仅沉迷于酒色之中，还常常彻夜狂欢，滥饮无度。

如此之国君，邻国不以为重，不断来犯。许多大臣见有机可乘，主上可欺，也没有畏惧，贪赃枉法，玩忽职守之事，一时不可胜数。

如此局面，忠贞的大臣屡次进谏，他都不理不睬。直到三年之后，有一个叫淳于髡的人，以大鸟作喻进言时，他才似有所动。

淳于髡说：

"王宫中的一只大鸟，不飞也不鸣，人们皆以为患，敢问大王这是什么鸟？"

齐威王朗声作答：

"此鸟不飞则已，一飞冲天；不鸣则已，一鸣惊人。"

他马上传召全国72个县令长官到国都议事，会上，他对即墨县的大夫说：

"我私下派人到你处调查，你那里百姓丰足，官员勤政，一片安和。可我却总是听到人们说你的坏话。看来只不过是你不对我的身边人行贿罢了。他们才如此中伤于你。"

他大大夸奖了即墨县的大夫一番，当即给他万户的重赏。

他又厉声叫出阿城的大夫，斥责他说：

"我派人去阿城，所见田地荒芜，百姓贫苦，敌国又侵占了大片土地。可是却有人天天向我颂扬你的好处，想必是你花钱行贿愚弄于我。"

他当即下令将阿城大夫处死，那些替他说好话的人也被烹杀。他还把那些违法犯纪、残害百姓的官员一一列举出来，尽数严惩。

一时之间，人人震惊，莫敢相欺。邻国也不敢前来进犯了。原来这只是齐威王施展的一个计谋，他要把自己的真实面目隐藏起来，以便让奸人暴露，进而彻底清除。

原文

威成于礼，恃以刑，失之纵。

译文

威严从礼仪中树立，依赖于刑罚，放任它就会丧失。

释评

官场的礼仪繁多，等级森严，无不是为了维护上司的权威，震慑下属的。为尊者讳，这始终是官场中的规矩，不可冒犯。它无形把上司的地位抬高，给下属造出一种心理上的压力，使其自觉卑微，进而营造出一种神秘气氛，让人俯首听命，不敢放纵。

【事典】刘邦的忧虑

西汉王朝初立时，毫无礼仪可言。大臣们见了刘邦，举止十分随便。皇宫举行宴会，也是如同集市，吵闹一团，有的甚至当着刘邦的面，为了琐事打斗一处，拔刀舞剑。

刘邦深以为忧，他私下对吕后说：

"臣子不以皇上为尊，行事随意，若不制止，事情就不可预料了。这件事必须马上就办。"

吕后说：

"国家初定，我朝礼仪不备，这也怪他们不得。陛下可命人制定礼法，严于处罚，量他们也不敢违犯。"

刘邦听吕后此言，更是下定了决心。他命儒生叔孙通主持此事，且交代说："你不可拘于常法，凡事以突显上尊为要。"

汉高祖

刘邦，沛县人，秦末于沛起兵，公元前207年，率先攻入咸阳，封汉王。与关中父老约法三章，遂坐稳了汉中，实力得以壮大。后击败霸王项羽，于公元前202年称帝，建都长安。刘邦在位8年，后世多称其为汉高祖。

镜　鉴

以"礼"为先，辅之以刑，则威严自生。

叔孙通深知刘邦的用心,不敢怠慢。他挖空心思,弄出了许多花样,又找来几十名懂得古礼的儒生,日夜演练。

一个月后,叔孙通请刘邦观看,刘邦见礼仪完备,仪式庄严,大加赞赏。他传命众大臣都来学习,违者严惩不贷。

刘邦日理万机,但他还是抽出大量时间亲抓此事。一些对此本不以为然的大臣,见皇上这般态度,便不敢掉以轻心了。

定都长安以后,刘邦在新建成的长乐宫召集群臣,便命按叔孙通制定的礼仪行事。叔孙通于是便引导群臣,按顺序入殿。随着一声接一声的呼喊:“皇帝上朝了!”刘邦坐在肩舆之上,在宫廷官员的前呼后拥中登上御座,殿下臣子按照官职的高低,依次向他叩拜,然后还要向他敬酒祝寿。整个仪式进行中,所有的人都得俯首低眉,不许仰视,更不能交头接耳,乱说乱动。

一待仪式做罢,大臣们无不惶然生畏,心有余悸。刘邦更自觉威风八面,身份倍增。他欣喜之余,连连道:

“皇帝的尊贵,我今天才真正感受到了。”

原文

私勿与人,谋必辟。

译文

秘密的事不要让人参与,参与谋划的人一定要清除。

释评

授人以柄,是官场中的大忌,尤其是上司那些不光彩的事,若是掌握在下属的手中,弄不好会给上司的名誉和地位造成极大的伤害。封建官场的争斗大多是见不得人的,上司总要借助下属的力量才能有所作为,下属也想从参与上司的阴谋活动中捞取个人的好处。于是这种勾结便是两厢情愿的了。问题总是出现在互相利用之后,上司的反目和薄情渐渐就显现了,他们总是寻找各种借口,将那些知情者一一治罪,以绝后患。

【事典】雍正的变脸

雍正得以登基为帝,年羹尧和隆科多居功至伟,不可或缺。雍正曾当面称他们为自己的左右手,甚至不顾君臣尊卑,唤他们为自己的“恩人”。

年羹尧是雍正的妻兄,他的妹妹是雍正的皇妃。他为了助雍正夺取帝位,时任川陕总督的他,牵制住了手握几十万大军的雍正劲敌允禵,令他不敢轻举妄动,解除了雍正夺权路上的最大威胁。

隆科多是雍正的舅舅,他以九门提督的身份,统率护卫亲师的精兵,拥戴当时十分孤立的雍正,威慑野心勃勃的众皇子。他又亲自参与了篡改遗诏之事,并由他亲自当众宣布。

夺权成功后,年羹尧、隆科多位高权重,每以参与皇上密事为荣。雍正也每每提及,屡屡重赏。

受如此恩遇,年羹尧、隆科多渐渐骄狂起来,朝中大臣无人敢触其锋。

一次,年羹尧进宫见过雍正,留下和妹妹年妃闲聊家常。年妃忧心忡忡地对哥哥说:

“最近皇上每每愁眉不展,若有所思,哥哥可知为什么吗?”

年羹尧好奇地问:

“皇上若是有事,自会跟我提及,妹妹可知此中缘由?”

年妃摇头,一脸沉重,沉吟片刻,又说:

“哥哥功劳虽大,终是关及皇上私事,切不可再对人谈及了。我看皇上对你似是有所顾忌,这本不是君对臣所应用的态度,望哥哥自重才是。”

年羹尧哈哈一笑,却说:

“妹妹太多疑了,皇上国事繁忙,有些忧虑自是难免。我有大恩于皇上,我还怕什么呢?”

也曾有人提醒隆科多说:

“凡事有利必有弊。大人之功,亦可被说成是过。”

隆科多和年羹尧一样,对此俱不理会。二人弄权造势,毫不收敛。雍正如是未闻,竟对其从无指责。

事情突变在两年之后,雍正似乎一下变得陌生起来,对年羹尧连施杀手:先是严词警告,后是免其抚远大将军之职,调任杭州将军,接着撤职法办,公布了他的92条大罪,令其自杀。

隆科多也未幸免,他被公布41条大罪,高墙圈禁而死。

年羹尧死前连发苦笑,对天慨叹:

“92条大罪,其实不必这么费心了。我的罪其实只有一个,那就是知道的太多,不能不死啊!”

原文

幸非一人,专固害。

译文

宠信不要固定在一个人的身上,让一个人专权一定会带来祸害。

释评

在上司的眼中,若要找个事事遂己心意,各方面才能都具备的下属,实在是件不易的事。在下属的心目中,如能赢得上司信赖,成为他的心腹,这才是永葆富贵的根本之道。如此,上有所求,下有所欲,一旦上司心有所选,任而用事,渐渐便会依赖于他,使之有机专权。长此以往,独得信任的下属难免结党营私,欺上瞒下,擅作威福,对上司的权威和国家利益造成实质性的危害。若是形成尾大不掉之势,情况就更为凶险。这是为上者用人的大忌。

【事典】乾隆最信任的人

清朝的乾隆帝一生雄才大略,文治武功皆有建树,是个才气横溢、精明能干的君主。乾隆皇帝发现和珅后,如获至宝,破格提拔,

和　珅

清乾隆皇帝宠臣。因祖上军功,20岁袭三等轻车都尉,后得见皇上,因天资聪颖,善揣度圣意,自此平步青云。为官期间贪赃无数,嘉庆帝登基后列罪二十条赐死。

镜　鉴

专宠如养痈,久则成患。

终生宠信不衰，信任他竟超过了信任自己的儿子。可谓是亘古以来君对臣少有的恩遇了。

更让人不可思议的是，乾隆对所有说和珅坏话的人，不管是真是假，俱是不闻不问，甚至打击和压制反对和珅的忠直大臣，说他们挑拨离间，意在拆散他的左膀右臂。

乾隆这般行事，自有原因。

和珅容貌俊伟，能说会道，深通人意。而且他聪明敏捷，办事得体，确有一技之长。更难得的是，他对乾隆的脾气、爱好、生活习惯，精于揣摩，乾隆的心事他都所料不差，凡事能想到前头，做到前头。这个本事无人能及，连乾隆都暗自惊讶，以为实在难得。和珅善于敛财，为了满足乾隆的奢欲，他广开财路。在少用和不用国库存银的前提下，乾隆从未因为钱财问题而少了排场，这一点又让乾隆刻骨铭心，以其为国之栋梁，无人可代。还有一点，和珅最让乾隆放心，那就是和绅在乾隆面前，言不称臣，必曰奴才，随旨使令，如同皂隶。他甚至全无朝廷重臣的样子，给乾隆端尿壶，进溺器，表现得比亲儿子还要忠心，且出于挚诚。

一代圣主就这样被和珅迷惑住了，放任他为所欲为。举国权柄，尽操在和珅的手中，使其得以行奸。其实，和珅是个十分贪婪和阴险的人物，他对皇上所做的一切，全是他精心表演出的假相。背地里，他专横骄狂，目空一切，连皇子皇孙都不放在眼中。在他专权的时日里，仅贪污一项，便侵吞了白银8亿两，相当于当时国库年收入的十多倍，清朝一百多年的康乾盛世也由盛转衰，走向了末路。

原文

机心信隐，交接靡密，庶下者知威而畏也。

译文

心思一定要隐藏起来，与人交往不能过分亲密，下属便能由此感知上司的威严而心生敬畏。

释评

下属对上司的不敬,是为上者最忧心的头等大事。如何树尊立威,让下属臣服,历来都有许多方法可供当权者借鉴。而不让下属知其根底,不轻易示好,就是封建官场所奉行的两条定律,颇具普遍性。它能让上司和下属之间保持一定距离,增加上司的神秘和庄严,进而让人有所畏惧,不敢相欺。

【事典】秦始皇的秘密

秦始皇统一六国之后，为了增强其权威，作了许多政策和制度上的变革和创新。在生活中,他也处处追求神秘,无端让人摸不着头脑,令臣下无可猜测。

秦始皇在首都咸阳二百里建了二百七十座行宫,座座金碧辉煌,巧夺天工,最特别的是行宫之间是相通的,以上下两层、封闭甚严的复道相连。他每日乘车在复道中巡游,从不在一个行宫留上二日,他又严命服侍他的人不许泄露他的行踪,违命则斩。

一日,他在梁山宫所在的山上看到一队车马从山下经过,他见其阵容庞大,十分招摇,不禁眉头一皱。当他得知这是丞相李斯的车队时，惯有的猜疑心又让他怒骂两声，大为光火。

这本是件十分机密的事,不想第二天李斯却突然大大减少了车队数量,且无任何排场可言。秦始皇再次见到,惊疑之下,自知定是有人通风报信,遂严命追查此事。

原来,丞相李斯为了探知秦始皇的喜怒哀乐,早用重金收买了秦始皇身边的一个宦

秦始皇

秦朝开国皇帝，姓嬴名政,秦庄襄王之子。13岁时即王位,由太后、吕不韦和嫪毐掌政。22岁亲政,用李斯、尉缭等,灭六国,39岁完成统一大业,建秦朝,被誉为“千古一帝”。

镜　鉴

保持距离，下属就难度上意,故不敢隐匿,不敢稍怠。

官。当日，这名宦官见秦始皇对李斯生怒，恐对李斯不利，随后马上将此消息传了过去。李斯闻此惊惧交加，所幸得报及时，他马上将车队大部裁撤，以便让秦始皇消除疑虑。

谁知追查竟毫无结果。当日在场的那个宦官深知始皇帝的暴戾性格，更是不敢承认。秦始皇极为震怒，下令将当时侍奉他的所有宦官一律诛杀。在他看来，这件事非同小可，长此以往，他就绝无秘密可言了。那样，臣下知道他的一举一动，了解他对臣下的真实态度，就会预防在先，有所戒备，势必难以驾驭，欺君罔上。

原文

下附上以成志，上恃下以成名。

译文

下属依附上司才能成就志向，上司依靠下属才能取得功名。

释评

身为人下，要想谋取权力，首先要借助上司的力量。为人上者，没有下属的辅助，势必难有作为。二者各有所需，也各有其手段来应付对方，获取自己的最大利益。明白这个道理的人，总是从对方最想得到的东西入手，以此来诱惑他，挟制他，以为己用。所以说凡是高明的上司，必是深知其下属所需所想，而施以不同方法让其甘心卖命的人。如果一味倚仗权威压人，不给其甜头，使其失去进取的动力，那他就会阳奉阴违，不尽其力了。

【事典】燕昭王的求贤术

战国时期，燕国大败于齐国，国势日危。燕昭王为了报仇雪恨，振兴燕国，费尽了心思和气力，却是收效甚微。他颇为伤感和气馁，一时难以振作。

一次，他去燕国的贤士郭隗家讨教，郭隗便对他说：

"大王精神黯然,神气灰暗,可是有难解之事吗?"

燕昭王诉说完苦衷,却见郭隗反是一笑,便道:

"贤士可笑我无能吗?"

郭隗忙道:

"非大王无能,只是大王不得其法而已。"他一脸正肃,接着分析说:

"燕国新败,事有不济,这是很正常的事。大王事无巨细,求功心切,却忽略了最该首先办的一件大事。正所谓事在人为,如今我们燕国人才凋零,出众者屈指可数,这样怎可成事呢?以我看来,大王还是要在招揽天下人才之事上加大气力,以为当务之急。"

燕昭王深以为是,却愁苦道:

"人才难得,真人难觅,仓促之间,又怎能寻得到呢?再说凡为人才,皆为难御,我真不知该如何办理此事。"

郭隗接着便给燕昭王讲了一个故事:一位国君用千金的高价来买千里马,三年时间也没有买到。他的侍从自告奋勇为他买马,三个月后却将一匹千里马的马骨带回,并告知他买此用了五百金。国君大怒,那侍从便解释说,他这样做,就是为了让天下人知道大王求马的诚心,人无论为金为名,都会自动送上门来,何愁千里马不可得呢?不久,果然有三匹千里马被人带到国君面前。

燕昭王

战国时燕国君主,燕王哙之子。即位后求贤若渴,礼待老臣,以致各国群贤聚集燕国,铸就了燕国最辉煌的时期。

镜　鉴

以其所需为饵,人才自来。

燕昭王听此,略有所悟。郭隗又进一步强调说:

"人的本性皆有其可利用之处,人才也不例外。只要大王对症下药,不吝重赏,自能驱使天下英雄。"

燕昭王大喜。郭隗又建议他以己为饵,以钓四方英才。于是燕昭王依计行事,给郭隗盖了一所豪华的府邸,对之礼敬备至。他又在都城外筑一高台,上置千两黄金，以备赏给投靠他的人才。

燕昭王此举，很快便在天下传开，人人称羡。贤士能人为其所诱，纷纷赶至燕国，唯恐落至人后。燕昭王手下一时人才济济，实力倍增，他依此富国强兵，最终战胜了齐国，得偿所愿。

原文

下有所求，其心必进，迁之宜缓，速则满矣。

译文

下属有贪求的东西，他的心自然会要求上进，提升他应该慢慢的来，太快他就满足了。

释评

作为权术的一种，封官是上司驾驭下属最有效的方法之一。但封官的学问也不是人人皆知的。如果一味滥封，人们就不以之为重，其用意便难以达到。若是封官太快，被封之人的立功愿望就会消减，其进取心就会淡薄。待至官居极品，他也许又野心滋长，为祸匪浅了。因此，聪明的上司往往故意把下属的提升过程拉得很长，让他们的官欲无法满足，以此激励他们建功立业，永不懈怠。

【事典】遭人讥笑的司马伦

西晋“八王之乱”时，作为八王之一的司

司马伦

字子彝，司马懿第九子，西晋八王之乱中的一王。无智策，无学，不知书，然曾自立为皇帝，不久被司马周推翻，伦亦被杀。

镜　鉴

欲求一旦满足，属下便不服驱遣。

马伦，于301年把白痴皇帝司马衷囚禁，自己当了皇帝。

司马伦自知理亏，为了笼络人心，巩固帝位，遂决定大封臣下的官职。他的这个决定刚一提出，便有效忠他的大臣力言不可，进谏说：

“官之为官，乃诱人立功尽职也。如果陛下只为一时之利而滥行封赏，官职之效能将尽失。得官如此之易，谁还会为官职而为陛下卖力呢？这是最大的祸害啊。”

司马伦却坚持己见，且反驳说：

“你只知其一，不知其二。如今乃非常之时，自不能枉行常理。他们无不为做官而来，既是受我之恩，何有不感恩之理？事有轻重缓急，我也顾不了许多了。”

那位大臣更是摇头，苦谏道：

“人说无功不受禄，受则必害。今日陛下无名授官，大违天理。陛下在此纷乱之时，更不该逆天行事，方可保无虞。”

司马伦喝退其人，不许再言。他传下令来，满朝文武一律升以高官，连普通的士兵和宫中的奴仆都赏以爵位。

此令一出，天下惊骇。当时武官的帽子都以貂尾作装饰物，这时貂尾便显得奇缺，迫于皇命难违，主持其事的人便只好用狗尾替代，分发给众多得官者。一时闹得沸沸扬扬，人以为笑。狗尾续貂的典故，就是源出于此。

司马伦此举，最终事与愿违，反使人对之更为不屑和厌恶。四个月后，他的政权便被另一个亲王司马冏推翻，自己也被灌下金屑酒毒死。

原文

上有所欲，其神若亲，礼下勿辞，拒者无助矣。

译文

上司有想使用的人，他的神态要亲切，以礼相待下属，不要推辞，不这样做就没人协助他了。

释评

历史上成就大事的人有个共同的优点，那就是礼贤下士，求才若渴。他们为了大计可以暂时放下身份和自尊，以打动和感召那些天性傲慢、性格倔强的大贤之人来辅佐自己，成就功业。其实，这样做并不难，关键是要为上者突破自己的心理界限，调整一下自己的心态即可。如果只顾自己的脸面和权威，不计利害地装腔作势，耀武扬威，真正的人材是不会屈从他的，这对他的事业将是致命的伤害。

【事典】孟尝君的风度

孟尝君礼贤下士的故事广为人知，不仅如此，他容人的雅量和风度也无人能及，这使他左右逢源，始终立于不败之地。

冯谖去投靠他时，有人便对孟尝君说，此人一无学问，二无专长，只是穷急无奈才来混口饭吃，断不能收留他。孟尝君听此一笑，却说：

"我以养士自居，又岂能因你一言误了人家的大好前程。凡事耳听为虚，眼见为实，我还是当面问问他吧。"

冯谖被引至孟尝君面前，他虽衣衫不整，神情憔悴，却是一脸倨傲，神色不变。

孟尝君问他有何学问，冯谖答：

"君以学问为重，在下全无学问。"

孟尝君心惊之下，深以为怪。他又问：

"先生定有所长，能否赐教于我呢？"

冯谖冷冷回道：

"俗之所长，在下不屑也，是以无长。"

孟尝君见其如此，并不见责，只说：

"恕我冒昧，多此一问，先生不弃，只是委屈你了。"

他安排冯谖留下，态度仍是十分谦恭。

冯谖初来乍到，和别的食客自是无法相比。他吃的是粗茶淡饭，出门没有车马，为此冯谖大为不满，屡屡提出请求。

第一次，冯谖敲着佩剑说：

"剑啊剑啊，吃喝没有鱼肉，不如回去呢。"

孟尝君听闻此事，便让人给他供应鱼肉。

第二次，冯谖敲着佩剑说：

“剑啊剑啊，出门没有车马，快快回去吧。”

有人报知孟尝君，还说他无有寸功，竟是如此狂妄贪婪，真是气死人了。孟尝君却沉吟片刻，遂即吩咐给他备车。众人不服，他便解释说：

“才子多傲，贤者无形，我虽不知冯谖是否属于此列，却不敢因我之故错失了一个能者。纵是他真的无才无识，他既长途投奔，我又怎能伤他的心呢？”

冯谖似乎并不领情，没过几天，他竟又一次敲打他的佩剑说：

“剑啊剑啊，老母无法赡养，还是回去吧。”

这回孟尝君的手下说什么也不肯原谅他了，他们把此事隐瞒不报，还处处讥笑冯谖，时时给他脸色看。孟尝君得知此事，先是惩治了手下，随后又亲至冯谖的住处，向他说明原委，

冯谖无动于衷，待知孟尝君已将他的老母安顿好后，神色稍缓。临走，他对孟尝君说：

“我愿已足，君若有事，尽可吩咐在下了。”

后来，孟尝君深得冯谖之力。冯谖和他患难与共，始终不离不弃。孟尝君依靠他的计谋多次转危为安。当孟尝君向他致谢时，冯谖却说：

“以德服人，君可谓做到了极处。这全是君之大德之功，又何必谢外人呢？”

原文

人有所好，以好诱之无不取。

译文

人有喜好的东西，用喜好的东西引诱他没有收服不了的。

释评

官场处处皆学问。身为上司，管理下属便是此学问中的一个重点，也是

一个难点。说它重要，只因为上者若不能治下，名实不符，势必为人架空，形同傀儡。说它难为，又因为下者多怀机心，是不会轻易死心塌地为上司卖命的。有鉴于此，历史上官场中的智者便采取了迂回之术，从下属的个人喜好入手，来满足他，进而掌握他，征服他。下属在感恩戴德之下，对上司的忠心才会坚定，才会真正为上司着想，做事不遗余力。

宋太祖

赵匡胤，北宋开国皇帝。初为后周将领，公元960年，发动“陈桥兵变”，夺取后周政权，建宋。赵匡胤治国有方，曾刻三戒条于石上，锁置殿中，使嗣君即位，入而跪读，奠定了有宋一代的治国理念。

镜 鉴

满足属下的需求，才能获得属下的忠心。

【事典】赵匡胤的谎言

宋太祖赵匡胤向以御臣为能，杯酒释兵权的故事，便是他的经典之作。其实，赵匡胤这方面的事例还有很多，他对大将曹彬说谎，亦可见其高超的治下之术。

攻打江南南唐时，他左思右想，最终决定派大将曹彬担此重任。事情本来该到此结束，可赵匡胤疑心甚大，又恐曹彬不尽全力，于是他把曹彬召来，当面对他说：

“建功立业，封侯拜相，这是人臣的毕生所求，想必你也不会例外，如今有此机遇，愿卿家珍惜把握，奋勇杀敌；待你得胜还朝，一定封你为丞相。”

有了皇帝的亲口许诺，曹彬喜出望外，信心倍增，他带领大军直捣江南，冲锋陷阵，很快就消灭了南唐政权，俘虏了皇帝李煜。

回朝之日，曹彬满心欢喜，只等皇帝兑现诺言了。不料赵匡胤竟出尔反尔，不仅未封他丞相，还命他即刻攻打太原。为此，赵匡胤解释说：

“丞相为百官之首，无可再升。如今四海未平，天下未定，尚需你等为我出力分忧，并非有意骗你，只是人心难测，倘若你官居丞相，志得意满，怕是不会那么卖力为我打仗了。”

曹彬失望之至,怅怅回府。进得屋来,却见室中堆满了钱,数额甚巨。当他得知这是皇上赏赐的五十万钱时,刚才的不快登时一扫而光了,他心下感恩,嘴上说:

"皇上这般用心,我曹彬还有何话说?何况就算当了丞相,也不过多得点钱财;如今有了这么多钱,我又何必争当什么丞相呢?"

他快乐已极,再不以赵匡胤说谎为念,继续竭尽心力,为宋王朝征战扩土,立下了不朽的功劳。

原文

人有所惧,以惧迫之无不纳。

译文

人有惧怕的东西,用惧怕的东西逼迫他没有不接受的。

释评

治下的方法不能千篇一律,对不同的人,要采取不同的手段;对同一个人,在不同的时间和地点,也要有所变化,方法多样。事实上,运用惩罚的办法治理下属,有时要比一味的奖赏更管用。人有满足的时候,却少有不怕失去的时候。如果针对下属最恐惧的所在做文章,便是抓住了他们最脆弱的地方,一举便可将其制伏,事半功倍。

【事典】雍正阴毒的处罚

清朝的文字狱,骇人听闻,涉案之人,少有活命者。雍正王朝时,钱名世因赠年羹尧诗中有"钟鼎名勤山河誓,番藏宣刊第二碑"之句,为雍正所忌,定为大案。出乎所有人的意料,钱名世却得以不死。

原来这并非出于雍正的恩典。在雍正看来,杀死一个钱名世,实在是太便宜他了。雍正要用更有效的方法来惩治他，令其生不如死，亦可震慑天下的读书人和官僚。

雍正的妙法是，首先从读书人最在乎的名节下手，把钱名世定为“名教罪人，”且亲笔题写匾额，命地方官挂在钱家的大门之上。

要知“名教”乃封建社会立国的指导思想，是做人的最基本信条。读书人向以名教弟子自居，如今钱名世成了名教的罪人，也就是成了万恶不赦的罪人，为人所不齿，子孙后代也将蒙羞。如此处罚，当真要比处死还严厉百倍。

非但如此，雍正还发动官僚，在钱名世被逐回乡时，作诗“赠行”。这些诗自然是对钱名世罪行的声讨之作，其用语之毒，用词之酷，皆达极至。雍正让钱名世将这些诗作刊行出版，名为《名教罪人诗》，并让全国学校收存，研习阅读。

钱名世痛不欲生，深悔当时没有自尽，以受此辱。钱家众人也对他恨之入骨，至亲好友上门叫骂者日日不绝。

后人评议此事，皆谓雍正的招法阴毒，暴露了他的狭隘和愚蠢，过于惨苛了。但是不可否认，雍正是一个整人高手，他在这方面的奇思妙想，恐怕人所难及了。

原文

才可用者，非大害而隐忍。

译文

有才能可以使用的人，没有大的害处要暗中容忍。

释评

俗话说，金无足赤，人无完人。上司在使用人上，如果求全责备，斤斤计较，不从大处着眼，往往会影响大局，失去人才。这就是那些有才之士虽有不少缺点却仍能得到上司器重的原因。此节最能考验上司的智慧和胸襟。目光短浅,心胸狭小的上司是做不到这一点的。当然,上司对有缺点下属的这种包容也是有条件的,说穿了只是暂时的利用而已。一旦他功业有成,这些下属的缺点他便难以忍受了,有的甚至成了他除灭功臣、排除后患的借口。

【事典】刘邦的宽恕

陈平本是项羽军中的都尉,后被他的朋友、汉将魏无知引荐给了刘邦。陈平才智过人,他谒见刘邦时,向刘邦建议趁项羽伐齐,后方空虚,直捣他的老窝。此计为刘邦赞赏,当即委以高官,以示器重。

刘邦此举,立时遭到汉将的一致反对。周勃、灌婴作为他们的代表求见刘邦,说:

"陈平无功受此封赏,太不公平了。他花言巧语,想必主公也受了他的蒙蔽。此人劣迹斑斑,在家时乱伦盗嫂,为人不齿,为官后又大肆收贿,贪婪至极。这样的人怎能再受重用呢?望主公将此人除去,以安众将之心。"

刘邦不知此节,但他仍对陈平的才能充满信心。于是他含糊地说:

"此人大才,非你等所能识,纵有小过,我又何必舍本逐末?此事容我三思。"

一待他们走后,遂把陈平召来询问。陈平也不隐瞒,还解释说:

"大王所用,乃我之才也,如果大王认为我无用,自可将我治罪。不过,众人之词,未免有嫉妒之意,非全为大王也。再说我弃楚归汉以来,家财已尽,清贫如洗,收取贿赂,实不得已而为之。至于盗嫂之说,那全属无稽之谈,我也懒得辩说了,一切全凭大王明察。"

老实说,刘邦对他的解释心有不满,但他实在需要陈平这样的人才辅佐自己成就霸业。何况眼下争战正酣,他更不想因此多事,贻误军机。他念头一转,继而哈哈一笑,拍着陈平的肩膀,安慰说:

"先生清苦,倒是我怠慢了。我们是粗人,还望先生不要介意。"

他不但未加追究,还赏赐给陈平许多金钱,又传下命令,升陈平的官职,为护军中尉。陈平原想倘若刘邦见责,他就无须留下了,有此结果,惊喜之外,陈平又平生了对刘邦的感激之心。从此定下心来,全力报效刘邦,为他出了很多计谋，做出了很大的贡献。

原文

其不可制，果大材而亦诛。

译文

其人不能驯服，确实是才能出众的也要诛杀。

释评

为我所用，是封建统治者用人的最高原则。在他们眼里，不驯服的民众就是叛逆，不驯服的有才能的人更为可怕，必除之以绝后患。这种极端自私和残忍的表现，恰恰说明了封建官场中为上者的无能本质和妒才心理，也是对有才之士为何屡屡不得志这个问题的最好解答。凡是大才之人，因其聪明多学，对为上者的把戏往往一眼看穿，所以多表现得不屑。由此而生发的不合作态度，使为上者心中恼怒，遂加以种种罪名。其真意乃在借此愚民，不惜用无辜的血来维持自己所谓的权威。这种蛮横和暴行不仅是对人才的摧残，而且是对公理和良知的极端伤害，到头来只能自食其果，报应不爽。

【事典】死里逃生的管仲

公元前686年，齐襄公在国内的一场叛乱中被杀身死。其子公子小白和公子纠争夺王位，公子小白获胜，继位为君，是为齐桓公。公子纠带管仲、召忽等人，跑到鲁国避难。齐桓公派兵压境，迫使鲁庄公杀了公子纠，又将管仲、召忽打入囚车，准备交给齐国发落。

临上囚车，召忽仰天大哭，口道：

“为人臣者,不能尽其忠,我之耻也,主公既死,我何活之?”

他趁人不备,一头撞向石柱,倒地而死。管仲眼含泪水,却道:

“苍天不佑我主,致有此败。自古有死臣,亦有生臣。我要苟且保此性命,以为公子纠申冤。”

他说完,径自走入囚车,神色不乱。

当时在场的鲁国大臣施伯对管仲此举大为惊叹。他凝视管仲许久,这才亲见鲁庄公,直言道:

“管仲奇才,臣以为必有大用。不如大王向齐国求情,将管仲留下。”

鲁庄公摇头道:

“管仲曾亲手箭射齐侯,乃齐侯之大仇人,如此求情,齐侯怎能相允?”

施伯又说:

“臣观管仲之相,世间少有,如果不死,以他大才,若为齐国重用,齐国势必称霸天下了。大王不妨屈尊降贵,求情一试,若是齐国应允,有他辅助大王,万事可成。如果齐国回绝,大王也不可放之归国,养虎为患,尽可一举杀之。”

鲁庄公笑道:

“我也正有此意。如此人才,既不能制,又不能用,岂可让给他人?”

齐国领兵的鲍叔牙听此讯息,急忙派人去和庄公交涉。庄公惧于齐国势力,这才无奈地交出管仲,没有杀他。

后来,鲁庄公又生悔意,遂派人追赶囚车,传命如若管仲拒不降鲁,即可当场处决。只是为时已晚,管仲此时已离开了鲁境,进入齐国了。

管　仲

名夷吾,字仲,史称管子。春秋时齐国上卿,在政治、经济、军事上皆成绩显赫,辅佐齐桓公成为春秋霸主,被称为“春秋第一相”,有《管子》传世。

镜　鉴

人才若不能为己所用,也不要留给敌人。

原文

赏勿吝，以坠其志。

译文

赏赐不要吝惜，用此消磨他们的意志。

释评

在任何时代，利益的驱动力都是最能调动人的积极性的手段，没有了这方面的刺激，要想驱使人几乎是不可能的。同样，高官厚禄，功名富贵，最能使人消磨意志，不起异心，尽忠报效。有了这方面的羁绊，整个人便被束缚住了，为了保住这些，他更会拼死卖命，而不会轻易贪求更大的奢欲。历史上那些短视者，常常因为吝惜封赏而导致更大的祸患，进而失去更多。这方面的教训，决定了为人上者，不能只凭自己的好恶行事，即使心有不愿，也要勉为其难，故作慷慨。

【事典】刘邦的转变

楚汉相争之初，项羽大搞分封，而刘邦却不这样做。他曾对臣下说：

“封王封侯，只能使臣下野心加剧，削减人主的权威，弄不好就各自为政，造起反来，那样人主不就危险了吗？项羽那么做，结果人心各异，事与愿违，看来此事断不可行。”

刘邦的手下却不这么看。他们追随刘邦，舍生忘死，追求的正是出人头地、封王封侯的名利地位。刘邦不搞分封，他们颇有怨言，只因刘邦态度坚决，只好隐忍以待时日。

刘邦被项羽的大军困在荥阳时，几次派人命韩信来救。韩信早就觊觎王位，今见时机已到，便以此要挟，命使者传话说：

"齐地实属战略重地，应重点固守。今齐地无主，宜封王镇之。臣虽无才，自请代理齐王，为主公分忧。"

此话虽冠冕堂皇，却露骨地显现了韩信对封王的渴望，更让刘邦气恼的是，此事这会提出，分明是乘人之危的小人行径。他忍不住破口大骂，恨声说：

"我危在旦夕，他却要自立为王，不来救驾，岂有此理！"

话音未落，刘邦身边的张良、陈平已是连连踢他的脚，暗示他不可再说下去。张良俯首过来，低声说：

"危难时刻，主公岂可意气行事？眼下脱困乃最为急迫之事，不如暂且答应他，以慰其心，使其速来解围。何况鞭长莫及，主公即使吝惜封赏，不予应允，于事也是无济的。"

刘邦聪明过人，经他点拨，登时会意，暗道险些误了大事。他脸色倏变，笑着道：

"大丈夫志向远大，何必当什么代理齐王？韩信功勋卓著，当个真正的齐王绝不为过。"

韩　信

西汉开国功臣，封淮阴侯。史上著名军事统帅和军事理论家。性格桀骜，曾自立为齐王。汉初，因被控谋反，被处死于长乐宫钟室。

镜　鉴

没有功名利禄，为下者就不愿受到驱遣。

他立即派张良为代表，正式封韩信为齐王。韩信见已愿已成，遂无他念，即刻举兵救驾，刘邦终于化险为夷。事后，刘邦感叹封赏之功，便一改前态，先后封了彭越、英布、卢绾等人为王，使其个个安下心来，为打败项羽团结一致，倾尽了全力。

原文

罚适时，以警其心。

译文

惩罚要适合时宜，用此让他的心得到告诫。

释评

惩罚下属，要掌握时机，注意分寸，恰到好处，才能收到明显的效果。否则，即使处罚再严厉，也是无益于大局的。这就要求上司不仅要爱憎分明，不徇私情，还要注意方式方法，分清主次关系，讲究时间场合，把握轻重缓急。只有这样，才不会因小失大，顾此失彼，发挥惩戒的最大功效。

【事典】事后算账的赵匡胤

赵匡胤为后周大将时，领兵和南唐元帅李景达交战。

战斗一打响，赵匡胤就身先士卒，战况尤为激烈。战至半天，双方皆有死伤，胜负不分，只好各自收兵。

赵匡胤回到营中，下了一道奇怪的命令，竟让将士们把他们头上戴的皮笠献上。所有人都莫明其妙，议论纷纷。

但见越匡胤对将士们献上的皮笠一一察看之后，忽命几个将士上前，厉声道：

“你等临阵退缩，险些坏了我的大事，如不将你等重罚，何以治军杀敌？”

他不容分说，命人将他们拉出斩首。

事情这么突然，众人不明其故，于是有人上前为其求情。赵匡胤坚决不准，为释将士心疑，他说：

“各位看见他们皮笠上的剑痕了吗？”

众人虽见赵匡胤高高举起的皮笠上的剑痕，但是仍是一头迷雾。

赵匡胤指着剑痕，解释说：

“方才交战，敌众我寡，形势对我极其不利。他们几个不尽力杀敌，却屡屡退缩，我见得真切，于是剑砍他们的皮笠，以为标记。当时事关成败，我不便处置。此刻若是姑息,必有日后之患。望大家引以为戒,奋勇杀敌,否则必军法从事!”

众人听此,暗自庆幸之余,不免心惊肉颤。待行刑之人将那几个将士的人头献上,大家更是惶恐色变。

第二日,赵匡胤领兵再战,李景达等南唐兵卒却发现此刻的周兵,远非昨日可比,他们凶猛异常,再无一个退缩。此役,周兵大胜,赵匡胤带兵追南唐军至江边,杀得南唐人马死伤无数,元帅李景达骑马涉江,侥幸活命。

得胜的周兵无不敬服赵匡胤处罚高明。他适时忍耐,暂缓处置,以安军心。事后杀一儆百,整肃军纪,人人生畏。如果他拘于军法,急于处治那些违纪将士,只怕会军心大乱,反助强敌了。

原文

恩威同施,才德相较,苟无功,得无天耶?

译文

恩惠和威力一起施行,才能和品德互相比较,如果这样做还没有成效,莫非这就是天意吧?

释评

赏罚分明,恩威相济,是每一个领导者都应具备的治下手段,也是每一个成功者得以成就大事的一个重要因素。如此道理,说说容易,可真正实行起来,却不是一件易事。它首先要求上司对下属不能简单用事,一味强调赏或罚。其次,它又要求上司赏罚公正,行事无偏,不能感情用事。第三,它要求上司时刻了解和掌握下属不断变化着的心理和想法,及时做出调整,以适应不同形势下的不同需要。如果上司能做到这一点,可以说没有不成功的。事实上,只有那些浅尝辄止,自欺欺人的人,才会把失败推卸于天,不负其责。

【事典】速浑察的表演

速浑察是蒙古大将木华黎的孙子,公元1239年,他继承了其兄的爵位,总领中都行省的蒙汉军队，位高权重，身份显赫。

初为权贵，速浑察便显出了他极高的处事手段。一次，他去营中巡察，见许多士卒为琐事争吵，见他前来，也无敬畏之意。他勃然大怒，立时传命将闹事人等尽皆斩首。

这时他身边的人便劝他说：

“大人上任不久，应善结人缘，以增人望。如此处置，显得过重，杀人太多，恐对大人不利。”

速浑察说：

“正因我初掌权柄，人们才视我为轻，不以为意。如此下去，有令不从，将命难行，于我事小，于国事危。今之杀众，虽明知不可为亦为也。”

一待众人伏法，全军皆惊，多有不服叫屈者，意欲造反起事。

有人报知速浑察，他却不改初衷，只道：“此事非彼事也，你等勿惊。”

他随后传命为死去的士卒举行祭奠大会。会上，他痛哭流涕，哭天抢地，哀声道：

“你们死得实在有些冤枉了，可不这样，谁又会听我的命令呢？皇上交我重任，我诚惶诚恐，自知资历浅薄，本想取悦众人，助我成事。万不想你们欺我太甚，视我如无物。如此让皇上见责，杀我全家，还不如拚其一死，先杀尔等，我再以死相殉！”

他摘下头盔，作势撞柱自尽，他的心腹死死抱住他，连声哀号。此情此景，那些想生事的人看呆了，一时之间，怨气不禁消了大半。再一想他的话真挚有理，又自觉那些已死的兵卒实在太过无礼，何况造反乃是死罪，他们只是出于一时激愤才有此念的。这般想来，他们怨气全无，全都跪在地上，请求速浑察的宽恕。

速浑察悉数赦免，发誓说不再追究此事。兵卒尽感其恩，欢声雷动。眼见一场大祸消于无形，速浑察才露出了别人不易察觉的一丝微笑。原来，这只是他精心表演的一出戏而已，只因他工于心计，表演逼真，竟是瞒过了所有人等，一举树立起了自己的权威，没有敢不俯首听命的了。可叹那些枉死的士卒，至死也不明白速浑察的险恶用心，糊里糊涂就做了他权术下的牺牲品。

控权卷第四

权者，人莫离也。取之非易，守之尤艰。智不足弗得，谋有失竟患，死生事也。

假天用事，名之顺也。自绝于天，敌之罪也。民有其愚，权有其智。德之不昭，人所难附焉。

乱世用能，平则去患。盛世惟忠，庸则自从。名可易，实必争；名实悖之，权之丧矣。嗜权逾命者，莫敢不为；权之弗让也，其术乃极。机为要，无机自毁；事可绝，人伦亦灭。利禄为羁，去其实害；赏以虚名，收其本心。若此为之，权无不得，亦无失也。

本卷精要

获取权力需要勇气和胆量，保持权力需要智谋和耐心。

对于有心获取权力的人，必须首先修习获取权力所需的本事，否则只能有害无益，自讨苦吃。

掌握权力，排挤对手，找一个正当的名义，尤为重要。

明智的掌权者，在不损害自己利益的同时也会让人小利，收买人心。

权术离不开阴谋和欺诈，只因它实用和有效，所以即使是正人君子也不敢小视于它。

原文

权者，人莫离也。

译文

权力，是人们不可以缺少的。

释评

出人头地，光宗耀祖，是封建时代人们所追求的人生目标。特别是那些贫寒之士，更把获取权力，跻身仕途，作为摆脱贫穷、赢得富贵的一条捷径。至于官场中人，他们的权力欲从来就没有满足的时候，自始至终，他们都在为捞取更大的权力和保住现有的权力而苦苦挣扎。不可否认，权力带给人们的好处是显而易见的。无权无势的平民百姓，只能身处下贱，任人欺凌。权力可以颠倒黑白，为所欲为，享尽富贵。在当权者眼里，没有比权力更好的东西了。失去了它，便是失去了一切，直至性命不保；抓住了它，就抓住了自己的命根子。实际上，一个手握权力的人，才最能让人产生畏惧。

【事典】李斯的感悟

李斯未发迹时，只是家乡上蔡县衙门里的小小官吏。他职小位卑，受尽了屈辱，无奈为了生计，他只好隐忍下来，这才没有挂冠而去。

闲暇之时，他常和朋友大发牢骚，有一

李 斯

战国末年楚国人，秦代政治家。早年为郡小吏，贫，后学帝王之术，入秦，助秦皇统一六国。秦始皇死，与赵高合谋，迫令始皇长子自杀，立胡亥为帝。后为赵高所忌，被腰斩，夷三族。

镜 鉴

权力能改变人的生存处境。

次他感慨地说：

“有权无权，真是不同啊，像我这样的小吏，受人差使，无人尊重，穷困潦倒，何时能有出头之日呢？”

李斯的朋友也诉苦说：

“生而为人，若是无权无势，真是枉为人了。你我今生，恐怕只能这样了，难道这就是命吗？”

李斯心中凄苦，自是消极度日。

一日，李斯去茅厕，见厕中老鼠，长得又瘦又小，吃着脏东西，见有人来，惊逃而散。他又在仓库中见到了老鼠，令他惊奇的是，这里的老鼠与他先前见到的迥然不同：个个膘肥体胖，十分精神，见他到来，也不害怕，从容而走。李斯视之良久，忽有所悟：

“仓库里的老鼠，以满仓的粮食为食，以高大的库房为窝，食之无忧，风雨不淋，难怪和厕中的老鼠不同了。人何尝不如此呢？看来人的好与坏，并不是人有什么不同，而全在人所处的地位有贵贱之别呀！”

他自此反省自己，深怪自己不求上进，却天天陷在于事无补的发牢骚上。于是他毅然下了决心，辞去小官，拜大思想家荀子为师，学习帝王之术。

荀子对李斯考察一番，又问他说：

“你虽官小，在别人眼里也是值得艳羡的，你就一点也不觉得可惜吗？”

李斯回答说：

“做人要做人上人，做鼠须做仓中鼠。”

他解释了一番，荀子听后不禁哈哈一笑，连道：

“你聪明过人，悟性极高，他日必成大器。”

听到荀子的夸奖，李斯受到了极大鼓舞，他又进一步表达了自己的想法：

“我以为，人的一生，最大的耻辱莫过于卑贱，最大的悲哀莫过于贫穷。而这一切，都是因为无权所造成的。权力对于每个人，都有脱胎换骨的功效，大丈夫当以弄权为要。”

荀子听之默然，一待李斯离去，便悄声对身边人说：

“李斯聪明绝顶，当是我门下最出众的弟子了。只可惜他愤世太切，嗜权太深，拙于掩饰自己，到头来只怕难得善终啊。”

后来，李斯奋发振作，果然当了秦国的丞相，极盛之时，他家的门庭前车子逾千，百官趋之若鹜。也正如荀子所言，他贪恋权位过了头，又过于张扬，最终遭到赵高的陷害，父子双双被腰斩于市，不得善终而死。

原文

取之非易，守之尤艰。

译文

获取权力不容易，保住权力更加艰难。

释评

权力的获得向来是充满竞争和血腥的，为了夺取权力，无数人死于非命，甚至骨肉相残。在封建时代，它是衡量一个人社会价值和人生价值的最重的砝码，而能触及权柄的人少之又少，由此看来，成为此中的胜利者真是非常不易。同样，保住权力不失，也是一个重大难题。手握权柄的人，总是众矢之的，人人欲取而代之。何况掌权者身在明处，他人身在暗处，他的对手又扩大为四面八方之人，任何人都要防范，任何事都不可掉以轻心，稍有不慎，就会酿成大祸。从这个意义上说，保住权力的确比获取权力更难：它对人的要求更高、更全面、更深化，而这一切都绝非一般人所能做到的。

【事典】韩信的不足

韩信是刘邦手下的大将，他的军事造诣实在高明，攻必取，战必胜，为汉朝的建立立有大功。这样一位盖世英雄，最后竟落得身首异处的下场，究其原因，刘邦“兔死狗烹”固是其一，他的保权之术缺乏当是其二了。

韩信经萧何力荐，被刘邦登台拜将后，他多出奇计，身经百战，屡受甘苦，又不惜冒犯刘邦，逼迫他封王，这才达到了为人臣者的权力巅峰。可以说，他获取权力，全凭真才实学，血战沙场，富贵来之不易。对到手的权力，如何保住，如何立于不败，这方面的政治斗争水平，韩信就显得差多了。他始终对刘邦心存幻想，自恃功高，总以为刘邦不会对他下手，丝毫不加防范。更让韩信显得幼稚的是，他对刘邦凡事直言快语，不知忌讳，没有君臣的分寸。以至有一次刘邦问他自己能带多少兵时,韩信说刘邦只能带十万而已,而他自己却是多多益善,令刘邦大为不快,平添了对他的猜忌之心。

对韩信的这些致命缺点,他的好友蒯通看在眼里,急在心上。一次两人相对,蒯通便低声对韩信说:

"将军九死一生,方有今日之权柄,将军可愿一日尽弃吗?"

韩信一愣,忙道:

"你何出此言?"

蒯通接着长叹一声,哀声说:

"将军行事无忌,不思保全权位,如此我真为将军担忧啊。我看主公对你已有猜忌之意,长此以往,大祸不远了。"

韩信闻言即笑,随口道:

"主公何事疑我?我从来不觉,以何知之?将兵之能,非我莫属,主公纵是心有不悦,也是离不开我的。"

蒯通听此更忧,干脆直抒心意,大胆地劝说他脱离刘邦,拥兵自立。

韩信无动于衷,反而责备他说:

"我做事无愧于心,主公岂能对我不义?正因权力难得,我才不会干出你所说的冒险事来。此言再不可提,否则莫怪我无情。"

他不自省,毫无改意,刘邦对他的猜忌更深了。一待刘邦正式称帝,他便迫不及待地拿韩信开刀,把他由齐王降为淮阴侯。此时,韩信又犯了一个天大的错误,他毫不掩饰自己的不满情绪,逢人便说自己的委屈,他还拒绝跟随刘邦出征讨伐谋反的陈豨。吕后以此为由,把他骗进宫中,诬他谋反,不容分说,就命人将他推出处死。可怜他一代人杰,竟这样断送了性命。

原文

智不足弗得,谋有失竟患,死生事也。

译文

智慧欠缺的人不能得到,谋略不当的人最终却能带来祸患,这是关系生死的大事。

释评

对权力的渴望人人都有，参与权力之争却非人人可为。许多人正是因为志大才疏，单凭炽盛的野心去争夺权力，结果枉送了性命。官场是极其复杂的，没有智慧和谋略的人难以立足。那种对此认识简单、心存侥幸的人，最易成为权力的受害者。他们只看见了权力的好处，却没有看见权力的害处。所以说，对于有心获取权力的人，必须首先修习获取权力所需的本事，否则只能有害无益，自讨苦吃了。

【事典】胤禛的后来居上

康熙皇帝儿子众多，他曾二废太子，到了其晚年，众皇子对太子之位的争夺达到了白热化。

四皇子胤禛足智多谋，他深知康熙皇帝对兄弟相争十分厌恶，便故作姿态，表面上不但不参与此事，还屡屡为众兄弟仗义执言。

太子胤礽被废之后，无人搭理，胤禛却不同于常人，对其极表关怀。有人据此上奏康熙，胤禛便回答说：

“兄弟之情，不可废也。”

康熙见他仁爱至上，欣喜异常，对其赞不绝口。

废太子胤礽有弑逆的罪名，胤禛请其他皇子代奏自辩，无人能应，胤禛得知此事，思忖良久，决心为其陈情。他反复劝说康熙皇帝，终使这个罪名取消，胤禛也被拿掉脖子上的锁链。

胤禛此举，使众皇子皆以为他不避嫌疑，自是无心争夺储位了，对他都不以为意。康熙皇帝也由此对他另眼相看，屡屡表彰。

胤禛抬高了自己的地位，又对康熙皇帝的身体十分在意起来，表现得最为关心和体贴。康熙因为胤禛的不争气和诸皇子争夺储位，气极生病，竟是不肯就医。胤禛闻讯赶来，惶恐变色，长跪不起求旨医治。他又亲择太医，坚持日夜护理，为此憔悴了许多。康熙大为感动，连称他为至孝之人，父子俩的感情一下就拉近了。

胤禛如此用心，暗地里却加紧发展他的势力。他拉拢年羹尧，收买隆科多，双管齐下，多方用心，最后终于夺取了帝位。至此，众皇子才看清了他的本来面目，只是一切都无法挽回了。他们败下阵来，后来又被惩被贬，皇帝梦没有做成，却落得个可悲的下场。

原文

假天用事，名之顺也。自绝于天，敌之罪也。

译文

借用天意行事，名义上才适合正道。逆天而行，自作自受，这是敌人的罪名。

释评

俗话说，名不正则言不顺。凡事若是没有一个正当的名义，就失去了号召力，阻力也会加大。对夺权来说，找一个正当的名义，似乎显得尤为重要。权力向来是人所向往的，由于封建意识的熏陶，人们常常把权力神秘化，归结为天意。中国八千年来的君权神授思想，也深入人心，自觉不自觉地用来观照人与事。这就促使和启发了那些夺权者，挖空心思把自己假扮成老天的代言人，用以欺蒙世人，聚众起事，同时，把敌人安上逆天大罪，自己夺权之举便可名正言顺，无所顾忌了。这是夺权的高明策略，也是一种成功的舆论宣传形式，对夺权的成败至关重要，决不可忽视。

【事典】武则天的智计

唐高宗死后，皇后武则天大权独揽，儿子只是一个挂名的皇帝，她要当真正的皇帝。有一次，她便试探着问众大臣：

“皇帝当以才智为第一，上应天命，下顺民心，不知以后帝位当属何人？”

众大臣眉头紧皱。他们明知这是武则天心犹不足，可让一个女人当皇帝，这是从古到今从未有过的事。他们虽然畏惧武则天，却也不肯附合，便假装糊涂地答道：

“我朝天威，代代不绝，自是李氏子孙了。”

武则天旁敲侧击，一再提醒他们，无奈就是无人响应。

武则天见此，只好暂时压下了马上称帝之心。即使如此，还有不少大臣劝她把政权交给皇帝，李 之孙李敬业更是不惜举兵造反，要诛杀她这个篡夺大唐江山的女人。

武则天的心腹劝武则天不必多此一举，不必让众大臣首肯，径可立即称帝。武则天沉思多时，还是摇头说：

"我经营多年，朝中上下尽在我的掌握之中，若要称帝，一言即可。我担心的是如此一来，人心不服，民心不稳，只怕我这个皇位也坐不安稳啊。何况世人的观念循规守旧，人心向唐，以我为篡，这个局面不改变，我又怎能成就大事呢？"

她考虑再三，决定假借天命，为自己造势。她命自己的侄子武承嗣派人凿一石碑，上刻"圣母临人，永昌帝业"八个大字，字迹涂红，扔到洛水里。她又暗使雍州人唐同泰入水取出，大肆宣扬，而后亲献朝廷。

此事非同小可，人们皆以为奇，奔走相告。武则天更是连称天意，率文武百官亲祀南郊，祭天告谢。她为此大做文章，极尽渲染，不仅称此石为天授圣母，改洛水为永昌水，封唐同泰为游击将军，还举行了声势浩大、礼仪繁复的拜洛受瑞仪式。一时之间，在人们的眼里，让武则天当皇帝已是上天的安排了。

武则天犹觉不足，又密使高僧法明杜撰了《大云经》四卷。经中谎称武则天乃弥勒佛的化身，以她代唐，理应如此。她传命诸州官吏、百姓阅读此书，并专门建寺珍藏，焚香供拜。

事情闹到这个地步，武则天还不失时机地又派遣侍御史傅游艺率领关中百姓近千

武则天

中国唯一的女皇帝。唐太宗朝入宫为才人，唐高宗朝为皇后。高宗崩，以皇太后听政，载初元年，废睿宗，自立为皇帝，改国号为周。虽任用酷吏，执政严酷，然统治期间政绩卓著，亦是一代英明君主。

镜　鉴

"名"若不正，权则不稳。

人来到朝廷上表，恳情她顺应天意，称帝为君。武则天假意不肯，却是立即提升了傅游艺的官职。于是人人效仿傅游艺，纷纷上表，接连恳求，反是唯恐武则天拒绝。武则天见火候已到，时机成熟，遂于公元690年登基为帝，完成了她毕生的心愿。

原文

民有其愚，权有其智。

译文

让老百姓愚昧无知，这是掌权者的聪明之处。

释评

封建时代，愚民政策为历代掌权者所奉行，自有着不可告人的奥秘玄机。一方面，权力斗争和官场的黑暗内幕都是见不得人的，如若曝光，只能有损他们为欺骗世人所树立的“高大”形象，进而失去民心，对他们的统治不利。另一方面，掌权者都以聪明过人自居，他们手中的权力，也是以阴谋手段取得，如果天下人群起效仿，他们便难得安生了。因此才绞杀民智，妄想让所有人都愚笨无知，永远乖顺，无力夺取他们的宝座。这是极其粗暴和极端自私的丑恶行径，对社会的发展和人才的培养造成空前的伤害。统治者以此为计，自为得意，从长远上来看，这无异于饮鸩止渴，只能自取其祸。

【事典】苻生的欺骗

前秦帝国的皇帝苻生，是个有名的暴君。他自幼瞎了一只眼睛，所以特别忌讳“伤”“残”“少”“缺”之类的话。有一次他和宫廷御医交谈，他随口问起人参的功能，御医便说：

“少少的一点人参，它的作用就很大了。”

不想苻生立时翻脸，竟残忍地下令将御医的双眼挖掉，随后斩首。

苻生的凶残还不只如此，他的身旁总是摆满各种凶器，大臣们若是有一点让他不满意，他便会操起家伙，亲手将人杀死。更让人心惊肉跳的是，他不时都有惊人之举，干下的都是正常人匪夷所思的恶事。他曾把人的面皮剥下，还让宫女与男子性交，他率群臣在旁观看。他的妻子梁皇后和他的舅父，竟也被他无端杀掉。朝中大臣，他杀得就更多了。

苻生如此行恶，却自诩聪明绝顶，十分在乎别人对他的看法。他常向朝中的大臣发问，当被问的大臣说他英明时，他便会仔细端详大臣良久，然后说：

"这不是真话，你是在谄媚我，自是奸臣无疑了。"

他传命处斩那人，接着又问另一个大臣：

"我看你是个老实人，你说我是个什么君主？"

答话的大臣吓得魂飞天外，颤声说：

"陛下仁爱，天下皆知，只是有时刑罚稍重了些。"

一语未了，苻生已是暴跳如雷了：

"你这是诽谤我呀！似你这等奸小之人，如不从重处罚，岂不让人说我是昏君吗？"

这个大臣，自是又白白丧命。

苻生坏事干尽，对外却极力掩饰和欺骗，以圣主明君自居。他曾颁布了一份著名的诏书，振振有词地宣告说；

"我受命于天，治理天下，一日未敢懈怠。我既为天下元首，自把人民当做子女一般的爱护。可恨的是，朝中奸恶小人不绝，不杀之怎可平民愤，肃纲纪？这能说是残忍吗？更有流言说百姓恐惧逃亡，这全是骗人的鬼话，正直的人怎会相信呢？我现在郑重宣告，只要合理合法，合正义合公理的事，我还会一如既往地做下去，以不负我对国家的责任。"

深知实情的人对此深恶痛绝，苻生的堂弟苻坚于是起兵造反，率军闯入皇宫，把苻生杀掉，自己登上了皇位。

原文

德之不昭,人所难附焉。

译文

恩惠不显示出来,人们就很难依从了。

释评

掌握了权力,并不意味着永远可以占有权力,如果掌权者只顾为自己捞取好处,刻薄待人,恩惠不施,人们就会心怀怨恨,处处拆台,唯盼他早日完蛋了。一待变乱发生,他们便是潜伏的生力军,力量是十分惊人的,自会加速统治者的覆亡。所以明智的掌权者,一方面不改初衷,为己谋利,同时也会让人小利,收买人心,从根本上杜绝后患,以保权力无失。

李存勖

后唐庄宗,李克用长子,沙陀人。自幼随父征战,以勇猛闻名。后以征战统一北方,称帝,国号为唐。后崇信宦官俳优,不知体恤兵将,遂生变,中流箭而亡。

镜　鉴

勿贪婪过甚,不体恤下属不能保权。

【事典】李存勖夫妇的吝啬

李存勖是后唐帝国的皇帝,他灭掉朱温所建的后梁,又先后灭掉桀燕帝国、岐王国、前蜀帝国,一时威震天下。

看到自己的帝国日益强大,李存勖便骄狂日甚,荒淫放纵。他自以为江山永固,索性每天不理朝政,只是忙着看戏玩乐,对臣下军士也日益刻薄寡恩,不像从前跟后梁作战时那样略有赏赐了。

李存勖的皇后刘玉娘,比李存勖更为贪婪和吝啬,她趁李存勖淫乐嬉戏之时,把持朝政,所做的事都与捞钱有关,且从不赏给臣下分毫。这年中原大旱,后唐将士缺衣少粮,父母妻儿只好到郊外挖掘草根充饥,常常是倒地即死,情景十分凄惨。

面对军心浮动,国将不国的严重局势,后唐宰相上奏刘玉娘说:

"事态紧急,刻不容缓。将士乃国家之基石,怎可不加救助?还望娘娘以皇权为重,暂以皇宫中的金银绸缎救急,让濒死将士养家度难。如今国库空虚,一待有所充足,定如数归还。"

这本是维系后唐,为皇上着想的上上之策,不料一听到借钱,刘玉娘竟似被剜了肉一样大发雷霆。最后,为了应付宰相快快离去,她只好派人取来两个银盆,对宰相说:

"宫里的东西就只有这些了,你卖掉作军饷吧。"

宰相明知皇宫里的财宝堆积如山,此刻却不敢分辩。他长叹一声,认定后唐必亡无疑,索性也撒手不管此事,再不进言。

不久,李存勖手下的大将李嗣源在邺都叛变。李存勖御驾亲征,大军走出不远,怨恨冲天的后唐将士便纷纷逃向叛军投降。李存勖见事态不妙,这才极力向将士们示好,一再声言即行颁发赏赐,绝不食言。

李存勖的把戏早被将士们看穿了,他们咬牙切齿,愤愤地说:

"我们的父母妻儿已然饿死,皇上见死不救,这会儿纵是搬来金山银山,也不能让他们复生了,又有什么用呢?"

他们发动兵变,李存勖全族被杀,自己也被乱箭射死。刘玉娘带着两包珍宝逃到太原,躲进尼姑庵为尼。将士们对她穷追不舍,直至把她抓获,绞死了事。

原文

乱世用能，平则去患。

译文

混乱动荡的时代要使用有能力的人，天下平定了要铲除他们以绝后患。

释评

夺取权力和巩固权力有着本质的不同。前者无能者不能夺之，后者功高者易尾大不掉。能者夺权为能，篡权亦为能，因使用状况的不同，其效用便有很大的差异，甚至于完全相反。不可否认，一切为了权力的心理和行为，使许多有能之士成为无辜受害者。他们尽心尽力，到头来却落得个遭人猜忌，诬以逆贼的结局。如果从掌权者的角度看，这又是必要的，他们既有能力帮助自己夺取权力，自有能力从自己手中篡取权力。权力既得，他们的用处也就不大了，何必冒此风险，日夜忧心呢？

【事典】刘彧的万全之策

刘裕创立的宋王朝，宫廷中自相残杀，争权夺利最为残酷。父子之间、兄弟之间、叔侄之间杀来杀去，毫不手软，上演了人间最

宋明帝

南朝宋皇帝，名刘彧，宋文帝第十一子。初任南豫州刺史，后遣人刺杀前废帝，自立为帝。即位初任贤用能，末年好鬼神，奢侈无度，宋王朝自此而衰。

镜　鉴

功高震主，才大遭诛。宋明帝赐死权臣，非是特例。

为惨烈的悲剧。宋明帝刘彧九死一生，最后依靠能者志士的帮助，杀了侄子刘子业，自己登上了帝位。

刘彧上台后，立刻暴露了他的凶残本性，对功臣大加杀戮，连救过他性命的弟弟刘休仁，也因怕他篡权，胡乱找个罪名杀掉。他哥哥刘骏的二十八个儿子，他更是斩草除根，一个不留。

刘彧到了晚年，整日显得忧心忡忡，烦躁难安。他的妃子一日小心探问，他才重声说：

"我的几个儿子年纪尚幼，而我却老了，这怎不让人担心呢？权力人人渴求，小孩子又如何对付得了朝中的那些大臣？我该想个万全之策才是呀。"

其实，他眼下已将那些认为有威胁的人，都快杀光了，只有两个人他还未除，一个是老将军张永，另一个便是皇后的长兄王景文。

于是他自编了一首歌谣：

"一士不可亲，弓长射杀人。"

"一士"即王字，"弓长"即张字。他的杀机由此可见。

王景文见势不妙，连连请辞，刘彧惺惺作态，还故作恳切地给他写了封长信，安慰他说：

"人处于富贵显要的地位，不一定就有什么凶险，只要你不干坏事，问心无愧就可以了。从前有的人官职不大，有的甚至没有官职，却以权压人，横行不法，有的人官至宰相，却能做到不喜不骄，淡然处之。像这样的高官，又有什么可恐惧的呢？你尽管放心好了，不要担心有什么祸患。"

他口出善言，却更暴露了他的真实想法：以王景文的名望地位，一旦他死去，王景文可能有篡权的危险，是一定要除的。

刘彧病危，他的这个计划便马上实施了。他派使者带了毒酒赐给王景文，同时还捎给他一封短信，说为了保全你的家族，我才做了这个安排。王景文当时正在和朋友下棋，对发生的事并不惊讶，他神态自若地接过毒酒，一饮而尽，含冤死去。

原文

盛世惟忠，庸则自从。

译文

大治时期只使用忠于自己的人，平庸无才的人最易掌握和归顺。

释评

和平时期的官吏，对于才能上的要求降低了，这个时候，最重要的是他们对掌权者的忠心和顺从。随着时势的变移，掌权者渐渐认识到，平庸的人因为没有太多的真本事，所以只能依附上司，表现得最为听话。这应是对他们权位最没有威胁的人了，相反，有才者心高气傲，不好驾驭不说，和他们在一起，只能显出自己的缺点和无才。因此，他们采取了“武大郎开店，高人莫来”的用人方略，一切以忠顺为要，而不计其能力的高低。这种现象虽令有识之士大感不平，英雄无用武之地，掌权者却置若罔闻，乐此不辍。

【事典】李林甫的选择

李林甫身为宰相，握有实权，一向独断专行，十分霸道，和他对抗的人，都被排挤陷害。至于有才能的人，即使向他示好，他也一概不用。用他的话说，有才能的人不会甘居

李林甫

唐朝宗室，官至宰相，专权十七年。李林甫虽处理政事亦能因循法典，但为了一己之私排挤贤能，闭塞言路，直接导致纲纪混乱。

镜　鉴

太平之世，任人未必贤。

人下，时间长了自然要向他挑战，怎么能引狼入室呢？

他握有选择同僚的大权，为此他特别慎重，所择的人选必须经他亲自考察，确认为无才无德，对他忠顺不二，方可入选。

陈希烈被人推荐，李林甫考察他时，问他说：

“你有何才学，来担当如此重任呢？”

陈希烈是一个胆小怕事，又好迎合巴结的小人，他的回答是：

“如今太平盛世，有大人一人的才学就足够了，下官又怎敢有何才学呢？一切唯大人为尊，下官尽在奉命行事而已。”

李林甫暗中满意，嘴上却说：

“既为重臣，当为皇上效忠，我的意见如有偏失之处，你也不要有所顾忌才是。”

陈希烈嘴上应承，实际上却是十分知趣。他被李林甫选中后，对李林甫唯命是从，从不提半个不字。李林甫也乐于让他应付别人，凡事不和他商议，只在决定后才派一个小官将文件交到陈希烈的手上。陈希烈对文件内容从来是看也不看，更别说挑毛病了，只对送文件的小官问一句话：

“我在哪里签字画押呢？”

他如此听话，李林甫自然大权独揽，高枕无忧，有人多次告发陈希烈，李林甫总是为他辩护，极力偏袒。有人不解地问李林甫说：

“陈希烈不学无术，尸位素餐，又与大人非亲非故，大人为什么对他那么好呢？”

李林甫只是笑而不答。

更为离谱的是，一个大字不识的武夫朱仙客也被李林甫招至麾下。朱仙客全无机心，只对李林甫感恩戴德，凡有政务要事，他便只说一句：

“按李大人说的办！”

李林甫尽选如此之人，他固权的目地自然轻而易举地达到了。这些人说是李林甫的同僚，实际上不如说是李林甫的奴仆，有这样的手下，李林甫专权日久，至死无人撼动。

原文

名可易，实必争；名实悖之，权之丧矣。

译文

名称可以改变，实权必须力争；名称和实权完全相反，权力就丧失了。

释评

名和实的关系，在权力的角逐中，是相辅相承的。有名无实和有实无名，都是不正常的现象。特殊情况下，人们总是乐意采取务实态度，宁可虚名不要，也要抓住实权不放。实权才是权力的真正内含，抓住了它，就是抓住了权力的本质，这就是人们为此力争的原因所在。历史上常有名实相反的大人物，他们名义上是权力的象征，尊崇显要，只因没有实权，为人架空，权力自不属于他了。这些人的命运大多不妙，从反面印证了权力的真谛：权力是实实在在的，在这方面有名无实，只能自受其害，反受其辱。

晋恭帝

恭帝，名司马德文，晋孝武帝之子，晋安帝之弟。刘裕杀安帝后，立司马德文为帝，在位两年，先废后杀，终年36岁，谥号恭帝。

镜　鉴

有名无实的傀儡大都在权谋家的黑名单中。

【事典】司马德文的遭遇

东晋末期的大将刘裕，专权害国，他先

是派人把白痴皇帝司马德宗勒死，又把其弟司马德文扶上皇位，以为傀儡。

司马德文起初拒不当这个有名无实的皇帝，他曾愤愤地对王妃说：

“刘裕狼子野心，他早有篡位之心，只是自觉时机尚未成熟，才让我挂个虚名，愚弄天下。我是不会让他这个阴谋得逞的。”

王妃深知刘裕的势力遍布朝野，如果夫君不顺其意，势必遭他毒手，于是她劝司马德文说：

“刘裕实权在握，王爷怎可和他抗衡呢？为了我们皇族上下，王爷只能勉为其难。若不如此，只怕祸患马上就来了。”

司马德文最终还是无可奈何地当了刘裕手中的玩偶。他整天提心吊胆，不知哪天会被刘裕杀掉，为此他天天在宫中诵经拜佛，祈求神佛保他平安。

司马德文当了一年的皇帝，犹如囚犯，不能出宫半步。此时刘裕派大臣傅亮前来逼宫，让他禅位给刘裕。

傅亮本想司马德文势必有一点争辩和抗议，万不想司马德文却是如释重负地说：

“我早有此意，你何不早点说呢？”

他痛快地答应了禅位的要求，以原来零陵王的身份，又搬回了王府居住。

刘裕轻而易举夺取了政权。可他还是高兴不起来，傅亮猜出了他的心事，便对刘裕说：

“皇上可为司马德文而烦心吗”

刘裕心中一惊，只不做声。

傅亮见刘裕默认，更大胆地进言道：

“司马德文正当壮年，今虽无名无实，却也难保其心不死，为人利用。皇上何不除此隐患，以保皇权万年呢？”

刘裕决心已定，遂派士兵翻墙进入司马德文的王府，用被蒙住了他的脑袋。司马德文就这样被活活闷死了。

原文

嗜权逾命者，莫敢不为；权之弗让也，其术乃极。

译文

酷好权力超过他性命的人，是没有什么不敢做的；权力没有主动让给别人的，所以争夺它的方法无所不用。

释评

权力场上的悲喜剧，多与置身其中的当事者的个性和追求有关。一个视权如粪土的高洁志士，避之唯恐不及，又怎会身受其祸呢？与之相反，那些苦苦追求权力的人，为了达到目的，真是没有什么事他们不敢干。对权力的热衷和偏执，会让人性情大变，铤而走险。同样，权力让人着迷，要求掌权者主动放弃权力，主动交权，这也是不可能的事。即使为此拼个鱼死网破，他们也在所不惜。这就使夺权者和掌权者都被刺激起来，各呈其能，费尽心机，于是所有的阴招毒招便纷纷出笼了，令人眼花缭乱，不寒而栗。

【事典】萧鸾父子的杀人术

南北朝时，南齐帝国的第三任皇帝萧昭业，几次想杀萧鸾，结果都在犹疑不决时被人劝阻。公元494年，侥幸活命的萧鸾发动政变，杀掉萧昭业，立萧昭业的弟弟萧昭文为帝。四个月后，他又杀掉萧昭文，自立为君。

齐明帝

名萧鸾，南朝齐第五任皇帝，萧道成之侄。初为萧昭业之辅政，494年，废杀萧昭业，又先后废掉两个皇帝后自立为帝。在位5年病故，葬于兴平陵。

镜　鉴

过分膜拜暴力必然导致灭亡。

萧鸾是南齐开国皇帝萧道成之兄的儿子，他的皇族血统用当时的宗法制度衡量，是没有资格继承帝位的，何况他连杀二帝，更增加了人们对他的质疑和反对。

萧鸾为了巩固自己的皇权，把皇室子孙屠杀殆尽。他杀人的方法十分特别，每逢杀人的前夜，他都要焚香祷告，痛哭失声，谁也不知道他胡说些什么。第二天大规模的屠杀一定准时上演。更绝的是，有一次他先杀了十个亲王，之后才命人告发那十个亲王谋反，要求处以极刑。他装作对此毫不知情的样子，不但不予批准处死，还声色俱厉地斥责告发之人，为那已死的十个亲王开脱。于是主管刑狱的大臣开始出场，坚持以法严办。几个回合下来，萧鸾才表现得虚心纳谏，但仍不情愿地宣布将他们处死。

萧鸾死后，他十六岁的儿子萧宝卷继位为帝。他牢记父皇常向他提及的萧昭业对自己不杀犹疑的教训，更记住了父皇告诫他“杀人动作要快，不要落到人后”的经验之谈。小小年纪的他视杀人如儿戏，每次出宫，逢人便杀，孕妇也不放过。对于朝中大臣，他杀机一起，即刻动手，事先绝无任何迹象可寻。两年之内竟接连激起四次大的兵变。最后一次兵变都城被围，城中守军起来响应，他被砍下头颅，得到应有的惩罚。

原文

机为要，无机自毁；事可绝，人伦亦灭。

译文

时机十分重要，时机不当就会自取灭亡；事情可以做绝，自己的亲人也能狠心杀死。

释评

成就事业，掌握时机，趁势而行是成功的前提。权力的获取更是如此。倘若不识时务，盲目乱干，任凭人有浑身解数，也是无人附和，掌权者没有大的过失，自己的力量还不具备，这都不是夺权的时机，此处选的不准，失败就不可避免。夺权者为了夺权，坏事做绝，六亲不认，也是常有的事。所谓"无毒不丈夫"，正是他们的真实写照。在封建官场，这似是登高者必过的一关，在此心慈手软，往往功亏一篑，得不到权力。

【事典】丧失人性的武则天

武则天为了争夺权力，无所不用，心狠手辣。为此，她曾自辩说：

"人人欺我，我的亲人也不例外。为何我回敬他们，如法炮制，人们就只会指责我呢？这大概是我身处高位的缘故吧。"

其实，武则天也不是天生的恶毒之人。早年，武氏家人对她和她的母亲百般欺凌，极端刻薄，给她带来了莫大的伤害。进入皇宫后，她又因出身低贱，屡屡被人诋毁和打击，这使她的性格发生了很大的变化，心灵也为之扭曲。再加上她对权力有着莫大的兴趣，为达目的誓不罢休，于是出现在世人眼里的武则天，早不是先前那个单纯、柔弱的小女子了，她成了杀人的恶魔，对任何人下手，她都不会有一点犹豫，完全丧失了人性。

起初，武则天只是唐太宗的才人，地位卑微，完全不足为重。她为此心有不甘，于是抓住时机，暗中勾引上了当时还是晋王的李治，以为日后铺路。这是武则天人生道路上最为关键的一步。其时没人看好李治，一般人想不到他会继承皇位，所以他的门庭十分清冷。武则天投怀送抱，恰逢李治孤寂之时，这让他受宠若惊，至为感动，发誓将来一定不会辜负她。

李治出人意料地当上皇帝后，果然没忘当初他对武则天的允诺。他把武则天从尼姑庵接入宫中，封为昭仪，在后宫中排位第三。

武则天有此身份，已是别人做梦也得不到的了。可她不甘人下，一心想扳倒皇后，自己取而代之。

这是一件几乎不可能做到的事。高宗李治和王皇后乃患难夫妻，甚是恩爱。王皇后仁爱贤淑，连李治都对她十分尊敬。武则天试探几次，见高宗毫不为所动，她只好强压此念，等待时机。

武则天生了个女儿，高宗高兴之下，传命庆贺。王皇后没有自己的儿女，对这个小生命也十分喜爱，常来看望。看着王皇后逗弄女儿的武则天，却是想出了一条毒计。一日，王皇后走后，她亲手将女儿扼死，然后盖上被子。不久高宗驾到，她陪高宗看视女儿，当见女儿尸首时，武则天佯装惊诧，继而顿足大哭。高宗痛彻心肝，追问左右侍女，她们便说只有皇后来过这里。高宗也不追问，把皇后当成杀人凶手，将她废黜。武则天用女儿的鲜血，终于换来了皇后的宝座。

据统计，武则天先后谋杀的近亲有二十三人，三族之中，五服以内，没有她没杀的，包括儿子、女儿、儿媳、孙子、孙女、兄弟、姐姐、外甥、重外甥。她正是凭着这样的无情，抓住和创造了一个个对她有利的时机，在本是男人天下，复杂血腥的权力场中杀出了一条血路，成了中国历史上唯一的女皇帝。

原文

利禄为羁，去其实害；赏以虚名，收其本心。

译文

用钱财爵禄来拘束他们，以消除他们可能造成的实际危害；用虚假的名位来赏赐他们，以收买他们的人心。

释评

俗话说，"升官发财"，升官和发财是紧密相连的。封建时代，千里做官只为钱，人们如果得不到优厚的薪俸，充足的物质利益，谁还愿意为当权者出力卖命呢？当权者在满足这些人的物欲要求的同时，也惯于使用精神奖励的手段，用所谓的"封号""爵位"来激励人们效忠立功。其实，当权者所使用的这两手，还有更深的用意和目的，赏以利禄，使其家资丰盈，无忧无虑，他们便会有了顾虑，只想保住家业，传诸子孙，对当权者就不会怀有二心了。赐以虚名，使其有头有脸，满足了他们的虚荣心，他们便会心满意足，不再求进，对当权者就不构成威胁了。反正当权者付出的一切都来自民脂民膏，当权者何乐而不为呢？

【事典】宋太祖的“富官”政策

宋太祖赵匡胤取得江山之后，为保皇权不失，可谓手段用尽，敢作敢为。他厚遇大臣，优待官吏，使其人人富有，历朝历代都无人可及。

当初，在议定官吏的薪俸时，宋太祖便开宗明义地说：

“国家设置官吏，无非是让他们尽心为朝廷办事，心无杂念，为此我不能亏待他们。只要有利皇权，多给予他们一点钱财，让其甘于其位，不生异志，又有什么损失呢？”

据此，宋朝官吏的待遇便定得远逾前朝，薪俸高得惊人。

宰相每月薪俸30万钱，在外地任节度使的月薪是40万钱，官位最低的县令，月薪也有3万钱。按当时的粮价计算，宰相一月薪俸可买大米15万斤，县令的可买15000斤。除了这些月薪，还有“职钱”，即岗位津贴，比宰相低三级的御史大夫，每月职钱就有6万之多，这些都是现金收入，可见薪俸之高了。

这还不算，禄米也由国家供应。宰相每月100石，当时每石300斤，即30000斤。节度使150石，县令40石。

除此之外，穿的东西也不用自己操心，仍由朝廷发送。宰相每年春冬两季，各给绫20匹，绢30匹，其他官员按品位高低逐渐递减。

赏赐至此还没算完，每月的生活用品，茶酒厨料，柴薪炭盐，牲口饲料，米面肉菜等，仍由朝廷包下供应，不用花自己的分文。

现金和实物之外，另有“职田”赏给。分给官员的土地，最高的每人为40顷。

对官员随从的衣食钱粮，朝廷也大包大揽，予以报销。按规定，宰相可配备随员70名，节度使100人，其他官员也有定数。

以上这些是按制度应有的正常收入，至于临时性的赏赐，数额往往更是可观。大臣若是出京镇守边关，一次赏银便是1万两，每年还另增发钱1000万。

特别让官员安心的是，既使官员被临时革职、停职或年迈退休，朝廷仍付给他们半薪；他们的子孙还可以顶替退休官员的职位。至于名位封爵，朝廷也是不吝赐给，甚至连官员的亲属也会沾光。

原文

若此为之，权无不得，亦无失也。

译文

如果这样行事，什么权力都可获得，也不会失去。

释评

封建官场最讲权术。权术的厉害让每一个施行者都尝到了甜头，从而倍加推崇，群起仿效。权术离不开阴谋和欺诈，这其中的智慧应是世上最见不得人的，只因它实用和有效，所以即使是正人君子也不敢小视于它。至于小人之辈更把它奉为金科玉律，不惜穷钻苦研，唯恐落于人后。这是由封建官场的现实和黑暗所决定的，正所谓“没有规矩，不成方圆”。若想在官场厮混，不懂这些“规矩”，不会钻营之法，是注定出头无望的；弄不好搭上性命，赔了夫人又折兵，吃的亏就更大了。

【事典】萧何的乖巧

萧何是汉高祖刘邦的最得力助手，早在刘邦在沛县起兵之前，他就是刘邦的老朋友了。就是这样的关系，刘邦也对屡建大功的萧何时有猜忌，萧何之所以能保住相位，屹立不倒，说来竟是他施展权术的结果。

刘邦为汉王时，屯驻荥阳，他经常派使臣到关中慰问留守的萧何。萧何起初不以为

萧　何

汉初三杰之一，秦末辅佐刘邦起义，为刘邦的重要谋臣。建汉后，萧何重新制定律令制度，又协助高祖灭异姓诸侯王，被拜为相国。高祖崩，辅佐惠帝，二年卒。

镜　鉴

居上者的行为隐含着潜台词。

意，多亏他手下门客鲍生的提醒，萧何才恍然大悟。鲍生对他说：

"以上慰下，这是不正常的现象，必有原因。我看是汉王对大人心有猜疑，方有此举。"

萧何点头称是，心下惶恐。鲍生又出主意说：

"大人若让汉王放心，尽可挑选亲族中人从军。有大人家人在其侧，如同人质在手，汉王自会不疑大人之忠了。"

萧何依计行事，亲率自己的兄弟子侄押送粮车，从关中赶往荥阳。果如鲍生所料，刘邦一见大喜过望，连称萧何忠心可嘉，无人能比，对他的疑虑也消除了。

在韩信之事上，萧何为了保全自己，不惜泯灭良心，不帮韩信不算，还助吕后加害韩信。为此他得以加封，当别人纷纷祝贺他时，只有邵平以"凭吊"之名警告他说：

"你若接受加封，无异窃取了皇上的功劳，这不是最不明智的行为吗？那样，你的大祸可就不远了。加封不要接受，非但如此，你还要以家财佐军。"

萧何接受了邵平的劝告，并照此办理，刘邦高兴地说：

"丞相如此谦让，我还有什么可担心的呢？"

萧何又多置田产，给人造成一种胸无大志、贪图小利的假象。他处处谨慎，奇计迭出，如此才渡过了许多难关，保住了权位。

制敌卷第五

人皆有敌也。敌者，利害相冲，死生弗容。未察之无以辨友，非制之无以成业。此大害也，必绝之。

君子敌小人，亦小人也。小人友君子，亦君子也。名为虚，智者不计毁誉。利为上，愚者惟求良善。

众之敌，未可谓吾敌；上之敌，虽吾友亦敌也。亲之，故不可道吾亲；刑之，故向吾亲亦弃也。惑敌于不觉，待时也。制敌于未动，先机也。构敌于为乱，不赦也。害敌于淫邪，不耻也。敌之大，无过不知；祸之烈，友敌为甚。使视人若寇，待亲如疏，接友逾仇，纵人之恶余，而避其害，何损焉？

本卷精要

对手不会示敌人以真面目，最危险的敌人总是以朋友的身份出现。

自私者眼中，利益永远要比善名实惠得多。

投机者总是按照利益的大小来调整敌人的定义，作出最有利自己的选择。

关键是要掌握对手的把柄，有了此点要制服他就容易多了。

对敌行动，最忌优柔寡断、顾虑重重，从而失去先手，由主动变被动。

原文

人皆有敌也。敌者,利害相冲,死生弗容。

译文

人都是有敌人的。敌人,是与他有利害冲突,生死不能相容的人。

释评

任何事情都有它的反面,人同样如此。对敌人的判断和认识,对所有人都是有实质意义的。如果分不清敌我,搞不清人际关系中这最基本也是最重要的一节,凡事也就没有了理智和正确的处事之法,势必会导致全面的失败。可以说,这方面的缺失是灾难性的。任何人都不该在此掉以轻心。其实,对敌人的认知,并不是件十分困难的事,关键要保持清醒的头脑,不为其表面的现象所迷惑。要做到这一点,克服和战胜自己的人性弱点是必要的,人们难免有为一时的贪念所感,有好大喜功、喜欢为人奉承、患得患失等毛病,因而使自己丧失了应有的判断,遂让敌人有机可乘。

【事典】赵高的伎俩

赵高是秦始皇小儿子胡亥的老师,他臭名昭著,恶行累累,是秦朝的一大奸人,秦朝的覆亡与他有直接关系。

赵高作为历史上奸人的代表人物,其手

赵　高

秦朝大宦官,管事二十余年。秦始皇死后,与李斯合谋逼扶苏自杀,立胡亥为帝。又害死李斯,为秦国丞相。第二年迫秦二世自杀,另立赵子婴。不久被子婴杀掉,诛夷三族。

镜　鉴

善言善语的背后是最凶险的陷阱。

段和机心自有其独到之处。他深通人性，善于抓住不同人的弱点，从而投其所好，晓以利害，令人不辨真伪，误把他作为自己的朋友，结果为其利用，掉进他设置的陷阱。

秦始皇死于巡游的途中之后，赵高为了专权，便对陪伴秦始皇出行的胡亥说：

“皇帝之位，尊崇无比，这是不该有所谦让的。假如你大哥扶苏当了皇帝，你将一无所有，只能任人宰割了。公子只有先下手为强，才能承继大统，根绝后患。”

胡亥闻言心动，思之再三，自觉有理，便很爽快地答应下来。

胡亥应允，说服丞相李斯便是问题的关键。赵高深知李斯最重功名利禄，见利忘义是他的致命弱点，于是他便以此为突破口，故作诚恳地对他说：

“丞相祸不远了，我真为丞相担忧啊。”

李斯一愣，不明其意。

赵高随后分析说：

“丞相承蒙先皇的宠信，方能有如此高位，倘若所立者为扶苏，丞相还会得宠吗？蒙恬乃扶苏的亲信，到时接任丞相之位的必是此人无疑。”

李斯被击中了要害，一时语塞，脸现惶惧之色。赵高见得真切，心中暗笑，这时才说出了自己的真意：

“胡亥是我的学生，他又对丞相十分器重，我们若是立他为帝，丞相还有什么可忧虑的呢？”

李斯心被说动，遂和他狼狈为奸，共同伪造了诏书，把扶苏害死，令胡亥登上了帝位。

赵高阴谋得逞，就开始陷害李斯。

直到李斯被害受刑之时，李斯才认清了赵高的本来面目，可为时已晚。李斯的悔憾，相信只有他自己才能体会，也只有他自己才能说出那种痛彻心扉的滋味。

原文

未察之无以辨友，非制之无以成业。此大害也，必绝之。

译文

不能认清敌人就无法分辨朋友，不能制服敌人就不能成就事业，这是最大的祸害，一定要根除它。

释评

一个人事业的成功，总是从朋友相助，战胜敌人开始的。没有朋友和分不清谁是真正的朋友，后者比前者危害更大。任何人都不会在脸上贴上敌人的标签，他们总是以朋友的身份出现，这就更使鉴定朋友的意义，提升为做好一切事情的基础和前提。敌人永远是自己利益的最大危害者，成就事业的过程，就是排除障碍，战胜敌人的过程。在此，是无法调和逾越的，也是一个人无法逃避的。

【事典】王安石的晋升之法

王安石在未任宰相之前，虽然很有才能，但因资历名望尚浅，朝中大臣并不以他为重，皇上更无对他青睐之意。王安石一时郁闷不已，壮志难酬。

一日，王安石和其朋友喝酒，谈及眼下的困境，他的朋友对他说：

“你说这些都是细枝末节，你知道你为何至此吗？”

王安石

北宋名臣，字介甫，临川人。受神宗重用，推行新法。熙宁九年罢相后。隐居，病死于江宁钟山，谥号“文”，又称王文公，有《临川先生文集》。

镜　鉴

只有多站在他人的利益角度看问题，才能分清敌友。

王安石虚心向他请教，且说：

“我对所有人都坦诚相待，谁知他们并不领情，这世道太混乱了，怎会如此呢？”

他的朋友打断了他的抱怨，指点他说：

“所谓当局者迷，你真是不得要领啊。你所交往的那些人，都是典型的小人之辈，你却把他们当成朋友，即使你花再大的工夫，又有什么用呢？他们唯恐你的地位高过他们，又怎会为你说好话呢？你敌友不分，这才是你身处困境的原因。”

王安石经他指点，如梦方醒，连连称是。他的朋友于是给他出了个主意，他说：

“韩、吕两家，乃朝中大姓，天下之士不出于韩家，就出于吕门。韩、吕势力鼎盛，且为人谦恭，易于接近，你若以他们为友，多费心思，持之以恒，他们自不怕因推荐你而有损他们的利益，事情就好办得多了。”

王安石自此百般交纳韩、吕两家子弟，对朝中的其他人，他也区别对待，不似先前那般不分敌我，一味讨好了。这种策略和方法，果然行之有效，韩、吕两家开始推荐王安石，而其他人见王安石态度改变，也心生畏惧，再不敢明目张胆地轻视他了。

宋神宗为颍王时，韩家的韩持国是他的老师，韩持国给他讲解经义，宋神宗听得入迷，一再夸奖他讲得精妙。每到这个时候，韩持国便会对他说：

“王爷不知真情，微臣不敢隐瞒。其实，这都是我朋友王安石的见解，我只是一时借用罢了，他才是真正的治国安邦的大才啊。”

宋神宗十分吃惊，对王安石的印象便十分深刻了。有一次他感叹地对韩持国说：

“先生高见，我素来敬佩。王安石何许人也，竟让先生如此推崇于他？若我为君，必重用此人。”

后来，宋神宗为帝，果然重用了王安石，任命他为宰相。王安石权位在手，终得以实现他酝酿多时的改革大计，名垂青史。

原文

君子敌小人，亦小人也。小人友君子，亦君子也。

译文

君子和小人为敌，也就变成小人了。小人和君子友善，也就变成君子了。

释评

君子和小人，向来是水火不容，互相为敌的。问题是对君子和小人的定义和看法，不同的人会得出不同的结论，甚至是完全相反的答案。如果从人的私心和利益角度来看，这不足为奇。君子和小人为敌，在小人的眼里他自然是敌人无异了，谁还在乎他是个君子呢？小人和君子亲近，君子以他为友，在别人的眼里，小人也会成为君子，要不君子怎会是他的朋友呢？人们都喜欢以君子自居，小人没有一个是自封的，他们大多以自己的好恶评判别人，以自己的得失划分敌友，而真正意义上的君子行为，只要对自己有害，便会被毫不犹豫地划到小人之列。这种势利和混淆是非的做法，完全颠倒了君子和小人的概念，使得真正的君子难以容身，而小人却可大行其道，畅通无阻。

【事典】朝愈吹捧的"君子"

朝愈是唐朝著名的文学家，为人推崇。他起初的仕途十分坎坷，后来得任高官，竟是他极力巴结和吹捧京兆尹李实的结果。在韩愈的眼里，李实可谓君子中的君子了，以韩愈的大手笔，不知内情的人们绝看不出一点假来。那么，李实到底是个什么人呢？

史书记载，李实"自为京尹，恃宠强愎，不顾文法，人皆侧目。二十年春夏旱，关中大欠，实为政猛暴，方务聚敛进奉，以固恩顾，百姓所诉，一不介意。因入对，德宗问人疾苦，实曰：'今年虽旱，谷田甚好。'由是租税皆不免，人穷无告，乃彻屋瓦木，卖麦苗以供赋敛。"由此可见，李实其实是一个十足的奸佞小人。

这么一个家伙，在韩愈的笔下竟被吹捧成爱民如子的父母官了，且是人人拥戴，人人赞颂的少有的君子。当然，韩愈这样做也是私心作怪，他有求于李实，竟也干起了瞪眼说瞎话的丑恶之事。

韩愈二十岁左右便参加科举考试，第四次才考中进士。按当时的科举制度，要想正式授官，进士还需经过吏部的考试，合格者方能真正走上仕途。韩愈一连三次失败，只好另寻门路，向朝中显贵上书推荐自己。他两个月之内，先后向三位宰相上书，无奈没人看中他的才能。他于是投靠地方军阀，也没混出个样来，走投无路之际，他只好又回到了京城。

此时，身为京兆尹的李实恶名早已传遍京城，人人痛骂，韩愈这回却心中一动，忽然有了一个主意。他要反其道而行之，极力赞颂李实，想必以他的奸人心理，定会大感受用，到时，出人头地就不难了。

韩　愈

字退之，唐代文学家，古文运动倡导者。仕途多舛，曾任京兆尹及兵部、吏部、刑部侍郎，政治上亦较有作为。五十七岁终。

镜　鉴

要得到想要的东西，需违背本心作出变通。

于是，韩愈便奋笔疾书，给李实写了一封信，信中说：

“大人之名，我早有耳闻，在京城十多年，这种体会就更加强烈。如果说现今世上真有君子的话，那么非大人莫属。至于我所见到的公卿大臣，他们只是不求有功，但求无过的平庸之辈，又怎像大人您那样忠心耿耿地效忠皇上，忧国忧民呢？今年大旱，可盗贼绝无，谷价如故，人人都得到了你的关怀，这都是大人的功劳啊！难得的是大人从不自夸，鲜为人知，这正是我们读书人所苦苦追寻的君子之举，圣贤之行。我有幸遇到大人，自要追随大人，侍候左右，报效我对大人的无比忠心。”

韩愈送出此信，日夜盼望佳音。他此刻已把全部的希望寄托于此了，竟没有一点自责的意思。有人指责他正邪不分，厚颜无耻，韩愈不以为意，只说：

“我自命君子，结果事事不顺，无人能赏。今急不择路，迫不得已，只有我自己知道这其中的甘苦,你们尽管说好了。”

不久,那封信的效用便显现了。李实高兴之下,不仅亲见韩愈,设宴以待,还亲自上书朝廷,推荐韩愈。有了李实的帮助,朝廷果然重视起来,不久便任命韩愈当了监察御史。韩愈的官场之路终于打通了。

原文

名为虚,智者不计毁誉。

译文

名声是虚的,有智慧的人不会计较别人的毁谤和称赞。

释评

一个人名声的好坏,对他事业的成功,仕途的发展和追求的实现,似乎没有太大的影响。这个结论在历史中便可得到验证。封建时代,虽然标榜仁义道德,并以此为考察人之良善、忠孝、信义的标准,可在实行中,却是从没有真正得到过贯彻。相反,名声不好的奸小之辈,往往身居高位,倍受宠信,而名声卓著,有口皆碑的正人君子,竟常常被诬为小人,反受迫害。这种现象贯穿于封建时代的始终,不仅反证了封建社会仁义道德的虚伪,也诱导了人们不择手段地去求取功名,为了私利,不计其余。

【事典】秦桧的死党

秦桧专权时,特别注重网罗党羽。他本是个奸邪之人,故他的选人标准也是邪气十足,正义之士一个不用,声名狼藉者却往往被其重用。

当时有个穷困落魄,素有恶名的文人王次翁,多次上门求见秦桧,百般想巴结他。秦桧的儿子秦熹怕他的声名连累父亲,所以每每把王次翁挡在门外,也不向秦桧通报。

秦桧得知此事后,不仅斥责了儿子,还亲至门口出迎,把王次翁接到内室,两人密谈。王次翁表了一番忠心之后,秦桧说:

“你素不得志，想必苦寒已经很久了。做些不体面的事，这也不可指责。我欲举荐于你，把你引为知己，还望你不要辜负了我对你的厚望啊。”

王次翁感激涕零，几次给秦桧跪下。说到动情处，竟是号啕大哭起来。秦桧见他如此贪鄙，更决心引他为援了。王次翁走后，秦桧亲送他出门，恩遇非常。其子秦熹便对秦桧进言说：

“这个人举止不端，形貌不扬，且是人人责骂，父亲怎会如此看重他呢？父亲若是和这种人交往，只怕对父亲声誉有损。”

秦桧含笑而立，久不做声。许久，他才仰天一叹，口道：

“我久掌大权，树敌甚多。若不多些援手，岂能长久制敌？王次翁声名不佳，做起事来自会无所顾忌，他日陷敌于死，这样的人当是最好的帮手了。”

秦桧随后便举荐王次翁当了吏部员外郎。接着又升为秘书少监，起居舍人，中书舍人。这种破例之举，王次翁自是铭记在心，无时无刻不在思念报效秦桧。只是朝中正义之士对此异议颇多，秦桧自不理会，他还向王次翁透风说：

“我提拔于你，众人皆是反对，有朝一日，这些人若是联手对我，你该如何呢？”

王次翁自然信誓旦旦地表了决心，对秦桧更是死心塌地地卖命了。

后来，秦桧奉行的投降政策失败，招致了金人更大规模的入侵，为此朝中爱国臣子纷纷上书声讨秦桧的罪行，秦桧的地位岌岌可危。这个时候，王次翁的作用便突现出来了，他私下晋见高宗，百般为秦桧开脱，还无中生有地说：

“丞相用人唯能，为此朝中大臣颇为忌恨，他们早就心怀不满了。现在丞相的主张只是小有挫折，他们便借题发挥，分明是置国家生死于不顾，发泄私怨而已，皇上怎会相信这些小人之言呢？再说，若是更换丞相，新人上台必定排斥异党，任用私人，眼下危急，朝廷又怎经得起这般折腾呢？皇上万不可让小人的阴谋得逞啊！我情愿以人头作保，以保丞相对皇上忠心不二！”

王次翁的话听起来合情入理，掷地有声，昏庸的高宗便相信了他，秦桧的相位保住了，而那些正直的大臣却受了申斥，有的还被赶出朝廷。

秦桧论功行赏，提拔王次翁当了副丞相。秦桧每以此事告诫儿子秦熹说：

“好人有好人的坏处，坏人有坏人的好处，名声都是不值钱的东西，做大事的人又怎会因小失大呢？”

原文

利为上，愚者惟求良善。

译文

利益是至高无上的，愚笨的人才只求取好的善名。

释评

在自私者眼中，利益永远要比善名实惠得多。而追求善名，不计私利的人，往往因其办事公正，刚直不阿，成为自私者捞取私利、损公肥私的公敌，被加以陷害，极尽诬蔑。这方面的斗争，在封建官场上体现得尤为激烈。要知封建官场，是没有什么真正意义上的朋友的，有的只是利益上的关系。为了一致的利益，他们可以暂时联合起来，互相称兄道弟，显得亲密无比。一旦分赃不均，利益冲突，他们便会毫不犹豫地撕下面具，互相攻讦，发生火并，打得不可开交。一方获胜，马上宣布败者乃人民公敌，无情声讨。即使败者素有善名，深得民心，也逃脱不了败者为寇的命运，一切皆被推翻，变得一无是处了。

【事典】吕夷简的陷阱

宋仁宗时，吕夷简身居宰相高位，独断专行，为人骄纵。朝中大臣畏惧他的权势，是很少有人敢反对他的。副宰相任布为人谨慎，素来清正廉洁，唯独他常常站出来指责

吕夷简

宋代政治家，字坦夫，祖籍莱州，出身仕宦之家。真宗年间以刑部郎中权知开封府，仁宗立，年幼，吕夷简以宰相之职辅佐，权重一时，亦尽职尽责，以致政治清平。庆历二年病卒，谥“文靖”。

镜　鉴

清廉谨慎虽能减少祸患，却不能免除祸患。

吕夷简的过失，还屡屡提出和他相反的意见。为此，吕夷简怀恨在心，时刻想着要把他赶出朝廷。

对于任布的处境，朝中正直的大臣都为之担心，他们有的便私下对任布说：

“你这是自讨苦吃啊，何必要和吕丞相当面顶撞呢？以他的为人，必会千方百计加害于你，如果你不在朝中，岂不更让他为所欲为了吗？你还是讲究点方式才好。”

任布做事坦荡，说话也毫不隐晦，他对大臣们说：

“我一生追求良善，不计私利，量他也抓不着我的把柄，陷害于我。吕夷简这个人我太了解他了，如果我再畏头畏尾，明哲保身，他就会更加张狂。我这样做，就是要让他心有所忌，有所收敛啊。”

吕夷简费尽苦心，无奈任布实在没有什么过错，他一时无以加罪于他，便派自己的心腹大臣游说任布说：

“你和丞相同为百官之首，如若携起手来，当是我大宋之福，你这样做无利之争，对你有什么好处呢？你名望虽高，终是吕丞相的下官，倘若当真较起真来，你的名望又有什么用呢？到时大败全输，你岂不是天下最愚笨的人吗？”

任布赶走了游说之人，愤愤道：

“世道昏乱，竟是以美为丑，以奸为忠，我任布若是再同流合污，天理何存！”

吕夷简无处下手，忽想起任布的儿子任逊，乃是一个精神不正常的人，平时疯言疯语，人知他有病在身，都不以为怪。他眼前一亮，于是把任逊骗来，唆使他向朝廷上书，议论朝政，并答应让他做谏官。

任逊疯癫，以为好玩，于是写了一封奏书，将朝中所有执政大臣统统骂了一通。按照吕夷简的指示，他还特意把他父亲骂得狗血喷头，一无是处。这封奏书正好落到任布手里，任布遂把它扣下。吕夷简得知任布中计，又指使任逊再次上书，专门批驳私藏奏书之人，吕夷简据此上奏仁宗，指出任布私藏奏书，罪大恶极。仁宗立召任布，厉声责问，任布只好说：

“我子精神有病，胡言乱语，我担心此事有辱朝廷，这才不敢奏明圣上。”

仁宗命人彻查此事，结果人人可证任逊确是疯癫。仁宋并不想再加深究，只因吕夷简一再进谗，最后任布还是被赶出朝廷，离开了京师。

原文

众之敌,未可谓吾敌;上之敌,虽吾友亦敌也。

译文

人们共同的敌人,不能说一定是我的敌人,上司的敌人,虽然是我的朋友也要与他为敌。

释评

对敌人的认定,在不同的时间、地点、场合和形势下,不是一成不变的。投机者总是按照利益的大小来调整敌人的定义,作出最有利自己的选择。这是社会复杂性的反映,也是封建时代人与人关系的真实写照。官场之上,这种见风使舵,搬弄是非,背信弃义的小人行为,最为盛行。人们屈服于上司的官威,可以置天理良心于不顾,不惜认贼作父,卖友求荣。这时他们眼中的敌人,早不是什么邪恶之徒了,而变成了有碍他们升官发财的一切。一旦这种情况出现,他们就会一反常态与之决裂,用以证明自己的"清白"。

【事典】萧至忠的惊人之举

唐中宗时,萧至忠以清正廉直的假相,为时论所重,爬上了宰相的高位。他常装出嫉恶如仇的样子,不苟言笑,表面上又屡屡进谏,所提之议看似义正词严,却都是劝说中宗保重身体的琐碎之事。唐中宗为其蒙蔽,不止一次地对朝中大臣们说:

"谁最爱护我呢?我看只有一个真正体贴我的人,他就是萧至忠。你们若都以他作则,我就万事无忧了。"

其时中宗软弱,韦后母女专权,唐氏又有覆亡的危险。一些正直的大臣于是找到萧至忠,让他带领大家向皇上进谏,以免韦后乱国。萧至忠心下盘算,推三阻四,就是不肯答应。一个大臣便气愤地说:

"韦后祸乱朝纲,已是大唐共同的敌人,萧大人素有报国之志,这会儿却如此推诿,莫非萧大人另有打算?"

萧至忠决心已定，竟是不怕众怒，不仅不首肯此事，还为韦后辩解道：“皇后为国分忧，有何不可？你们以下犯上，妄加罪名，我又怎会附和呢？”

韦后得知此事，对萧至忠大加感激，极力笼络。她让自己的表弟与萧至忠的女儿成婚，一时之间，萧至忠的地位更牢固了。

更离奇的是，韦后为了篡权的需要，极需萧至忠这样的死党，于是她又将自己已死的弟弟与萧至忠已死的女儿合葬一处，举行了隆重的“冥婚”大典。萧至忠不顾众人的嘲笑和非议，对此竟亲自忙上忙下，废寝忘食，连朝中的大事都弃之不顾了。

韦后被诛灭后，萧至忠立刻换了一副嘴脸，第一个跳出来揭发韦后的罪行。为了表示和韦后划清界限，彻底决裂，他竟亲自动手，掘开合葬的坟墓，把女儿的棺木迁出别葬。这件事闹得沸沸扬扬，人们心惊之下，无不鄙视萧至忠的为人，他的丑恶面目也大白于天下。

原文

亲之，故不可道吾亲；刑之，故向吾亲亦弃也。

译文

亲近他，也不能说他就是我真正想亲近的人；对他加以刑罚，即使是我一向亲近的人也要舍弃。

释评

战胜敌人，许多人是不择手段，不讲亲情的。他们这种残酷的行为，有无可奈何的原因，也是嗜权如命，丧尽天良的本心使然。官场上的人，迫于形势而出卖亲人，牺牲亲人，这种事若是出于他们应付敌人，进而制服敌人的一种策略，或可理解。而如此行事，若只是为了讨好敌人，借以献媚，就为人不齿，天怨人怒了。从人性的角度看，这都是不该发生的惨剧。偏偏此类故事历演不衰，这足以说明人性的堕落、争斗的无情，可见封建特权思想对人的毒害，实已到了触目惊心的程度，是难以救药的。

【事典】无耻之极的霍献可

武则天时期，酷吏横行，人人自危。许多人为了自保，不是诬陷他人，就是小心避祸，一时人性中最丑陋的一面暴露无遗，令人不寒而栗，难以置信。

司礼卿崔宣礼被酷吏来俊臣诬告谋反，逮捕入狱。崔宣礼的外甥霍献可，时任殿中侍御史之职，他一听此讯，虽知舅舅冤枉，却马上想到自保之策。他不仅不思营救，还上书朝廷，表示断绝和崔宣礼的甥舅关系，并把崔宣礼大骂一顿，庆贺朝廷抓出了个大逆贼，还建议将他千刀万剐。

武则天后来发觉这是个冤案，就没有处死崔宣礼，可她还是宁枉勿纵，仍将他流放至夷陵。崔宣礼的家人托霍献可向朝廷申冤，霍献可却说：

“舅舅的谋反之罪，朝廷早晚要察明的。他现在不死，只怕以后就要连累大家了。”

他不向朝廷陈情，反而一再进言杀掉崔宣礼。武则天深以为怪，于是便亲自召见他，对他说：

“崔宣礼是你的舅舅，你和他有大仇吗？”

霍献可连连摇头。

武则天冷冷一笑，又道：

“既是无仇有亲，我都饶他不死，你又何必苦苦相逼，一定让他死呢？”

霍献可这时精神一振，大声回道：

“小臣赤胆忠心，深沐皇恩。陛下既是有疑于他，纵是我的亲舅舅，他也是我的大敌。唯有如此，我才能略表寸心，报效陛下。”

武则天纵是心如铁石，见此人这般绝情，也为之胆寒。她没有答应霍献可的请求，万没想到霍献可竟是以头叩撞殿前的石阶，流血满地，口中喊道：

“陛下不杀崔宣礼，小臣就死在陛下的面前！”

武则天心中不悦，急命人将他牵引而去。

此事他不以为耻，反以为荣。人人避他而去，深怕被他缠上，无端惹祸。他似不自知，不仅常对人夸耀，还在上朝时故意把头巾戴斜，露出伤口，希望武则天看到，以赏识自己的忠心。

原文

惑敌于不觉,待时也。

译文

在不知不觉中迷惑敌人,以等待时机。

释评

社会的各个领域,总有一些人以搜集、报告身边人的失言、失行为能。一旦需要打倒身边某人的时候,他们便会将这些材料列举出来,以为证据。让人无以反驳,只能自认倒霉。这种对敌方法固然有失正道,显得阴损,可它实效性强,往往能一下将对手置于死地,所以颇受人们青睐。官场之上,这种伎俩就更通行了。人与人利害关系的实质,决定了人们毫无真情可言。对上司,对得势之人,人们恭维他,追随他,百依百顺。同时,人们也在算计他,窥伺他,不断搜寻和积累他的失言失行,以便作为他日打击、陷害他的有利武器。为了达到这个目的,把自己装扮成别人的朋友,甚至心腹,这是十分必要的。别人对你不加防范,才会说出他的心里话,在不知不觉中,他才会显露出真实行为。掌握了对手的把柄,要制服他就容易多了,一有时机,必有成效。

【事典】吕惠卿的秘密武器

吕惠卿是个城府极深、阴险恶毒的小人之辈。王安石当宰相时,他极力逢迎王安石,骗取了王安石的信任。王安石变法时,他向宋神宗推荐吕惠卿做自己的助手,更把他视为知心朋友,无话不谈。

王安石的政敌司马光曾当面对宋神宗说:

“吕惠卿把王安石给愚弄了,将来天下人反对王安石,一定是吕惠卿先干的。”

他又以旁观者的角度,准确地分析说:

“人都有糊涂的时候,以王安石的精明,确实不该上吕惠卿的当。吕惠卿尽出些坏主意,王安石却出面执行,罪过岂不都让他一个人背了?这就是吕惠卿的阴险之处啊！”

司马光被吕惠卿排挤出朝廷，他离京前，连写几封信告诫王安石要防备吕惠卿，他一针见血地说：

“吕惠卿现在对你一味奉承，不过是他一时的权宜之计罢了。他这个人是在利用你捞取个人的资本，一待时机成熟，第一个出卖你的必是此人。”

王安石刚愎自用，自信眼光不差，识人无误。吕惠卿演技也确属高明，为使王安石对己深信不疑，他常借着酒兴，故意说些有关自己隐私方面的话。二人常常聚在一处，一谈就到深夜。

私下的交往，亲密的时刻，王安石对吕惠卿推心置腹，即使有些犯忌的话，王安石也不在意，随口说出。令他万想不到的是，吕惠卿装出一副小学生恭谨的模样，心中却是暗暗记下王安石犯忌的话语。至于王安石给他写的信件，他更是反复阅读，仔细挑出其中为人忌讳之处，收录成册，秘密保存。

这个秘密无人知晓，直到吕惠卿自以为羽毛丰满，他要扳倒王安石，取而代之的时候，他才暗下毒手。他私下晋见皇帝，故作神秘地对神宗说：

“王安石本是我的恩人，我原不该告发他。只因此事关系重大，我不敢欺瞒皇上，只好大义灭亲了。”

他把密册呈上，还添油加醋地说：

“小臣冒死直言，王安石万一得知，一定会杀我灭口，皇上一定要给我做主啊。”

神宗一见秘册，起初神情严肃，一待看过，不禁轻松地笑了。他对吕惠卿说：

“你的忠心可嘉。不过这只是一些无关痛痒之言，我实在看不出有什么大逆不道之处。我还要依靠他治理天下，此事就到此为止吧。”

神宗一时按下此事，心里倒是多了对王安石的猜忌。可叹王安石对此不仅未察，而且仍对吕惠卿信任非常，竟在自己被迫辞去宰相职务时，大力推荐吕惠卿做了副宰相。

吕惠卿至此彻底撕下伪装。他见皇上不忍对王安石下手，便把王安石的两个弟弟安上罪名，贬至偏远的外地。王安石明白过来，顿足哀叹，却已奈何不了吕惠卿了。

原文

制敌于未动，先机也。

译文

在敌人没有行动的时候制服他，这就是抢先占有有利的时机。

释评

俗话说，先下手为强，后下手遭殃。对敌行动，最忌优柔寡断，顾虑重重，从而失去先机，由主动变被动。当然，要占得先机，是要以自己的准确判断为根基的。如果对形势盲目乐观，把握不当，贸然动手，便只能暴露自己的短处，毫无胜算。同样，周密的计划和一定的实力也是不可缺少的。这就要求人们在做好充分准备之前，不能打草惊蛇，令敌有所防范，必须暗中积蓄力量，表面上却无迹可寻。唯其如此，这个计策才能发挥它的真正功效，否则，只能算草率行事，其结果必是除敌不成，反受敌害。

【事典】李世民的伪装

唐高祖李渊建立唐王朝后，太子李建成和齐王李元吉勾结，多次陷害立有大功的秦王李世民，兄弟间一场生死拼杀势所难免。

李世民身边的文臣武将屡次进言，劝李世民早作打算，抢先动手。李世民每到这个时候，便会面现苦容，叹息不止，说：

唐太宗

唐朝第二任皇帝李世民，李渊第二子。早年随父征战，战功卓越。玄武门之变后，即皇帝位。在治国方面显示了极强的天赋，以“贞观之治”留名千古，为后来开元全盛奠定了基础。

镜　鉴

事情发动之前不要声张，这样才能令对手猝不及防。

“我们乃是一母同胞的兄弟，纵是他们的不对，我又怎么忍心呢？还是委屈一下吧，时日一长，他们也许会知错有改，一切就烟消云散了。”

别人都十分着急，深怪他心有仁念，坐失良机。李世民对此看似未闻，暗中却把心腹将领尉迟敬德等人找来，对他们说：

“你们的好心，我岂能不知？不过现在我们安排未妥，事无头绪，又怎能草率行事呢？事若不密，为人察觉，只怕我们倒得先人头落地了。还望各位详作筹划，切勿泄露。”

李世民加紧布置，由于他表面从容，处处示弱，李建成、李元吉果真被其骗倒，他们暗中得意，仍旧按部就班，一步步地实施着整倒李世民的计划，只想假以时日，不愁大事不成了。

不久，有报说突厥兵犯境，李建成便保举李元吉为帅，带兵迎敌。齐王李元吉请求李渊把秦王李世民的兵马归他指挥，李渊答应了他的要求。李世民和他的文臣武将一眼便看穿了他们的阴谋，李世民见群情激愤，故作痛苦的模样安抚众人说：

“皇上既已同意，看来我只能束手待毙了。这是天意，我又能怎么样呢？”

众人见此，信以为真，不禁泣泪苦劝；有的还要告辞而去，以示抗议。只有几个知情者以目示意，不露声色。

这时又有人进来密告李世民，说太子与齐王李元吉早已定下计谋，只等李世民等人给齐王出征送行时，便要密伏勇士，趁机全部杀光，然后太子登位，封齐王为太弟。

众人听此，皆发怒喝，情绪更为激动。李世民见火候已到，这才长叹一声，对众人说：

“我是被逼无奈，各位都是明证。事已至此，只有先发制人，我们才能铲除强敌，保全性命。”

李世民分兵派将，伏兵于玄武门。第二天，李建成、李元吉上朝在此经过，伏兵齐出。他们二人猝不及防，李建成被李世民射死，李元吉被尉迟敬德砍杀。

没过多久，李渊便让位于李世民。李世民登基为帝，终于实现了他的梦想。

原文

构敌于为乱，不赦也。

译文

在犯上作乱上构陷敌人，这是不能赦免的罪名。

释评

犯上作乱的罪名，在任何时候都是一条大罪。任何人只要与此沾边，麻烦就大了。实有其罪者固然严惩不贷，即使是被人诬陷，无中生有，当权者也往往因神经过敏，昏庸猜忌，宁信其有，不信其无。循着这个思路，敌对的双方无不在此大做文章，阴险的小人更不惜凭空捏造，给别人安此罪名，借以致人死地，不得翻身。又可为自己的行为贴上正义的标签，愚弄世人。

【事典】司马遹的反书

晋惠帝时，因惠帝皇后没有儿子，便立了谢妃之子司马遹为皇太子。其时，惠帝皇后贾南风专权，她对此耿耿于怀，始终想把司马遹除掉。

皇太子的废立，没有一个大的罪名，是难以服众的，弄不好有人借此生事，事情就不好收场了。贾南风为此苦思多时，终于想出了一个毒计。

她以皇帝之名，把司马遹召入宫中，又借皇帝的名义，逼令他一口气喝下三大升酒。司马遹无奈喝下，立时醉得东倒西歪，头疼欲裂。

贾南风此时并没有出面，她躲在暗处，见侍女按她的吩咐将太子灌醉，便又支使另一位侍女，拿了一份文稿和纸笔上前，欺骗司马遹说：

“皇上有命，令太子殿下誊写诏书，不得有误。”

司马遹醉得强自支撑，昏头昏脑。侍女把他扶到案前，他照葫芦画瓢抄写一通，连所写的内容都不知为何。勉强写完，他便一头栽倒在案上，不省人事。

第二天上朝，白痴皇帝惠帝按照贾南风的安排，命人将前日司马遹所书的文稿当众宣读。满朝文武刚听几句，不禁骇言变色，几难置信。但听文稿所言，句句大逆不道，竟是逼迫皇帝皇后退位，由司马遹继位为君的一份文告，且是语气强硬，不容抗拒。

众人疑惑之时，贾南风第一个厉叫出声，连连说：

“反了！反了！这分明是太子迫不及待，欲行篡弑的反书啊！如此逆贼，怎能再居其位？合当处死。”

众人素知司马遹仁懦，无缘无故岂会这般突变？他们无人附和，只是低头不语。

贾南风见众人不服，暗自一笑。她早有准备，一边把那份文稿交与众人传阅，一边又拿出司马遹平日所写的十几张文字，丢给众人，故作气愤地说：

“太子善于伪装，我们都让他给骗了。起初我也不信，直到验明字迹，这才如梦方醒。你们也仔细看看，可千万别冤枉了他。”

众人鉴定之后，果见二者笔迹不差，那份文稿确是司马遹所书。他们虽不明就里，却也深怪司马遹罪大恶极，再无异议了。于是司马遹便以谋反罪被杀，许多人还为此作表上贺朝廷，庆幸铲除了一大祸害。

原文

害敌于淫邪，不耻也。

译文

在淫秽邪恶之事上加害敌人，这最能让人鄙视他。

释评

把对手搞倒、搞臭，是对敌斗争中的一个重要策略，而从人们最鄙视的淫邪之事下手，也就成了敌我双方互用的法宝了。官场上更是如此。封建道德的虚伪，客观上要求为官者要为人表率，淫邪不沾。实际上，在道貌岸然的背后，道德高尚，一身正气的官员少之又少。这是封建专制的痼疾，也是上行下效的必然结果。正因如此，以之作为把柄，来打击对手，便只能说是别有用心了，可谓醉翁之意不在酒。奸恶之徒尤为热衷此事，他们往往在此设置陷阱，胡编硬造，以致许多忠贞之士蒙上不白之冤，受其陷害，不得自辩。

【事典】“秽乱宫闱”的萧观音

辽帝国天佑帝耶律洪基的皇后叫萧观音，徽号懿德皇后，她出身名门，是枢密使萧惠的女儿，由于她长得艳美无双，聪慧绝伦，且又能文工诗，擅长音乐，所以在清宁元年（公元1055年）被册立为皇后，深受天佑帝的宠爱。清宁四年，她又生下长子耶律濬。耶律濬8岁时被立为皇太子，萧观音在后宫的地位，一时尊宠无比。

耶律洪基为帝之始，尚能励精图治，不失为一个好皇帝。后来，他酗酒、行猎、宠信奸佞，日渐昏庸起来。萧观音为此常常进言规劝，耶律洪基虽表面应承，心里却是十分不悦，自此也日渐疏远她了。

萧观音为使皇帝回心转意，作了《回心院》词十首，让人弹奏演唱。宫婢单登奏不好，伶人赵惟一却奏得惟妙惟肖，大受萧观音的称赞。单登本是叛臣耶律重元家的人。耶律重元被处决后，全家抄没，单登就被收入宫中为婢。耶律洪基曾想让单登侍奉左右，萧观音以她出身叛逆之家，力劝不可。因此缘故，单登早就对萧观音怀有怨恨，今见萧观音夸奖赵惟一，她的怨恨就更深了。于是她无中生有地对妹妹清子说：

"皇后无端地斥责我，却独对伶人赵惟一示好，他们定有不可告人之事。"

清子本是有夫之妇，却和北院枢密使、魏王耶律乙辛通奸。一次清子提及此事，耶律乙辛不禁眼前一亮。他思忖片刻，便对清子说：

"皇后地位尊宠，自不会和伶人有什么关系，不过我们大可借此生事，除掉皇后。如此一来，皇太子也不难铲除了。"

耶律乙辛本是个奸恶之辈，他野心勃勃，为人阴险，早就想除去皇太子，独霸朝廷。他深知此事难为，所以才一直寻找机会，隐忍未发，这会他自觉机会来了，遂指使单登以求取萧观音的墨宝为名，骗得她亲手抄录的十首艳情诗。萧观音不知有诈，还附赠了单登一首她自己作的《怀古》诗：

宫中只数赵家妆，
败雨残云误汉王。
惟有知情一片月，
曾窥飞燕入昭阳。

耶律乙辛从单登手里拿到诗稿，看视之后，心中窃喜。他急忙求见耶律洪基，故作吞吞吐吐地说：

"有人密告皇后行为不检，和教坊伶人赵惟一秽乱宫闱。臣思之再三，不能不奏明皇上，以求明示。"

耶律洪基一听便怒，心如火烧。耶律乙辛随即呈上萧观音抄录的诗稿，诬陷说这都是萧观音所写的淫诗。他还特地指点那首萧观音的附赠诗，曲解道：

"'宫中只数赵家妆'，这句有个'赵'字；'惟有知情一片月'，这句有'惟'、'一'二字。这般看来，皇上还不明白此中真意吗？"

耶律基洪似被点醒，不由分说便将萧观音打入冷宫，且命耶律乙辛和宰相张孝杰审理此案。

张孝杰和耶律乙辛同为一党，狼狈为奸，他们对赵惟一和他的伶人朋友高长命严刑拷打。二人受刑不过，屈打成招，自认高长命从中牵线搭桥，赵惟一和萧观音奸情属实。有此"人证"、"物证"，萧观音自无幸免，被赐死，赵惟一和高长命也被处决。耶律乙辛随后又加害皇太子，耶律洪基再中其计，把皇太子囚在上京，贬为庶人。

原文

敌之大，无过不知；祸之烈，友敌为甚。

译文

最大的敌人，没有比不知道谁是敌人更大的了；最深的祸患，以和敌人友善最为严重。

释评

敌人有明有暗，明处的敌人，人们防范意识强，对付起来也直截了当；暗处的敌人，目标不明，虚实不晓，对付他们就困难多了。更可怕的是，他们也许就在人们的身边，往往能给人致命的一击。何况真正的敌人，常常躲在暗处，隐藏很深，善于伪装，这就更要求人们仔细分辨了。否则，认贼为友，敌我不分，亲者痛仇者快的事便很容易发生，不仅害了自己，而且助了敌人，由此带来的灾难自然是巨大的。

【事典】忠奸不辨的项羽

项羽的失败，有着多种原因。考察此中的得失，不难发现，项羽不仅有勇无谋，目光短浅，而且不识真伪，忠奸不分。在许多重大的转折关头，由于他的愚蠢和轻信，自剪羽翼，反助强敌，犯下了许多不可饶恕的错误，直接导致了他的覆亡。

项羽的谋士只有范增一人。范增对项羽忠心耿耿，刘邦等人皆视范增为强敌，每每想把他除去。刘邦困守荥阳时，派使臣与项羽讲和。项羽回派使臣，回话说拒绝此议。刘邦和陈平借此机会，便演了一出戏。刘邦先是装作酒醉，应付楚使，后又让陈平招待他。

陈平把楚使带到客馆，对他十分恭谨，先是问他范增近况，后又问他是否带来范增的书信。楚使莫名其妙，只说：

"我乃受项王差遣，非亚父所使，大人定是误会了。"

陈平一听，佯作失望之状，冷冷道：

"既不是亚父的使者，你何不早说呢？"

他命人将精美的食物撤去，换上来的竟是粗茶淡饭。使臣勉强下咽，又发现菜竟有些发臭，他气极败坏，急忙跑回去对项羽说：

"范增私通刘邦，臣只因不是范增的使者，所以才受尽了屈辱，大王不可不防啊。"

项羽头脑立时发热，也不细想，马上要找范增当面质问。左右随从劝他冷静，他仍忍不住破口大骂。刚巧，这会范增正好求见项羽，他不知有变，仍劝项羽尽快攻打荥阳，不给刘邦喘息之机。项羽怒形于色，他厉声对范增道：

"你的主意果然不错。只怕荥阳还没有攻下，我的性命就被你送掉了！"

项　羽

西楚霸王，姓项，名籍，字羽。楚国名将项燕之孙，勇猛盖世。少有壮志，秦末起兵于江东，率军入关中，以五诸侯灭暴秦，威震四海，权同皇帝。后为刘邦所败，乌江自刎。

镜　鉴

分不清敌友，是最大的祸患。

范增又急又怒，心知项羽对自己已不再信任，索性告老还乡。项羽也不挽留，任其离去。范增死于还乡途中，项羽就这样轻易失去了他唯一的谋士。

项伯是项羽的叔父，其实却是刘邦的内奸。他早在暗中和刘邦定为儿女亲家，又和张良为友，鸿门宴时，他便帮了刘邦的大忙，使他免受伤害。对身边的这样一个敌人，项羽却毫无察觉，每有大事必与他商量。

刘邦和项羽在广武对峙之时，刘邦用缓兵之计，提出讲和的要求，并让项羽放了他的父亲和妻子。项羽一时无措，便把项伯找来商议此事。项伯唯恐项羽不答应，于是先是把项羽吹捧一通，直到项羽面露笑容，他才说到正题：

“大王仁爱，一统天下，尽在此举了。此议若成，大王得到美名不说，又可积蓄力量，休养生息。如此人心归附，兵强马壮，他日一战定可成功。在此臣先向大王祝贺。”

项羽轻信项伯之言，答应讲和，又放了刘邦的父亲和妻子。刘邦没有了后顾之忧，于是发动了对项羽的全面进攻。项羽中了韩信的“十面埋伏”，全军覆灭，他本人也自刎而死。

原文

使视人若寇，待亲如疏，接友逾仇，纵人之恶余，而避其害，何损焉？

译文

假如把天下人看得像强盗一样，对待亲人像陌生人一样，交接朋友超过了对仇人的态度，纵然人们厌恶我，却能躲避祸害，又有什么损失呢？

释评

历史上的奸恶之人，为人处事总有他们的借口和原则。只要自己得利，他们是不惜付出任何代价的。实际上，所有人都是他们的利用者，如若没有这方面的价值，他们自会毫不犹豫地抛弃。这种现象，在官场中尤为多见。官场中人重利重权，他们眼中的敌人和朋友，无不与此有关。对他们有利，便是朋友；对他们不利，即使是至亲骨肉也成了敌人。初涉官场之人，往往在此手软败下阵来，久而久之，作为一条不成文的定律，人们便奉行不辍了。至于人们说三道四，甚至千夫所指，只要不影响他们的官位升迁，利益所得，他们当然不会放在心上了。

【事典】“大义灭亲”的脱脱

元末，伯颜独揽朝政大权。他为了监视和控制元顺帝，让他过继的侄子脱脱住在宫中，担任警卫，执掌御林军的大权。

元顺帝对伯颜的嚣张和权势十分担心，为了自保，他时时寻找可以信任之人，以便铲除伯颜，去此大患。

脱脱有一次晋见元顺帝，出乎元顺帝的预料，脱脱竟向他表白了忘家报国之意。元顺帝深知伯颜和脱脱乃是至亲，一时半信半疑，于是他试探着说：

“伯颜劳苦功高，国家依靠他的事太多了，你对此有何看法？”

脱脱见皇上动问，马上作答说：

“这都是臣子应尽的本分，怎能居功自傲呢？皇上若有差遣，小臣万死不辞。”

元顺帝更感意外，他生怕这是个圈套，中了伯颜的诡计，于是他中止了谈话，暗中派自己的心腹世杰班、阿鲁二人和脱脱交游，以验真伪。

原来，脱脱虽深受伯颜的大恩，但见皇上猜忌于伯颜，伯颜又过于张扬，就又有了自己的打算。他开诚布公地对他的父亲扎马儿台说：

“伯父骄横，皇上有心除他，我们不能不为自己考虑啊，如今正是皇上用人之际，如果我们现在投靠，皇上必心存感激，加以重用。这样我们不但无祸，还可永葆荣华，这才是聪明人干的事呀！”

正因如此，脱脱才会向元顺帝主动示好。

当世杰班、阿鲁二人到来时，脱脱便心知其意了。他陪二人游玩之时，暗表心意说：

“我深受皇恩，才能享受这荣华富贵，伯颜却以为是他的功劳，每每夸耀。若无皇上，皮之不存，毛将焉附?”

交往日久，脱脱见时机成熟，索性直抒胸臆。世杰班、阿鲁见其真心倒戈，遂把他直接引见给元顺帝。元顺帝大喜过望，嘉勉有加，于是他们结为一党，伺机对伯颜下手。

伯颜万想不到脱脱变节，即使有人向他反映脱脱的可疑之处，他也一概不理，斥其荒谬。后来，正是这个他最信任的脱脱，趁他出城打猎的时机，和阿鲁合谋，把京城城门的钥匙收缴上来，又把城门卫士都换上了自己的心腹，让他回城不得。同时，朝廷宣布伯颜的罪状，把他贬往河南。伯颜至此大骂脱脱背叛了他。他后悔不迭，精神大受打击，最后竟死于前往贬所的路上。

【固荣卷】第六

荣宠有初，鲜有终者；吉凶无常，智者少祸。荣宠非命，谋之而后善；吉凶择人，慎之方消愆。君命无违，荣之本也，智者舍身亦存续。后不乏人，荣之方久，贤者自苦亦惠嗣。官无定主，百变以悦其君。君有幸臣，无由亦须结纳。人孰无亲，罪人慎察其宗。人有贤愚，任人勿求过己。

荣所众羡，亦引众怨。示上以足，示下以惠，怨自削减。大仇必去，小人勿轻，祸不可伏。喜怒无踪，慎思及远，人所难图焉。

本卷精要

谋划出富贵,知止保恒远。

去旧纳新,任用私人,最为新主子所奉行。

讨好君主固然重要,君主宠幸的人也必须交结。

官场中的关系网是无处不在的,如果就事论事,不把此中利害考虑在内,势必会因此结怨他人,牵一发而动全身。

荣宠带来的危险和贫穷带来的危险是同样不可低估的。

原文

荣宠有初，鲜有终者；吉凶无常，智者少祸。

译文

显达和宠幸有开始的时候，能保持到最后的就很少了；吉利和凶险没有不变的，有智慧的人才能减少祸事。

释评

俗话说，富不过三代。审视历史，那些大富大贵之家，纵是极盛一时，也不过是昙花一现，遂即湮灭。由此可见，人们所追求的长盛不衰，是多么困难的事了。这其中固有自然、客观的，物极必反的原因，但现实、主观的人为因素也不可忽视。创业之初，人们兢兢业业，舍生忘死，有着远大的理想和目标；成功之后，人们面临惰性的滋生，富贵的侵袭，权力的腐蚀，一般人对此是难以抵御的。他们往往变得骄狂、放纵和失去理智，再无进取的动力和谨慎之心，行事自然不合时宜，有违法理。如此一来，走向事情的反面，天怨人弃，便是他们的必然结局。与之相反，有智慧的人能顺应时势的变化，能预知成功之后所面临的种种风险，故而扬长避短，谨小慎微，防范在先。他们不遭祸事，也就绝非侥幸了。

【事典】梁孝王的醒悟

汉景帝在位时，对他的弟弟梁孝王刘武十分器重，曾不止一次地说将来要把皇位传给他。窦太后更是偏爱梁孝王，对其要求无不应承。为此，梁孝王渐渐骄狂起来，野心也日益膨胀。

吴楚之乱时，梁孝王抗拒叛军有功。事后，他受朝廷重赏，更加得意忘形。他手下的两个近臣公孙诡、羊胜便向梁孝王进言，公开向朝廷求取皇位继承人的明谕。梁孝王虽没有马上答应，却任其所为，致使朝中大臣屡受公孙诡、羊胜的威胁，有的还因拒绝了他们的要求而为其所杀。朝廷重臣袁盎，便是因为不肯向景帝建议立梁孝王为皇位继承人，被他们派刺客杀害的。

景帝得知此事，派人到梁国捉拿公孙诡、羊胜。梁孝王把二人藏匿府中，景帝使臣遍寻不见，此事陷于停顿。

梁国中大夫韩安国于是求见梁孝王，流着眼泪对他说：

“羊胜和公孙诡罪行累累，现在仍没有捕获，我真替大王担忧啊。都怪我办事不利，请赐我一死。”

梁孝王一愣，忙道：

“此事与你何干？你又为我担心什么呢？”

韩安国说：

“大王乃皇上亲弟，又深得太后的宠爱，臣以为这并不可恃。只怕荣华不保，富贵不在，就在眼前了。”

梁孝王脸上动怒，厉声道：

“你危言耸听，可是为朝廷当说客不成？”

韩安国流泪再道：

“敢问大王，大王和皇上的关系，比当年高祖皇帝刘邦与太上皇的关系如何？比皇上与临江王关系又怎样？”

梁孝王沉吟片刻，只好道：

“他们都是亲父子，我自然不如了。”

韩安国说：

“这就是了，可高祖皇帝当年却说，打下天下的是他自己，太上皇也不能因此过问朝政。临江王的母亲栗姬，出言不逊，自杀身死。按理说他们都不该有此结果，可事实就是这样，这就是治天下不能因私乱公的道理啊！”

梁孝王心中一震，韩安国见其动容，又进一步规劝道：

“如今大王重用奸人，不遵法度，皇上看在太后的面子上才暂时容忍。太后百年之后，大王又指望什么保住富贵呢？何况天威难测，皇上若是真的翻脸无情，不念兄弟情谊，太后又怎能保得住大王呢？所以说一切都要靠大王自己，大王聪明睿智，自不会为了两个身边小人犯险吧？”

梁孝王久坐无言，脸色几变。他最后走到韩安国的面前，动容说：

“你说得对，本王险些走上了不归路啊。”

梁孝王迷途知返，交出了公孙诡、羊胜。韩安国也因劝谏有功，受到了汉景帝的嘉勉。

原文

荣宠非命，谋之而后善；吉凶择人，慎之方消愆。

译文

显达和宠幸不是命里就有的，先有谋划后才有成；吉利和凶险是选择人的，谨慎小心才能消灾免祸。

释评

荣华富贵、吉凶祸福，人们常常以天意来解释在此的得失。其实，这只是人们自我安慰、推卸责任的一种方法，有头脑的人是不会当真的。好处人人想要，祸事人人想避，若想在此有所成就，没有过人的心智和手段，实在是无法想象的。历史的经验也证明了这一点，那些成大事者无一不是智谋超群的人物，他们不仅工于谋划，获取富贵，且能知止当止，小心保有富贵。他们总能战胜人性的弱点，而不是随波逐流，放任自己。而那些浅薄之人，却不能做到这一点，他们不居安思危，得志便猖狂，祸事便由此滋生。直到祸不可解，一切也就化为乌有。

【事典】邓绥的贤德

东汉和帝的皇后邓绥，在历史上是一代有名的贤后。她深受和帝宠幸，为大臣们敬重。还以皇太后的身份，先后辅助婴儿幼帝主持朝政二十余年，天下人无不称颂其贤德。

邓绥初入宫时，只是汉和帝的贵人。因

邓　绥

东汉和帝皇后，女政治家。邓绥是大功臣邓禹的孙女，自幼修习经史，有智谋。和帝死后，邓绥迎立和帝幼子汉殇帝，自此开始临朝听政，摄政十六年。

镜　鉴

权力是一柄双刃剑，若不想为其所伤就必须深思而谨慎。

她是东汉开国功臣邓禹的孙女，人又长得俊美，善解人意，和帝便特别喜欢她。一次她有病在身，和帝便破例让她的母亲、兄弟入宫探视，并说不受时间限制。如此殊荣，邓绥却辞谢了，她对汉和帝说：

"皇上宠幸于我，贱妾更该洁身自爱。后宫乃朝廷禁地，外人是不能长久逗留的。"

邓绥的兄弟对此不满，他怨气冲天地对姐姐说：

"皇上既有明示，姐姐何必多此一举？我们乃功臣之后，姐姐又深得皇上的宠爱，姐姐还怕什么呢？"

邓绥叹息一声，说：

"你所说的，正是姐姐担心之处啊。先辈求取富贵不易，我们保有这份荣誉，能不处处小心吗？宫中向来多事，皇上又素喜猜忌，如果我们做事张狂，恃宠而骄，只能授人以柄，让别人作为攻击我们的口实，我们的富贵还能有吗？再说，纵然皇上始终厚待于我，有朝一日，别人也会这样待我们吗？如果我们自己不早作安排，营求人望，终究是无法久长的。"

有此心智，邓绥行事便与众人不同。她小心侍奉当时的皇后阴氏；对待宫中的奴婢，她也从不苛责，加之以恩。平日她总是朴素无华，不着艳装，更难得的是，即使阴皇后忌恨于她，她也不以为怪。

邓绥侍女说她过于软弱，她一笑置之。别的妃嫔只当她软弱可欺，她便处处躲让。和帝为此大为感叹，对她说：

"你的贤德无人可及了，怎会这样呢？"

邓绥连称不敢，小心回道：

"贱臣深受皇上宠幸，难道是无缘无故的吗？皇上圣明，臣子才会贤达。若能不让皇上分心他顾，贱妾就知足了。"

和帝听此，对她的宠幸更深了。

与邓绥相反，阴皇后却处处争锋，即使对和帝，她也不知退让。和帝对她忍无可忍，终把她废掉，并要立邓绥为后。面对这别人梦寐以求的好事，邓绥却保持清醒的头脑，她思之再三，不惜称病以辞。

邓绥的母亲入宫劝邓绥改变主意，邓绥这才说出心意：

"一旦为后，可谓荣宠之极了，我是怕因我之故，连累了咱家的声名。事实上，能宠而不衰的，又有几个呢？"

她的母亲说：

"你既知此中利害,又有什么可担心的呢?我是怕你违逆了皇上,让众大臣失望啊。"

邓绥接受了母亲的劝告。她并没有放松对自己的要求,又严禁兄弟侄子干政,她的声誉越来越高了。

原文

君命无违,荣之本也,智者舍身亦存续。

译文

君主的命令不要违抗,这是显达的根本,有智慧的人宁肯牺牲自己也要让显达延续下去。

释评

封建专制时代,一个人的命运受君主支配,他的生死也掌握在君主的手中。更让臣子恐惧的是,他们一旦获罪,他们的家人也会不保,甚至会株连九族。这种残酷的现实,让每一个臣子都诚惶诚恐,谁还会对君主的命令有所违抗呢?即便如此,荣华富贵也不一定能保全。伴君如伴虎,虎性随时可能无缘无故地发作,何况官场争斗,人们无不以陷害为能事,这就更难保证谁不会出事了。有鉴于此,目光长远的人便会对君主认定自己有罪的事,不争不辩,纵是赴死也不抗拒;对别人诬陷难以澄清的事,他们甘于牺牲自己以图保全家人。在他们眼中,只要保住荣华的种子,便不是最惨的结果,否则一损俱损,更是于事无补了。

【事典】绝食而死的赵鼎

南宋初年,赵鼎身为宰相,为人刚直,颇有人望。高宗赵构一味对金人退让,赵鼎看在眼里,却不肯进谏。那些正义之士由此对他大加诋毁,他私下十分愁苦,每日长吁短叹。

赵鼎的家人一日问他:

"咱们衣食无忧，富贵罕有，这是为何呢？"

赵鼎回答说：

"这只是你眼睛见到的啊，谁又能知道明天会发生什么呢？如今皇上力主议和，我自知谏阻无益，谁知为此颇遭非议，他们哪知我的苦处呢？我又不是仅为自己惜身，我是为咱们家族忧虑啊。倘若皇上大怒，你们岂不也跟着我遭殃？这才是我最忧心的。"

秦桧当权后，对赵鼎极力打击和排挤。赵鼎深知皇上宠幸秦桧，为求自保，他处处退让，只在卖国乞降上不肯附和。秦桧见赵鼎不为己用，日夜谋划要将他置于死地。

赵鼎迫于形势，权衡之下，找来家人，对他们说：

"人生在世，荣华富贵固然重要，可若与身家性命相比，就只能有所割舍了。我决意辞职，也是为你们着想啊。若不速决，退无可退，赵家子孙也无从保全，只要你们了解我的苦衷和用心，咱们赵家就不怕没有出头之日。"

赵鼎辞职之后，势利小人群起攻之。秦桧把他一贬再贬，最后竟贬为庶民，交由偏远县城的地方官看管，且每月向朝廷报告他的情况。

赵鼎对此坦然若素，不过他从秦桧此举中看出他不会放过自己，便又把家人找来，宣布了他的惊人决定：

"人终有一死，到了我这把年纪，我虽死无憾了。现在奸臣当道，必欲置我于死地，我又奈何他不得，死不过是早晚的事。我现在死了，你们才能免除祸患。"

家人大哭，苦苦相劝。赵鼎老泪纵横，只是摇头。他从此不肯进食，直至饿死。

秦桧得知他的死讯，这才出口长气，再不以赵鼎的家人为意了。赵鼎付出如此代价，终保全了他的家人不受其害。

赵　鼎

南宋政治家。徽宗崇宁五年进士，曾任河南洛阳令、开封士曹等职。南渡后，官至尚书左仆射同中书门下平章事兼枢密使，是南宋著名主战派。

镜　鉴

富贵之中深藏隐忧，必须明晰利弊，及时决断。

原文

后不乏人，荣之方久，贤者自苦亦惠嗣。

译文

后代不缺乏人才，显达才可持久，贤明的人情愿自己吃苦也要惠及后人。

释评

显达及远、富贵相传，这是人人都盼望的。对那些身享富贵的人来说，这种愿望就更强烈了。他们深知富贵的好处和获取富贵的艰辛，自不愿意自己的子孙把这一切葬送。在此，每个人对儿女的教育都是不同的，其效果也有着显著的差异。贪婪者以搜刮为能，以自私为训，其子孙只会是一批纨绔子弟。贤明者知足常乐，以德育人，自甘其苦，言传身教，这对子孙的影响就深刻得多了，他们长大后才能独当一面，真正担得起重任，肩负起光耀门庭的责任，并发扬光大。

【事典】岑文本的家教

唐太宗时，岑文本以一介书生的身份，凭其出众的才华，步步升迁，最后被委以宰相的高位。上任之初，朝中大臣纷纷作贺，他家一时车马不绝，门庭若市。

岑文本对此不喜反忧，对前来作贺的人说：

“我刚刚上任，一无政绩，二无贤德，有什么可以祝贺的呢？我今天只接受你们的警告，好听的话就不要说了。”

岑文本的家人见众人悻悻而去，都责怪他不近人情，岑文本便开导他们说：

“他们虽是好心，其中却也难免有势利小人，欲借此攀附。若皇上借此观察我，我却如此声张，会有好结果吗？你们要切记：一个人万不可得意忘形，更不可失去应有的警惕；凡事取之实难，失去却在一夜之间啊。”

岑文本的家人自觉门庭高了，便劝岑文本另置大屋，多购产业。岑文本的妻子为此反复说过多次，岑文本就是不肯。他的妻子气得一天不吃饭，还发牢骚说：

“你得此高位，就是不为自己着想，也要为子孙谋划啊。现在人人都是这样，你自作清高，苦了自己，还要苦了孩子，遭人讥笑，这是何苦呢？”

岑文本把子女都招到妻子床前，苦口婆心道：

“你所说的，都是俗人之见，近则有利，远则有害。想我本是一个读书人，两手空空来到京师，本没有想到得此高位。这固是皇上恩典，也是我勤勉不懈之果。由此可见，一个人出身并不重要，重要的是他勇于任事、才学为本。我深知此中真意，颇有心得，又怎会学那凡夫俗子之举，广置产业、富贵而骄呢？这只能让你们养尊处优，无有忧患，安于现状，不思进取，对你们的将来，这才是真正的祸患，我怎忍心这样做呢？还望你们明白此中道理，不要再怨怪我了。”

家人深受教育，妻子也理解他了。岑文本特别高兴，他说：

“我不置产业，是以子孙为业，这才是最值得炫耀的。”

他这般清醒，唐太宗也对他另眼看待，宠幸不衰。岑文本死后，朝廷又给他在帝陵陪葬的崇高荣誉，以示褒奖。到了唐睿宗时，他孙子一辈的人中，位居高位的达数十人之多，是当时最显赫的家族之一，备受世人的艳羡。

原文

官无定主，百变以悦其君。

译文

官位没有固定不变的主人，用机智多变取悦他的君主。

释评

俗话说，一朝天子一朝臣。在风云变幻，复杂多事的官场，要想屹立不倒，保享荣华，几乎是不可能的事。不同的君主和上司，他们的性格、爱好、主张都是不同的，何况去旧纳新，任用私人，又最为新主子所奉行。如此难为之事，历史上偏偏有“不倒翁”屡屡打破这一惯例。他们不仅没因时代的变迁而被淘汰，还每每更进一步，因祸得福，令人惊羡。其实，此中的秘密也不难破解，那就是一个“变”字。他们没有固定的政治立场，一切以私利的得失为自己的行事标准。对于是非善恶，他们是不加理喻的，无论谁当了他的主子，他都百般奉迎，竭尽讨好。这方面的功夫，他们又最为了得，得心应手，并不乏一些聪明机智。这在喜欢奉承，好大喜功的主子看来，他们如此乖顺、善解人意，不喜欢他们都难了。

【事典】荣宠不衰的叔孙通

秦始皇时，叔孙通以博士的头衔为秦朝效力。他见始皇帝残忍暴戾，便事事不去争先，唯恐风头盖过了自己的同僚。他的一位好友不以为意，劝他说：

“国家一统，我等博学之人，怎能不求上进、畏畏缩缩呢？再说，争强好胜、不甘人下始终是你的性格，你变成如此模样，却是为何？”

叔孙通被逼无奈，方道：

“始皇帝刚愎自用，自以为能，我看他并不是真正看重我们读书人。如此一来，我又怎敢以博学炫耀呢？倘若有变，那注定是要遭殃的。”

他的好友认为他胆小怕事，不堪为友，便断绝了和他的往来。叔孙通叹息过后，比先前更谨慎了，索性和别的朋友也少有交往。他的小心没有白费，秦始皇搞焚书坑儒，坑的博士人数多达四百六十余人，他却幸免于难。

秦二世时，陈胜、吴广造反之后，秦二世为此召来叔孙通等一帮博士相商。那些博士七嘴八舌，纷纷劝说秦二世武力讨伐，还各出奇计，互不相让。

叔孙通冷眼旁观，见秦二世眉头紧锁，越听越是脸色阴沉。他略一思忖，便知秦二世自欺欺人，他是不肯承认百姓会起兵反对他。他于是上前，故作高声说：

“有人造反？这纯是谣传，谁会相信呢？皇上圣明，恩泽惠及天下，官吏勤政，百姓人人自安。即使有些鼠窃狗偷之徒，当地的官吏也早将他们捕杀尽了，还用我们多此一举吗？”

此语正中秦二世的下怀，他怒喝着将说是造反的博士们押下法办，掉过头来，他笑脸重赏叔孙通，还让他官升一级。

有人怪他不顾事实，只是献媚，他长长一叹说：

“保全富贵，怎能无所变通呢？皇上昏庸，不喜真言，我只好如此，岂是我的本意？”

他看出秦二世已不可救药，便于当夜逃出咸阳，投奔到陈胜、吴广那里了。

陈胜、吴广失败后，他又先后投奔过项梁、义帝、项羽，最后才投靠到刘邦的门下。由于他善于投机钻营，随机应变，这些完全不同的主子，他都能侍奉得周到如意，人人赞赏。他自己也捞得荣华不衰，富贵常在。一直到汉惠帝时，叔孙通仍是朝中重臣，荣宠不绝。

原文

君有幸臣，无由亦须结纳。

译文

君主都有宠幸的臣子，没有什么原由也必须和他们结交来往。

释评

官场中人，为了保住自己的权位，和各方面的关系都要搞好，这不仅是必要的，也是由官场复杂性所决定的。讨好君主固然重要，君主宠幸的人也必须交结。他们在君主面前说一不二，很有发言权，倘若把他们得罪了，他们日夜在君主面前进谗，即使君主再信任你，日久也会动摇的。何况君主宠幸之人，大多是贪婪谄媚之徒，如若舍些钱财，自会把他们的嘴封住。他们纵是不说好话，只要不构陷于人，也会少生事端，免却很多不必要的麻烦。这是固荣保宠防患于未然的方法，其效用是长远的，不容忽视。

【事典】行贿的杜预

杜预是西晋初年的名臣，他力主伐吴，又领兵攻克江陵，在西晋统一大业中居功至伟，深得晋武帝的宠信。他著有《春秋左氏经传集解》，由于他文武全才，人称“杜武库”。

令人奇怪的是，似他这样的权臣，每到逢年过节，总要亲自打点礼品，给晋武帝身边的宠臣送去。还附上他亲书的慰问信，信中谦恭已极，不时有肉麻的吹捧。

杜预的家人大为不解，对他说：

“大人位高权重，并不有求于他们，这般无由送礼，还无端致书，大人何必这样呢？你莫非怕了他们不成？”

杜预厉声斥责他们，并不作答，家人对他的怨怪之心越来越重了。

一次杜预到外地办事，他又采买了许多贵重的礼物，随行的亲信见他又要送礼于人，于是大着胆子说：

“大人自贬身价，送礼给那些无用之人。我们都为大人不值啊。大人怎会干这种吃亏的事呢？”

杜预哈哈一笑，他说：

“在你们眼里，只有皇上才有用，是不是？你们大错特错了。”

他随后耐心解释说：

“我无求于他们，我只是怕他们无端陷害我呀。他们虽是官阶不高，可他们深受皇上宠幸，万一说起我的坏话来，皇上能不信吗？现在没事的时候，我不与他们套交情，一旦他们认为我不屑和他们来往，弄出事来，到那时我就是花上再多的钱财也无用了。”

杜预的随从不禁叹服说：

“大人如此慎重，深谋远虑，我们哪里想得到呢？”

晋武帝后来耽于玩乐，日渐昏庸。有功之臣每每被人诬告，不胜其苦。他们见只有杜预平安无事，便向他请教此中学问。杜预不肯明说，只暗中指点道：

“得罪人的事，那是不可避免的。只要皇上周围的人为我说好话，为我争辩，那么皇上便只能听到关于我的好话了，我还会有什么麻烦吗？”

其他人受此启发，照此办理，果然风波很快平息。他们向杜预致谢，杜预只说：

“我们的富贵得来不易，凡事都要小心。否则因小失大，那才是最令人痛惜的。”

杜　预

字元凯，西晋名臣，出身于官宦世家。有韬略，虽“身不跨马，射不穿札”，但多次被启用出镇边关。在任期间提出五十多项安边兴国建议，均被采纳。

镜　鉴

不能忽视居上者身边的小人物。

原文

人孰无亲，罪人慎察其宗。

译文

谁都有三亲六故，惩罚人的时候一定要仔细审察他的家族。

释评

俗话说，打狗看主人。封建官场，关系网是无处不在的。如果就事论事，不把此中厉害考虑在内，势必会因此结怨他人，牵一发而动全身。正所谓看人下菜碟，对不同的人，就得区别对待。他本人或不足虑，可他身后的背景却不能忽视。许多人或是刚直不阿，或是失之考察，往往在此致祸。这是封建制度本身所固有的弊端，绝不是几个青天大老爷就能消除的。人们在此谨小慎微，有时故作糊涂，不仅出于无奈，也是出于对自身的维护和对富贵的保全。

韩安国

字长孺，西汉大臣。文精武备，能言善辩，初为梁孝王大夫，七王之乱时，始闻名于当世。武帝时，任御史大夫。后，匈奴入侵，韩安国兵败，被掳千余人，抑郁而亡。

镜　鉴

打狗不可不看主人。

【事典】韩安国的判词

汉武帝时，大臣窦婴和丞相田蚡发生争执，起因竟是要不要给灌夫将军定罪。这本是小事一桩，只因双方身份特殊，牵扯面广，竟惊动了汉武帝，决定将此事在朝堂上公开议处。

朝中大臣齐聚殿上，却没有人抢先评判是非。他们知道，窦婴是武帝的表舅，他的姑姑便是武帝的祖母窦太皇太后。田蚡也是个厉害角色，他是武帝的亲舅舅，他的姐姐是武帝的母亲王太后。他们都是皇亲国戚，谁又能惹得起呢？只怕一言不慎，就要人头落地了。

汉武帝见众人无言，很是不快，他鼓励臣下说：

“国有国法，你们但可直抒胸臆，以法论断是非。至于言语之间，有何不当，我一律不加怪罪。”

皇上虽有此说，众大臣还是无人相信，只是沉默。汉武帝急了，他指名让掌管监察、执法之事的御史大夫韩安国发言，还警告他说：

“这是你的职责所在，别人不肯先说，你应该为人表率。此事若议不出个明确结果，唯你是问。”

汉武帝声色俱厉。韩安国上前叩首，心中却是加紧盘算如何作答。他知道此案错在田蚡，分明是他挟嫌报复，窦婴并无过错。可是如今太皇太后已死，窦婴也失势免官在家，若是据实以答，势必得罪如日中天的田蚡，这是万万不能的。若是当面向着田蚡说话，也是不妥，谁知道窦婴日后会不会东山再起呢？

韩安国左思右想，很快镇定下来，他决定双方都不得罪，于是说：

“灌夫乃是一个武夫，窦大人和田丞相为此争执，臣下以为太不值了。若是非要辨出个是非，那也只是灌夫一人的过错。窦大人说灌夫为国立有大功，只是酒后乱性，不必处死，这话是正确的。田丞相说灌夫素有劣迹，欺凌百姓，横行无忌，这也是实情。皇上英明睿智，臣下不敢专断；此事又关及皇上的至亲，臣下以为此乃皇上的家事，别人怎能过问呢？”

韩安国此言一出，众大臣似被点醒，纷纷以皇上家事为由，请皇上明断。汉武帝自度此言有理，也就不难为众人了。结果还是后来者居上，窦婴、灌夫被处死，田蚡占尽了上风。不久，田蚡终因作恶多端，惊恐而亡。韩安国由于自己的“聪明”，不仅保住了富贵，毫毛无损，还受到了汉武帝的嘉奖，日后又屡有升迁，荣宠日隆。

原文

人有贤愚，任人勿求过己。

译文

人有贤明和愚蠢之别，任用人不要要求他们的才能高过自己。

释评

权力是荣华富贵的基石。没有了权力,荣华富贵便无从谈起;即使家财无数,也只能算个土财主,家财也没有根本的保障。所以对掌权者而言,他们无不是为了永享富贵而力保权位不失。这其中,那些碌碌无能之辈,窃居高位,便不惜置国家的利益于不顾,在用人上故意选用那些无才无德的人,作为自己的助手和手下,以便易于驾驭,对自己构不成威胁。否则,在这些人眼里,手下人如果高过自己,比自己还精明,自己便有被取而代之的危险了,这是必须要防范的。

【事典】孙近的意外升迁

宋高宗时,孙近在朝中只是个小人物。他才学不佳,为人卑鄙,只有一副贱骨头,所以人多不齿。正直之士更是屡屡上书,请求把他逐出朝廷。

孙近对此并不担心,反而加紧巴结当时的宰相秦桧。孙近的家人劝他不要痴心妄想,还对他说:

"人人都看不上你,何况是宰相大人呢?你还是另想办法吧。"

孙近别无所长,对秦桧的了解却超出常人,他胸有成竹地说:

"秦桧其人,任人唯亲,嫉贤妒能,只要对他忠心报效,卖身投靠,他是无不欢迎的。如果我才能出众,颇有人望,在他那里,就不是什么优点了。似我这般,他才是最放心的。"

孙近为了讨好秦桧,每逢秦桧的卖国主张遭到群臣的反对时,他总是第一个表示拥护,还多次和群臣争辩,几次竟被群臣打伤。有人说他是秦桧的死党,他还矢口否认,只说:

"秦丞相智谋高远,岂是我等小辈所能体悟?他们不识大体,侮辱丞相,我实在看不过,出于道义才仗义执言。如果秦丞相有什么过失,我是一样会指出来的。"

孙近的所做所为,明眼人一眼便可看出他的真实嘴脸,秦桧自不例外。好在有此人相帮,他倒少了许多麻烦,心中不禁看好了他。为了稳妥起见,秦桧在一次朝堂上故意羞辱他,以看他是否绝对服从,安全可靠。秦桧先是嘲笑了孙近的相貌丑陋,接着阴声怪气地说:

“孙大人如此模样，纵有大才，也不配在朝伴君，孙大人何不速速请辞呢？”

满朝文武俱是起哄附和，孙近察颜观色，认定秦桧是在试探自己。为表忠心，他当场就写请辞报告，亲手交给了秦桧。

回到家中，孙近的家人无不埋怨于他，孙近却不紧不慢地说：

“我的官运来了，何来愁苦呢？秦丞相有此动作，想必青睐于我，又心有余悸，故出此策。我不违于他，且在大庭广众之下，他定会再无顾虑了。”

过了几日，没有任何动静，孙近也不免有些忐忑不安。这日上朝，孙近心事重重，忽听皇上颁下圣旨，竟是宣布让他当了副宰相。不仅孙近疑是听错，朝中大臣也不敢当真，呆若木鸡。此时秦桧便越众上前，对众人解释说：

“孙近为官不求进，任事不求功，皇上念其忠心为国，故有此旨。老夫得此强助，也是深感欣慰。”

秦桧说罢，心中很是快意。原来皇上曾提出几个副宰相人选，秦桧都以为他们才能卓越，生怕由此显出自己的无能，更怕他们和己争权，所以才把孙近推出，在皇上面前极尽美言。有了秦桧的坚持，皇上又依赖宠幸于他，便只好答应了。倒是孙近捡了个大便宜。如此高位他想都没有想到。秦桧的苦心却也见效，孙近从此唯秦桧之命是从，奴颜婢膝，绝不争权，秦桧大权独揽，更无后顾之忧了。

原文

荣所众羡，亦引众怨。示上以足，示下以惠，怨自削减。

译文

显达为众人所羡慕，也能引发众人的怨恨。对上司要表示心满意足，对手下要施以恩惠，怨恨自然就会减少了。

释评

荣宠带来的负面作用是不可低估的。它一方面树大招风，易招人陷害；另一方面，会让上司有所猜疑，动摇根本。这两方面解决不好，荣宠就会随时失去，直至家破人亡。有此原因，聪明的人便不会高枕无忧了，他们先是对上司表示再无进取之心，以打消上司尾大不掉的担忧。后是广结人缘，让自己的手下也能得到一些好处和实惠，不让他们因为忌恨自己而有非分之想。这样做是必须的，也是讲究手段和方法的。荣宠取之于上，荣宠依赖于下，它绝不是孤立的。同样，好的手段和巧妙的方法，也不是直来直去就能相比的。它能使人不露行迹，直指人心，从而收到最佳的效果。

【事典】以退为进的韦世康

隋文帝时，韦世康在吏部任职，他性格沉稳，对上恭敬，对下礼遇，凡事从不造次，必深思熟虑方付诸行动，故而深得隋文帝和众大臣的好评，朝中历次大的风波都没有波及他。

更绝的是，韦世康每每在别人称颂他时，莫名其妙地递上辞呈，且态度坚决，毫不留恋。隋文帝十分信任他，坚决不许。一次，韦世康被皇上嘉奖之后，他又故技重施，递上请辞报告。隋文帝不解地问：

"你屡次求退，可是我慢待了你吗？"

韦世康连称不敢，只道：

"皇上宠幸于我，小臣万死不能相报。只是小臣荣宠在身，怕遭人怨怪，无端进谗，到时皇上就要大伤脑筋，岂不是小臣的罪过？还不如早退的好。"

隋文帝见他说得一片挚诚，深为感动，自是百般劝慰。

韦世康的儿子贪恋富贵，生怕父亲真的弃官不做，自取其苦，他便对父亲说：

"人没有甘受贫穷的，父亲怎会屡屡请辞呢？父亲就是真的辞官不做，难道就会平安无事了吗？只怕到时沦为平民，更会任人宰割，祸事横生了。"

韦世康听之不语，良久方道：

"为官的学问，岂是你所知晓的？你只见富贵的好处，却见不到富贵的坏处。我每进一步，官升一级，虽是风光，却也离凶险更近了。人们的忌恨也多了，这些都隐藏在人们的笑脸背后，看不到这些，日后必有祸患，我这是在尽力补救啊。"

韦世康的下属，起初对他十分畏惧。韦世康不苟言笑的作风，使得他们心有所忌，难得坦诚相见。韦世康在一次皇上奖赏之后，用全部赏金筹办礼物，还设宴招待他们，他在宴会上说：

"皇上奖赏于我，这不是我一个人的功劳，各位办事尽力，荣誉应该属于大家。礼物大伙分了，万勿推辞；我们今天一醉方休，不醉不归。"

他故意喝得酩酊大醉，和下属不拘礼仪，尽情调笑。赴宴的人们感其恩惠，对他多了许多亲近。以后办起事来，不仅尽心尽力，还主动献计献策，为韦世康赢取了更多晋身的资本。

当时天下共设四个总管，隋文帝的三个儿子各居其一。荆州总管出现空缺，因为这个位置十分重要，一时朝中大臣人人欲得，争夺得十分激烈。最后，隋文帝还是选择了韦世康担此重任。他的理由倒也简单，他在宣布此决定时，公开说：

“韦世康屡屡求退，可见其毫无野心，值得信任。他不慕权势，自会把心思全用在政事之上，又有谁像他这样呢？你们若是不服，自可站出来一辩。”

当时群臣皆三呼万岁，没有人敢提出异议。他们暗中自比，也自愧不如韦世康，更没有勇气出头了。

原文

大仇必去，小人勿轻，祸不可伏。

译文

大的仇人，一定要铲除，无耻小人不要轻视，祸患就不能隐藏。

释评

荣宠之人，最易忘乎所以，放松警惕，从而让别人有机可乘，借以攻击。这其中，他的仇人和那些小人最需小心防范。仇人无时不想置他于死地，他荣宠日深，仇人愈是愤怒，愈是加快了他复仇的步伐；也易给仇人抓住把柄，授人口实。小人更是难缠，他们忌恨心最强，也最没有心肝，也许你不小心一句话刺伤了他，他便会不顾一切地诬告你，陷害你，令人真假难辨，不得安宁。仇人不除终是祸患，轻视小人往往阴沟里翻船，历史上许多大人物命丧于此，这方面的教训是深刻的。

【事典】告发英布的小人

汉朝立国后，韩信、彭越先后被杀，淮南王英布大为恐慌。为防不测，他暗中又布置军队多方打探，唯求自保。

英布紧张忙碌之时，他宠幸的一个姬妾偏偏病了，便出宫就医。不巧的是医生家的对门就是英布的近臣贲赫的家，贲赫于是趁机对那位姬妾大献殷勤，不仅多有馈赠，还留他在医生家里一同饮酒。

那位医生生怕英布怪罪，遂劝阻贲赫说：

"淮南王素来疑心极重，如今你不避嫌疑，和他的姬妾来往，不是自找麻烦吗？一旦有事，只怕我们都性命不保了。"

贲赫是个十足的小人，他早就贪恋那位姬妾的美貌，又自忖英布自顾不暇，遂威逼医生不许多言，他还恐吓医生说：

"如今淮南王军务繁忙，不日内将有大事发生，此等小事，他都交付我来办理。你若胡说八道，我第一个便拿你治罪。"

医生畏惧他的权势，只能听之任之，不敢多说一句。

贲赫的取悦，使那位姬妾很觉受用，回去之后便在英布面前夸奖他。英布暗觉可疑，嘴上不说，却暗中派人跟踪她。这日他们又在医生家饮酒，那位探子便回报了英布。

等到姬妾回来，英布立时发作起来，他骂姬妾不忠，更要派人逮捕贲赫。那位姬妾于是哭诉道：

"我们之间，绝无苟合之事。我见他是大王的近臣，大王眼下又是用人之际，故而虚与委蛇，以为大王收取人心。大王倘若横生枝节，不仅玷污了贱妾的清白，对大王声誉有损，也会逼迫他狗急跳墙，干出意想不到的事来，这对大王又有什么好处呢？"

好说歹说，英布总算暂压怒气，没有立即动手。贲赫得此讯息，因心中有鬼，便马上逃了出来。为了报复英布，献宠邀功，他直奔刘邦那里，告英布谋反。英布一知此事，怒骂贲赫不止，无奈被迫起兵，最终惨败身死。

英　布

英布，秦末汉初名将，因受秦律被黥，又称黥布。初属项羽，为霸王帐下五大将之一，被封为九江王。后叛楚归汉，被封为淮南王。与韩信、彭越并称汉初三大名将。

镜　鉴

宽恕小人就是为自己掘墓。

原文

喜怒无踪，慎思及远，人所难图焉。

译文

高兴和愤怒的心情不露踪迹，谨慎思考放眼远处，人们就很难图谋他了。

释评

荣宠不衰，始终是对智者的奖赏和对有心人的回报。无论此道成功者手段如何，他们有一点是共同的，那就是从大处着眼，且不动声色，人所难察。他们行事看似平平无奇，有的甚至遭来非议，可一旦显出功效，众人就只能叹服了。他们这种“察往知来”的能力，非常人能有，他们的荣宠也就非常人能比了。城府极深，也是必不可少的。凡事若是人人猜得，心事若是人人看透，他们的计谋就失去了价值；他们的用意若毫无秘密可言，自会失去功效。

【事典】文彦博的多虑

宋仁宗时，文彦博和刘沆同为宰相。刘沆为人奸恶刻毒，时刻想把文彦博扳倒，以便独掌大权。

文彦博心知刘沆的为人，表面上却和刘沆称兄道弟，甚为亲近，如同知心朋友一般。不明真相的正直大臣，多次提醒他小心刘沆，文彦博不仅当面拒绝，说他们挑拨他和

文彦博

北宋政治家。祖上数辈受封荫，曾祖、祖、父分别被封燕国公、周国公、魏国公。文彦博子孙，数人入朝为官，皆历要官。文彦博本人亦历四朝，任将相50年。

镜　鉴

城府和远虑是为官者安身立命之本。

刘沆的关系,还故意将此事告知刘沆。刘沆窃喜,甚为得意。

晚年的宋仁宗精神错乱,癫狂发作,为此人人紧张。这日文彦博留宿宫中,就是因为仁宗发病,他要处理紧急事务,以防有变。文彦博高度紧张,不想还是半夜有人叩打宫门,来人竟是开封知府王素,说有要事求见。

文彦博思虑再三,为防不测,还是拒绝马上与之相见。第二天一早,他才向王素问明情由。原来昨天夜里有一名禁卒告发禁军头目要谋反起事,王素不及细问便向文彦博禀报了。

文彦博考虑多时,不顾众大臣的建议,坚持不轻意抓人。他对众大臣说:

"皇上有病在身,此时若是不辨真伪,轻信他人,一旦事态失控,人人自危,便是大错铸成,无法挽回了。"

他找来禁军总指挥许怀德,调查那个禁军头目的底细。许怀德深知那人为人忠厚,绝干不出此事,便以人头做保,保那人的清白。文彦博深信许怀德不会做假,为了煞住诬告之风,安定人心,他建议将那告密的禁卒斩首。

众人无有异议,刘沆更是极力赞成。文彦博于是签署行刑命令,随后又让刘沆签名。刘沆双手一摊,推辞说:

"文大人昨日当值,此事又是文大人一手经办,我怎会和文大人抢功呢?这个名我是不能签的。"

文彦博脸上作笑,连道:

"你我同为宰相,又情同兄弟,何分彼此?有功独享,我是万万不能的。"

他连抓带扯,直到让刘沆签了名了事。

事后有人埋怨文彦博,说:

"你太抬举刘沆了,你这是为什么呢?"

文彦博只以好言应付,却不说出真意。果然,文彦博的多虑派上了用场。不久,仁宗病情好转,刘沆便诬告文彦博在皇上生病期间,擅自将告发谋反之人斩首。意在暗示文彦博纵容造反者,甚至是造反者的同谋。

仁宗皇帝十分震惊,特传文彦博前来询问。文彦博当日让刘沆签名,便是预料到会有今天了,他不慌不忙地拿出有刘沆签名的行刑命令,请仁宗过目。仁宗看罢,这才打消疑虑,刘沆的图谋也彻底落空了。

【保身卷】第七

世之道，人不自害而人害也；人之道，人不恕己而自恕也。君子惜名，小人爱身。好名羁行，重利无亏。名德不昭，毁谤无损其身；义仁莫名，奸邪不以为患。

阳以赞人，置其难堪而不觉；阴以行私，攻其讳处而自存。庶人莫与官争，贵人不结人怨。弱则保命，不可作强；强则敛翼，休求尽善。罪已宜苛，人怜不致大害。责人勿厉，小惠或有大得。恶无定议，莫以恶为恶者显；善无定评，勿以善为善者安。自怜人怜，自弃人弃。心无滞碍，害不侵矣。

本卷精要

君子惜名的个性，实是他们致祸的根源所在。

保身之道,重要的是不树强敌,成为众矢之的。

软刀子杀人往往最见奇效。

在无力抗辩的情况下,主动承认错误，甚至违心地认下罪名,不失为摆脱厄运、获得新生的一条途径。

人不会永远处于顺境，考虑到这个现实,有远见的人便事事留有余地。

原文

世之道，人不自害而人害也；人之道，人不恕己而自恕也。

译文

世间的道理，人们不伤害自己却遭到别人的伤害；做人的道理，别人不原谅自己而自己却能原谅。

释评

保身立命，不遭祸事，对天理人常、人情世故是不能不有所了解和体悟的。这是人们为人处事的理论基础和行动指南，也是检验一个人是否真正成熟的标志之一。它对人的影响是巨大的，方方面面都可找到它的影子。从这个意义上讲，探求人们的保身之道，我们绝不可只见其行，停留在表面观察；我们更要审视其行的内在原由，挖掘出其思想真谛。这样，我们才能真正有所见识，进而为我所用，提升保身去祸的能力。

【事典】有官不做的王恽

元朝初年，奸臣卢世荣为元世祖宠信，风光无限。卢世荣家每日都聚集着求见、巴结他的人们，有的人甚至以见过卢世荣一面为荣，四处夸耀。

王恽学识广博，闲居在家。卢世荣不知从何处听得王恽的大名，竟一反常态，这日亲派自己的亲信主动上门，拜见王恽。

王恽不知来者何意，招呼那人落座之后，他冷冷地说：

“草民蒙卢大人厚爱，愧不敢当，如若有事，但请直言吧。”

来人先是一笑，后又恭喜王恽，口道：

“先生大材之身，岂能埋没乡间呢？卢大人惜才重义，已向皇上保荐先生为左司郎中，先生即可马上赴任了。”

他本想王恽必是感恩致谢，喜不自禁。待见王恽脸有不喜，眉头频皱，却是暗自心惊了。他沉吟片刻，又补充说：

"卢大人位高权重,别人想见一面都是难事,哪有先生这样的幸运呢?先生若是和卢大人同朝为官,前程怎可限量?这是天大的好事,先生还犹豫什么呢?"

王恽至此面上作笑,方说:

"大人有所不知,草民浪得虚名,素来不问世事。卢大人垂爱有加,草民感激不尽,无奈闲云野鹤之身,如何受得了朝廷拘束?卢大人的美意,草民只能心领了。"

来人劝他多时,王恽就是不肯。来人走后,王恽的妻子儿女同声埋怨他,说:

"你平日口口声声说有志难酬,心有不甘,如今大好机会,你却轻轻放过,真是太可惜了。聪明人怎会干这等傻事呢?"

王恽耐心解释说:

"天下之事,总有它的内在之理。好事临近,若不冷静对待,也会迷途失陷。人们只见利,不见害,只看表,不看实,因此招祸的事还少吗?我不答应卢世荣之请,就是在此有所权衡,不想自身有失啊。"

王恽的家人非但不解,还反问他说:

"卢世荣是皇上宠信的近臣,又是他主动上门相邀,又有什么可担心的呢?你怕这怕那,还会有出头之日吗?"

王恽听此摇头,分析说:

"能力不足而担任大事,靠盘剥众人而利自己的人,向来是不能保全的。卢世荣无才无德,献媚讨好是他唯一的本事,他虽窃取高位,可这岂能长久?我若依附于他,他日他倒台之时,我岂不要倒大霉吗?"

王恽态度坚决,家人见无法相劝,心中只能暗暗着急。

卢世荣后来又多次派人相请,王恽都婉言谢绝了。此事传遍乡野,人皆为怪,更多人认为他不识时务,太过疯傻。王恽对此付之一笑,只说:

"用不了多久,他们就会明白我的心思。"

过了不长时间,卢世荣果然事败被杀,依附他的人也一一获罪。消息传到王恽那里,他不惊不怪;他的家人庆幸之余,也不得不佩服王恽的远见了。

原文

君子惜名，小人爱身。好名羁行，重利无亏。

译文

君子爱惜名誉，小人爱护自己。喜好名誉就会束缚人的行为，重视利益就不会吃亏。

释评

君子和小人，从保身的实际效果看，君子是不如小人的。撇开具体的好坏不谈，小人无论在哪里，他们的处境似乎都比君子顺畅，活得也比君子滋润。君子害小人难，小人害君子易。历史上的小人，常常兴风作浪，好事占尽，而君子却屡遭陷害，霉运当头。这一切，君子惜名的个性，实是他们致祸的根源所在。由于珍视名誉，他们才不同流合污，不媚上邀宠，不徇私枉法，不不择手段，如此一来，他们的行为都被束缚住了，什么都变得堂堂正正、合情合法，这在封建专制时代怎能行得通呢？与之相反，小人之举却正合其道，凡事以不吃亏为前提，一切以保身为首要，这就难怪他们在此有成了。

【事典】惹火上身的盖宽饶

西汉宣帝时期，司隶校尉盖宽饶是个难得的君子。他刚正耿直，惜名如金，不畏权贵，任何人犯在他的手里，他都毫不通融，依法治罪。

司隶校尉负责察举百官和惩治犯罪，他的前任们因徇私舞弊，卖弄人情，都得以致富、官运亨通。这本是个肥差，也是晋升的阶梯，可盖宽饶却因结怨公卿显贵，久不升迁，清贫依旧。他虽时有牢骚发作，却不改君子之风，依然故我。

盖宽饶的好朋友王生为此写信给他，苦口婆心地对他说：

"当个君子的难处，就在为世不容。官场之上，更容不得君子了。君子百姓敬仰，小人却怨恨入骨，何况官场中小人甚多，他们以你为敌，百姓又帮不了你，你的处境还好得了吗？按理说你既身在官场，就该遵循为官之道，以明哲保身为要，不该妄求君子之名，可你一味固执，火中取栗，我真为你担心啊。大丈夫立世应有所变通，切不可逆流而上。这是人人都该坚持的保身之道，你也不能例外。若再继续下去，像你这种人有好结果，我是不敢想象的。"

这封书信盖宽饶反复观看，因为说到了痛处，他洒下了热泪。他大哭了一场，有心稍作变通，可一旦遇事，他嫉恶如仇的个性便又凸显出来，令他不屑做那小人勾当。

他一次应皇后之父许广汉的邀请，去其新居赴宴。其间，他见前来捧场的满朝公卿个个喝得东倒西歪，口出秽言，但觉十分厌恶。九卿之一的檀长卿更是丑态不堪入目，他竟学着猴狗相斗之状，逗人发笑。盖宽饶忍无可忍，他举目向上，目视屋顶，旁敲侧击地大声说：

"人生富贵，不过是过眼烟云，难道真的让人失去理智，无所顾忌？你们诸君现在快乐已极，肆无忌惮，可要当心好景不长，乐极生悲呀！"

一语既出，众人皆怒目相向，心中暗骂。盖宽饶不辞而别，随后又向皇上奏明此事，请求严办檀长卿的无大臣礼仪之罪。许广汉为檀长卿说情，皇上没有追究。满朝文武闻知此事，更增添了对盖宽饶的怨恨。

汉宣帝重用宦官，对他们言听计从，人们虽有不满，为求自保，却是无人进言。盖宽饶与众不同，他大胆上书，仗义直言，言辞颇有过激之处。汉宣帝被其激怒，说他诽谤朝廷，目无君主，将他逮捕。那些大臣们幸灾乐祸，这会纷纷落井下石，竟诬称他要谋权篡位，极力主张将他处死。可怜盖宽饶的亲戚朋友四处求人帮忙，竟是无人肯助，还出语说：

"盖宽饶常以君子自居，天下有谋反的君子吗？他这个人早该有些报应，老天也不会救他的。"

盖宽饶又悲又恼，只怪苍天无眼；他放声哭过，愤然自杀。

原文

名德不昭，毁谤无损其身；义仁莫名，奸邪不以为患。

译文

名望和德行不显示，诽谤就不能损害他本身的清誉；义气和仁德不占有，奸诈邪恶的人就不会把他视为祸患。

释评

保身之道，重要的是不树强敌，成为众矢之的。此节往往为人忽视，遂在不经意之间，为自己埋下莫大的祸殃。德高望重，好仁重义，这本是人们追求和崇尚的良好美德，可在小人的眼里，便是格外刺眼，以之为仇。他们欲要成其好事，是必要陷害有此美德之人的。即使这人与他们无冤无仇，甚至素无瓜葛，心理使然，他们也照做不误，以之为快。这就让人无形之中多了许多敌人，却是难以防范。所以保身有道者，不显山，不露水，不刻意追求这些；有了大名也自我压抑，自掩其美。

颜真卿

字清臣，京兆万年人。开元间中进士，安史之乱，抗贼有功，入京历任吏部尚书，太子太师。德宗时，李希烈叛乱，赴敌营招降，被缢杀，终年77岁。颜真卿的书法独具一格，被后世称为“颜体”。

镜　鉴

名誉太高、威望太重也会招至灾祸。

【事典】颜真卿之死

唐玄宗曾对颜真卿有过高度的评价，说他忠贞第一，勇气无双。安史之乱时，河北二十余郡纷纷投降，只有他誓死抗敌，坚守平原郡，给天下人作了最好的表率。到了德宗朝时，他已是几朝元老，德高望众更是无人可比，名重天下。

其时奸相卢杞把持朝政，他任人唯亲，横行不法，欺上瞒下，可谓坏事做绝。颜真卿年老多病，此刻也多不理事，何况他还是卢杞之父的好友，以常理推断，卢杞不该陷害他了。事实却恰好相反，卢杞见了他就不自在，总有自惭形秽的感觉；面子上还要对他敬重，做起事来唯恐让他知晓。他自觉行奸不便，又怕颜真卿坏了他的好事，便时刻想把他除掉，一劳永逸，永绝后患。

藩镇李希烈起兵反叛，声势浩大。德宗惊慌失措，问计于卢杞。卢杞趁此时机，竟推举颜真卿为宣抚使臣，前去收服李希烈。他为此诡辩说：

“颜真卿为我朝重臣，人人敬仰，鬼神不侵，他若亲往招抚，宣示陛下恩德，那是一定会成功的。如此不动刀兵，叛乱自息，自是上上之策了，请陛下速下旨意。”

这种毒计，昏庸的德宗毫无所察，随即叫好。此命一出，朝中大臣人人震惊，有的人还上书德宗，请他收回成命，不要让颜真卿前去赴死，枉送性命。

卢杞对众大臣极力打压，他还一再暗示德宗，颜真卿若是拒绝不去，定是和大臣们串通生事，置国家存亡于不顾。德宗听信此言，更是下令让颜真卿速速成行，不得有误。

如此形势，颜真卿只得从命。他对劝他莫往的大臣们说：

“这是为我的名望所累呀，小人害人真是无所不至了。皇上既有此命，国事又实是危急，纵是如此，我也义无反顾了。只恨我无法戳穿小人的奸计，却要遂其所愿！”

众大臣泣不成声，眼巴巴看他自送虎口，却爱莫能助。

颜真卿一入李希烈的大营，便被李希烈威逼利诱，受尽污辱。颜真卿见其不可理喻，遂抱定必死的决心，怒骂声声，直斥其奸。李希烈收买不成，恐吓无功，招法用尽之后，残忍地将他杀害。

原文

阳以赞人，置其难堪而不觉；阴以行私，攻其讳处而自存。

译文

表面上赞美别人，让他难以忍受却不知真意；背地里为达私利，攻击他最忌讳的地方而保存自己。

释评

软刀子杀人往往最见奇效。它既可置敌于死，神不知鬼不觉；又可不落恶名，让自己得以保全。凡事都没有无缘无故的，如果夸大其词地赞美他人，故意拔高到人所不及的程度，实质上这只能让他突显缺处。正所谓捧得越高，摔得也越重。这种招法有很大的隐蔽性和欺骗性，其杀伤力也是惊人的，人们往往为其迷惑而中计。同样，背地里的一套，最能显现一个人的真正面目。阳奉阴违的人，总是表里不一，私下阴毒得很。他们挑别人最忌讳的地方下手，集中火力，大肆诬蔑，往往能击中要害，效果立见。

【事典】不进谗言的王夫人

汉景帝的妃子王夫人，是个很有心计的人。她生有儿子刘彻，只因栗姬之子刘荣是景帝的长子，立太子在先，她便为此日夜忧虑不安，食不甘味。

王夫人的家人一次进宫探望她，见她憔悴日甚，心事重重，担忧地问：

“娘娘可是病了吗？若未生病，你养尊处优，怎会如此呢？”

王夫人对家人敞开心扉说：

“我是为我和儿子担心哪，这是我的心病，外人怎会得知呢？”

家人细问之下，王夫人说：

“我们母子时下不错，可若不考虑长远，他日怕是性命难保。栗姬心胸狭窄，为人刻薄，她母以子贵，皇上百年之后，她能容得下我们母子吗？再说宫廷向来倾轧激烈，我儿如今居人之下，到头来只能任人摆布，这更让我担心了。”

王夫人的家人听此连连点头,最后出主意说:

“娘娘为求自保,最好的办法还是让刘彻登上太子之位。不过此事颇费脑筋,娘娘何不向皇上状告栗姬,只要她倒了,皇太子也就保不住了。”

王夫人思忖多时,却说:

“状告栗姬,我意自明,弄不好只能两败俱伤,自讨没趣。栗姬性情火爆,皇上又不喜妃子纷争,我当另想他策。”

此后不久,景帝的姐姐长公主突然说有要事相请王夫人。王夫人来至长公主的府上,长公主对她十分热情,对她说:

“我的女儿今已长大成人,我本想把她许配太子,不想栗姬竟是一口回绝了。我思前想后,你家刘彻当是最佳人选,你可愿意答应这门亲事?”

王夫人一听即喜,计上心来。她知景帝对长公主十分敬重,如今若是和她结亲,以她为援,再加上她对栗姬的怨恨,扳倒栗姬母子就不难了。她痛快地答应下婚事;以后有事无事都到她府中闲聊。如此一来,长公主对王夫人倍感亲近,每每对景帝言及王夫人的好处,又不时说些栗姬的坏话。

景帝渐渐地对栗姬有了疑心,为了考察她的品行,他一日借生病之机,对栗姬说:

“人终有一死,我百年之后,我的那些儿女都要托付你了,你可要视同己出,妥善照顾他们啊。”

栗姬不明其意,她极端自私地说:

“我儿自不待言,可别人就不一样了。他们和我素不亲近,我也没有理由对他们好。”

景帝心底凉透,深恨栗姬薄情寡义,出言斥责。栗姬偏不知好歹,回言顶撞。景帝于是对她怀恨在心,深感厌恶。

王夫人得知此事,暗喜不止。她本想借机向皇上进谗,说些栗姬的坏话,以便趁热打铁,一举把她除去。她考虑很久,最后还是放弃此念,却暗中支使一位朝中大臣上书,请立栗姬为皇后。在她的测度中,此时说栗姬的坏话,以景帝的精明,只会让自己暴露,分散他对栗姬的注意力。如果趁其盛怒,正话反说。景帝必然怒上加怒,此时他最易干出没有理智的事来,以泄其情。这无异于火上浇油,当可置栗姬于死地了。

果如王夫人所料,正在气头上的景帝一见那个请立栗姬为皇后的奏章,登

时怒气攻心,火往上撞。他怒不可遏地吼道:

“如此贱人,偏有人把说得贤惠已极,该当母仪天下,这岂不是天大的笑话!”

他冲动之下,不仅杀了那个上奏章的大臣,还立时传命废了刘荣的太子之位。栗姬得讯,哭号不止,竟是愤愤而死。

王夫人有此手段,不费多大的周折,目的便达到了。最后,刘彻被立为太子,王夫人也被封为皇后。

原文

庶人莫与官争,贵人不结人怨。

译文

老百姓不要和官府争斗,富贵的人不要轻易和人结下怨仇。

释评

人的地位和处境,直接决定着人们保身的方法和戒律。不同的人,由于他们面临的危险和对象不同,因而对他们的要求自然有异。老百姓身处下位,官府是他们的命运主宰者,无论老百姓有何道理,在官府那里都是另一回事了。它们操持生杀大权,一切政策法规由其解释和具体执行,和它们斗,怎能有胜算呢?同样,富贵之人虽有权有势,但在仇人的眼里,这些也不值得畏惧。一旦他们舍生忘死,拼起命来,谁都招架不住。狗急跳墙,人急走险,何况富贵无常,如果他失权失势,仇人便会疯狂报复;倘若再落入人手,他就只能是死路一条,且要付出百倍的代价。

【事典】卫瓘的不幸

卫瓘是西晋初年有名的大臣,他性格刚直,处事无私,历任司空、侍中、尚书令等高官显位。

卫瓘由于颇受晋武帝司马炎的信任,每每谈话有些随便。特别是司马炎将他的白痴儿子司马衷立为太子，卫瓘对此大为忧心，屡屡劝谏司马炎另立太子。

卫瓘的儿子卫恒，生怕父亲为此结怨他人，于是对父亲说：

"父亲不要多管闲事了。太子之位关系多人的利益，你劝皇上废去太子，他们能不恨你吗？此事是成是败，父亲都是不会得到任何好处，何必自找麻烦？"

卫瓘以国家的大义教育儿子，仍是劝谏不止。为此，太子的妃子贾南风对他恨之入骨，把此事牢牢记在心上。

卫瓘对上如此，对自己的属下也公事公办，从不徇私。一次，有个叫荣晦的人犯了过错，卫瓘把他捆了起来，痛斥不已。荣晦苦苦哀求，卫瓘不依不饶，任凭多人为他求情，还是将他痛打一顿，使其多日不不能下床，颜面尽失。

卫瓘的儿子卫恒听闻此事，又对父亲说：

"荣晦又没有太大的过错，何必让他增添对父亲的忌恨呢？你这样事无巨细，犯者必究，怨恨你的人多了，并不是件好事。我请求父亲多为自身着想，再不可这样了。"

卫瓘怒骂儿子不识大体，他说：

"依你之言，我还向他赔礼不成？我行事无私，他纵是恨我，又能把我怎样？"

卫恒不敢反驳，心中只是惶恐不安。

晋武帝死后，司马衷继位，贾南风为后。她早盼今日，一上来便对卫瓘开始报复。她诬陷卫瓘谋反，又派人前去搜捕卫瓘，查抄其家。

祸从天降，卫瓘只认倒霉，却还心存侥幸。当他见朝廷所派的领头者竟是荣晦时，这才暗叫不好，惊恐得手摇体颤。

荣晦一见卫瓘，便阴声怪气地说：

"卫大人能有今日，可谓不幸；偏偏又是我负责此事，可谓大不幸了。你当初得意之际，真是威风八面，铁面无私，哪里想到会有今天呢？"

荣晦恨叫一声，卫瓘无言以对。他哀声对儿子卫恒说：

"悔不听你当初之言，致有今日之祸，又要连累家小，看来我们是死定了。"

荣晦当场就杀了卫瓘的子孙九人，以泄私愤。卫瓘和卫恒被捕入狱，不久一同被杀。

原文

弱则保命，不可作强；强则敛翼，休求尽善。

译文

身为弱者要保全性命，不能逞强显能；身为强者要收敛羽翼，不可求取完美无缺。

释评

以自己的定位和对形势的判断，只有做到准确和清醒，保身的效果才能达到。反之，定位不明，判断有误，常是致险招灾的根苗。人有强弱之分，强弱有转换之时，不同的人群，不同的阶段，所采取的策略都要对症下药，不可偏执。弱者如果强出头，硬逞能，无疑是鸡蛋碰石头，不但毁了自己，也失去了翻身的本钱，是有百害无一利的。反观强者，他们若是一味贪心，永不知足，不适当地约束自己，就会胆大妄为，以至冒天下之大不韪，干下许多蠢事、恶事。结果天理不容、人所共愤，他的地位也就不保，直至最后失去，身死族灭。

【事典】自命不凡的荀瑶

春秋时期，晋国的四大家族把持朝政，国君形同虚设。在荀家、韩家、赵家、魏家四大家族之中，以荀家势力最强。

荀家的族长荀瑶是个贪婪之辈，他自恃兵强马壮，便要吞并其他三家，独霸晋国。荀瑶的谋士认为时机未到，便向他进言说：

“我们现在的强大，还没达到足以把他们三家一举消灭的程度，如果眼下动手，他们联合起来，我们就是弱者了，自保都很难。不如暂缓此事，抓紧扩充实力，到时定可功成。”

荀瑶不听其言,不耐烦地说:

"我们最具实力,人所公认,他们三家若是日后强大起来,我们还有机会下手吗?我不会安于现状,坐失良机的。"

荀瑶于是向三家索取土地,韩、魏两家忍气吞声,不敢有违,赵家却坚决拒绝,不肯听命。赵家族长赵无卹还对手下人说:

"荀家欺人太甚,他们无理索要土地,没有人会真心奉献。我们虽然弱小,只要有所坚持,韩、魏两家一旦态度有变,荀家就不足虑了。"

赵无卹的手下却没有他乐观,其中一人劝他不要孤身犯险,他忧心如焚地说:

"给荀家一点土地,祸患是将来的事;如果马上回绝,祸患立时就会到了。我们现在保命要紧,否则硬打硬拼,我们就会丧失一切,再难图存。"

赵无卹坚持己见,不改初衷。于是荀瑶邀集韩、魏两家共同攻打赵无卹,约定灭掉赵家之后,三家瓜分赵家的土地。

赵无卹节节败退,最后困守晋阳城。晋阳城坚固无比,易守难攻,三家联军围了两年也没有攻下。后来他们改用水攻,掘开汾水的堤防灌城,眼见大水就要淹过城墙的时候,赵无卹派人潜入韩、魏两家军营,游说他们反叛荀家。赵无卹的人对他们说:

"荀瑶恃强凌弱,已非一日。你们恐遭祸患,方才无奈出兵相助。如此一来,倘若赵家灭亡,荀家的势力更强了,你们岂不更会受其压迫?荀瑶志在灭我等三家,退让和忍耐都不是真正的自保之道,与其日夜恐惧被他吞并,何如我们联手,灭此大患呢?"

韩魏两家被说中了心事,反复思量比较之下,他们毅然倒戈,和赵家合力剿杀荀家。荀瑶不料有此突变,猝不及防,军队顿时乱作一团,招架不住。荀家兵团全军覆灭,荀瑶满门被杀,他的族人也无一幸免。

原文

罪己宜苛，人怜不致大害。

译文

责备自己应该苛刻，使人怜悯就不会招致大的祸害。

释评

自处逆境，被人陷害，这是人生中常有的现象，本不足为怪。遭遇如此挫折，聪明的人就要把精力放在大事化小，小事化了上了。如果只是激愤难耐，不思补过，事情便会越闹越大，损及根本。不管有罪无罪，整人者的目的是将人打倒，施以精神和肉体的双重惩罚。在无力抗辩的情况下，主动承认错误，甚至违心地认罪名，不失为摆脱厄运，获得新生的一条途径。你认错了，把自己骂得狗血喷头，不仅证明你失败了，也证明整人者整对了，事情也许就到此为止。否则，你死犟硬辩，不肯低头，在整人者的眼里就是顽抗到底，毫无悔改，他们便会变本加厉，置人死地，再无丝毫手软，后果也会由此更加严重了。

【事典】苏轼的深刻检讨

宋代的大文豪苏轼本是个十分倔强的人，他为人刚烈，不附权贵，出言无忌。由于他反对王安石的变法主张，为朝中新贵们所不容，被赶出朝廷，到外地为官。

苏　轼

字子瞻，眉州人，号“东坡居士”，世称“苏东坡”。苏轼诗文书画俱佳，在文学艺术方面堪称天才。然仕途波折，屡遭贬，晚年遇赦北归，死于途中，谥号文忠。

镜　鉴

贬低自己来满足对方心理，可换取生机。

苏轼本性不改，不时上书朝廷，流露出不满情绪。他还在诗文之中，隐含讥讽，表达他对国事的担忧。

苏轼的举动，新贵们自不能容忍。他们摘取苏轼诗文中的只言片语，附会歪曲，不惜上纲上线，说他诽谤朝廷，竟图不轨，要将他陷于不赦的境地，杀一儆百。

苏轼凛然不屈，他写好了绝命诗，只想舍生取义。苏轼的朋友和家人见此惶急，他们劝说他不可轻生，不如暂时忍下屈辱，以待他日东山再起。苏轼对此淡然一笑，说：

“男子汉大丈夫，死有何惧？要我干这种见不得人的事，我宁愿死去。”

苏轼不肯低头，一般人又劝说不住，所有人都认为他太不识趣，必死无疑了。这时他的一个远方朋友听到此讯，特地快马来见苏轼，一见面便说：

“听说你要自寻死路，还自以为荣，我深以为耻，特来见你最后一面，和你绝交。”

苏轼大惊失色，忙道：

“你我交往多年，情同手足，你怎会也学那小人模样，以至如此呢？”

他的朋友冷冷一笑，说：

“你的行为就是君子所为吗？君子求生，不念己欲，乃为天下。小人求死，不过不忍屈辱，以求解脱。如今你遇到小小挫折，便自暴自弃，反让小人不费手脚，便遂其愿。如此之人，真是枉让天下看重了，你又怎配做我的朋友呢？”

苏轼汗流浃背，立时清醒。他对朋友一躬到底，作谢说：

“如没你点醒，我可真铸成大错了。有何妙法，还请你不吝赐教。”

他的朋友便说：

“以你的名望和个性，只要认错服罪，自责难当，陷害你的人也就满足了。这一点他们万想不到，也会引发他们的怜悯之心，不致对你下那毒手。不过他们是轻易不会相信你的，还需你暂弃脸面，抛开事实，只要不涉谋反，别的你尽可承认下来，深刻检查，万勿浅尝辄止，应付了事。”

苏轼虽觉难为，可是为了保存自己，他便依此行事。审讯他时，他不待人家开口，苏轼就主动招认所有“罪行”了。为了逼真可信，苏轼故意编造有关细节，还特别强调说：

“我在朝廷多年，也未得到升迁，可那些年轻人却比我升官快，捞的油水也比我多，我能没有怨言吗？我说他们坏话，目的就是为了把他们压下去；我写诗文攻击他们，也是为了让人同情我，自己好爬上高位，尽情享受荣华富贵的滋味。我现在什么也没捞到，反是小官也当不成了，这就是报应啊，也是罪有应得。我决心伏法，再不会执迷不悟了。”

他说得声泪俱下，审讯他的人也不禁为之动容，不便相强。朝中的新贵见苏轼态度如此老实，都笑他原是个不堪一击之人，不足为患，便免他一死，只把他贬到黄州，交地方官监督。苏轼终于逃过了大劫。

原文

责人勿厉，小惠或有大得。

译文

责罚别人不要过于严厉，小的恩惠有的能带来大的收获。

释评

三十年河西，三十年河东，事情总是变化的，人不会永远处于顺境。考虑到这个现实，有远见的人便事事留有余地，在得志时不妄自尊大、盛气凌人，对人和蔼可亲。特别是对犯有过失的下属和身份不显的小人物。他们也不一棍子打死、极尽侮辱，相反还对其小有恩惠，施以援手。这样做其实一点不难，但在受惠者眼里，它的影响却是巨大的，永生难忘的。一有机会，他们便会誓死相报。对施恩者而言，他们往往靠此走出了看似无路的困境，摆脱了无法预料的厄运，与其说是幸运，不如说这是对施恩者最好的回报。

【事典】袁盎的救星

西汉景帝时的重臣袁盎，早先在吴国刘濞处为相。刘濞专横跋扈，袁盎见劝谏无功，索性自得其乐，每日欢宴不止。

袁盎有个下属，见袁盎不问政事，也就有了放纵之心。他见袁盎的婢女美貌过人，十分妖冶，便千方百计与之示好，最后二人竟瞒过袁盎，暗地私通了。

一次偶然的机会，袁盎发现此事，不禁十分气愤。他本想当面将他捉住，以治其罪，后又念那个下属并无其他错失，念恋美色也只是年轻人的一时冲动，便决定暗暗饶恕他们,只当未见。

如此平安无事。过了不久,那个下属听别人说袁盎原是知道他所干的丑事的,不禁感到万分恐惧。他怕袁盎治罪于他,便落荒而逃。袁盎知道后,要去亲自找他回来。别人就劝阻他说:

"你大人大量,不惩治他已是很难得了,哪里还有寻他的道理?他如此淫邪,伤天害理,不可教化,大人何必这般看重他呢?此事若是传出,恐怕人人都会笑话大人过于仁慈迂腐了。"

袁盎对他们说:

"一个人干下荒唐之事,不能因此就把他看得一无是处。我是他的上司,此事也怪我教导不力,不可全怪他。一个人赢取功名实属不易,我不想因我之故,毁了他一辈子的大好前程,让他逃落他乡。"

他不顾劝阻,亲自扬鞭策马,拼命追赶那个下属。那个下属已逃出城中,见袁盎追来,以为必死,索性跪在道旁,叩头求饶。袁盎翻身下马,把他扶起,口道:

"那件事我并没有放在心上,你何苦要逃呢?他乡难捱,举目无亲,我怎会让你受那凄苦呢?快跟我回去吧。"

那个下属万不想袁盎这般待他,感动得放声大哭。袁盎不仅仍然让他在自己手下任职,还亲自做媒,把那个婢女嫁给了他。有此恩德,那个下属无时不在思量报答于他。

"七国之乱"时,晁错被杀,袁盎以朝廷太常的身份,到吴国宣诏晁错的死讯,以期让吴王刘濞罢兵。刘濞反心不改,遂派兵包围了袁盎的住处,意欲将他杀害。

危急时刻,袁盎的那个下属恰好在这支军队里当司马。他为了救袁盎脱险,把所有的衣服都典当了,换了两石酒,把守卫西南方的士卒灌醉之后,他潜入袁盎住处,叫醒梦中的袁盎,心急火燎地说:

"吴王明天一早就要杀你,你赶快逃命去吧!"袁盎还未睡醒,也未看清那个下属是谁,便疑惑地问他:

"我乃朝廷大臣,吴王怎敢杀我?你无故作此狂语,我凭什么相信你?"

那个下属抓住袁盎的双手,激动地说:

"先前蒙你大恩,将婢女赐我为妻,我纵是肝脑涂地,也要报答大人啊。此事千真万确,大人切勿犹疑了。"

袁盎这才看清他是何人,连声致谢。他深有感慨地说:

"小小恩惠,不想却救得我今日性命,老天爷真是厚待我啊。"

那个下属带着袁盎,从醉酒后倒地不醒的士卒中穿过,逃出驻地。袁盎一路急奔,直到逃出吴国的地界,他还隐隐后怕。

原文

恶无定议,莫以恶为恶者显;善无定评,勿以善为善者安。

译文

恶没有固定的说法,不把恶当作恶的人显达;善没有固定的评判,不把善视为善的人平安。

释评

对恶与善的认识和运用,对人们为人处事,建功立业,保身去害,有着十分重要的作用。它直接决定着人们的所作所为,也直接影响着由此带来的结果。人们的一切得失,都可从善恶关系中找到本质原因。不可否认,人们的善恶观是不同的,事实上,由此带来的差异反映在结果上也是大有分别的。在恶人当道、善人遭殃的封建专制时代,那些显达之辈虽然位高权重,可他们大多干尽恶事;他们成功,正是因为他们不以恶为恶,所以才能不择手段地攫取。同样,那些一生平安、保身有术之人,他们没有沽名钓誉者的做作,一切发乎本心,不为虚名所惑,故而能从事情本身入手,务实谋划,讲究实效。他们不遭祸事,就由此而得。

【事典】疏广的见识

疏广是西汉昭帝时的太子太傅,为太子之师,广受尊敬,朝野闻名。他的侄子疏受为太子少傅,同样是位高名重,荣冠一时。他们叔侄人以为羡,可疏广却引为不安,他对疏受忧心地说:

"我们叔侄荣光不少,你认为这是好事还是坏事呢?"

疏受对答说:

"好坏并无定论,关键是在于自我感受和体验。依我之见,我们举止无偏,名不巧得,功无贪求,当不是什么坏事吧。"

疏广很不满意,他纠正说:

"别人眼里的好事,对我们也许就是坏事了,这和人的行为是否光明正大并无太大的关系。对保身而言,我们现在身处是非之地,岂可久留?我想告老还乡,你可愿意随我一同离去?"

疏受面有难色,他不敢当面反对,只强调说:

"危难总有它的征兆,我们现在一切安好,不如等上几年,再走不迟。"

疏广幽然叹息说:

"只怕到时后悔就晚了,我意已决,你若不愿,但可留下。"

疏受惶惶叩头,连道:

"叔父深谋远虑,侄儿不及万一。叔父既有安排,侄儿自当从命。"

他们叔侄称病求去,人们皆为之惋惜,有人劝他们改变主意,一再说:

"你们叔侄的高位,多少人都求之不得。有官不做,归隐乡间,有什么好处呢?一旦后悔,哪里还来得及呀。"

疏广叔侄谢绝所有的劝说,坚请回乡。皇上和皇太子挽留不住,各赠黄金二十斤和五十斤。他们离开长安时,送行的朝中大臣的车马达数百辆之多,疏广对疏受感叹说:

"多少人在朝得势,离去如丧家之犬,哪里赶得上我们叔侄这般从容?人生在世,还有什么比保身去祸更重要呢?俗人不明我心,日后自有见证。"

回乡之后,疏广用所赐之金,天天盛排酒宴,招待乡亲父老,可谓花钱如流水。疏受大为疑惑,于是对疏广说:

"我们并不富有,如此花法,只怕用不多久,我们就所剩无几了。何不留些钱财,买些田产房屋,也好传之子孙呀。"

疏广自有他的道理,他解释说:

"富家子弟不骄奢的,实在是太少了。钱财在别人看来是好东西,可我却视之为恶。我这样做并不是让人看的,是我知道它的害处,这才自然而然地躲避它啊。何况富有的人让人嫉妒,万一穷极之徒上门打劫,杀生害命,这就是自取灾祸,我是绝不会让这种事发生的。"

疏受大受教益,再不多言了。他们从此不问世事,自得其乐。朝中的同僚多有致祸死难者,他们却一生平安。

原文

自怜人怜，自弃人弃。心无滞碍，害不侵矣。

译文

自己怜惜自己别人才会怜惜，自己厌弃自己别人自会厌弃。思想没有停滞阻碍，祸害就无法侵犯了。

释评

保身之道特别重视思想的解放和自己的努力。那种因循守旧、不多思善想的人，就会跟不上形势的变化，因而也不可能很好地保全自己，不被时代所淘汰。自己的努力同样重要，若是凡事依靠别人，听天由命，不主动采取行动，结果只能处处被动，手足无措，不能消灾祸于无形。这方面，人的主观作用往往起着不可替代的作用，有了这些，人们遇事才会理智对待，正确分析、谨慎处之，所有的难题也就不愁无解了。

【事典】自作主张的陈平

陈平是汉高祖刘邦的重要谋士，他精于思考，善于谋略，特别是在汉朝建立后凶险四伏的情况下，他以其过人的智慧，得保平安，最见他的深谋远虑。

刘邦病重之时，脾气暴躁，头脑不清。当他听到樊哙要等他死后诛杀赵王如意的消息时，不加分辨就怒火上撞，信以为真。刘邦召来陈平和周勃，简单说明了情由，便下令说：

陈　平

西汉王朝的开国功臣。秦末参加义军，初事魏王咎，后被谗逃至项羽处，刘邦还定三秦时，又间行投汉，为汉高祖重要谋士。汉朝建立后，官至丞相，历三朝，得享天年。

镜　鉴

处事沉稳，生机乃现。

"樊哙实属可恶，不可不除啊。他现在领兵在外，万一他举兵来攻，他的奸计就得逞了。你们马上赶至樊哙营中，不要和他理论，立斩此贼的人头。"

周勃还要替樊哙求情，陈平却在旁暗示不可，周勃欲言又止。从刘邦处出来，他埋怨陈平说：

"樊哙谋反之说，我实难相信。如今皇上病重头昏，万一杀错，我们岂不是有失臣子之责？你不让我开口讲话，真是让人难以猜测。"

陈平叹道：

"皇上如此大怒，你若不知进退，还有活命吗？他眼下神志不清，樊哙他都舍得杀掉，我们又算得了什么呢？"

周勃思之良久，也觉陈平之言有理。他们不敢怠慢，即时便出发了。一路之上，周勃见陈平眉头不展，一脸愁苦，遂劝他说：

"这是皇上的私事，我们既不能劝，只好从命了。也算樊哙当有此劫，你就不要胡思乱想了。"

陈平认真地对周勃说：

"将军如此轻松，真的感觉不到时下的凶险？"

周勃一脸茫然，陈平接着说：

"此事甚为棘手。皇上之命，我们不能违抗，可若杀了樊哙，吕后必怀怨恨，日后她若掌权，我们必死无疑。"

周勃慌了，顿足连道：

"这也不是，那也不行，我们就只能束手待毙了吗？你快想个好法子，只要能救得了我们，你但讲无妨！"

陈平早有了主意，只是需要周勃的配合。他见周勃说出此语，便没有了顾忌，说出了他的打算：

"我们还是将樊哙囚而不杀，押回长安，让皇上亲自发落吧。这样，我们即使遭到皇上的怪罪，也好托词说樊哙乃是一大功臣，不立斩于他，只怕皇上有悔。至于吕后，樊哙是他的妹夫，我们不杀樊哙，她只会心中感激，日后自不会亏待我们。"

周勃听过，连称妙计。后来樊哙被押回长安，其时刘邦已死，吕后执掌大权，立即赦免了樊哙。陈平和周勃不遭祸殃，心中自是无比的庆幸。

【察奸卷】第八

奸不自招，忠不自辩。奸者祸国，忠者祸身。无智无以成奸，其智阴也。有善无以为奸，其知存也。智不逾奸，伐之莫胜；知不至大，奸者难拒。忠奸堪易也。上所用者，奸亦为忠；上所弃者，忠亦为奸。势变而人非，时迁而奸异，其名难恃，惟上堪恃耳。

好恶生奸也。人之敌，非奸亦奸；人之友，其奸亦忠。道同方获其利，道异惟受其害。奸有益，人皆可为奸；忠致祸，人难以为忠。奸众而忠寡，世之实也；言忠而恶奸，世之表也。惟上惟己，去表求实，奸者自见矣。

本卷精要

统治者虽表面上鼓励人人都当忠臣，可实际上，他们所采取的用人标准和处事作风，却是处处不容忠臣，而有利于奸臣。

不可否认，历史上的奸臣明显比忠臣幸运得多。

人们习惯陶醉于口诛笔伐奸臣，却在行动上向奸臣的所为靠拢。

唯上只是奸臣的一种手段，唯己才是他们的真正目的。

原文

奸不自招，忠不自辩。奸者祸国，忠者祸身。

译文

奸臣不会自己招认，忠臣不能自己辩解。奸臣损害国家，忠臣损害自身。

释评

忠奸的分辨，历来是十分困难的。人们无不以忠臣自居，无不把敌人斥之为奸；何况奸臣最会耍阴谋手段，把自己伪装得比忠臣还像忠臣，这就更增加了此事的难度。和奸臣相比，忠臣的处事艺术和为人手段就差多了，他们大多不会保护自己，更不屑巴结和讨好君主。这就让奸恶小人钻了空子，也让喜欢谄媚的君主不喜欢他们，所以忠臣被诬为奸臣的事便屡屡发生。其实，分辨忠奸只要不怀私念，不听其言而观其行，不以个人的好恶行事，忠奸的区分就会变得简单和容易。问题是，人性的弱点很难克服，封建官场的黑暗本质无法改变，致使能做到这一点的人如同凤毛麟角。有此原因，忠奸不分的现象才会持续不绝，人为的悲剧才能愈演愈烈。

【事典】寇准失宠的原因

寇准是北宋有名的大臣，他一生忠烈，尽心国事，常常废寝忘食。王钦若是寇准的同僚，他不学无术，为人险诈，视寇准为头号敌人。他们一忠一奸，水火不容。

寇准的好友曾劝寇准说：

“你为人忠正，这是满朝皆知的。王钦若奸诈为恶，可是皇上却喜欢他。你既扳不倒他，何不与之交好，免遭他的陷害呢？”

寇准大义凛然，一听即怒，恨恨地说：

“忠奸不两立，我常恨自己不能除奸去恶，犹自有愧，又怎能向他示弱，讨好于他？一有机会，我自不会放过他的。”

公元1004年，辽国大举南侵，宋朝人心浮动，举国震惊。王钦若在朝堂之上，竟是主张放弃长江以北大片国土，迁都金陵，他还为此向真宗皇帝解释说：

“国家危难之秋，方见忠奸之别。那些主张抵抗之人，貌似忠臣，实际上却将皇上置于危险境地；而真正的忠臣，却不拘形式，不畏人言，只要对皇上有利的，即使人有怨怪，他也会大胆进言的。”

此说言下之意，分明把自己摆上了真正忠臣的位置，却暗中攻击寇准主张的抵抗政策，将他推到了奸臣的一边。

迫于形势，又加上寇准的极力坚持，宋真宗无奈御驾亲征，在澶州胜了一仗，双方又订立了和约，危机解除了。对此，宋真宗把功劳记在寇准身上，对之敬重有加；寇准退朝的时候，真宗都是注目相送，以示礼遇。

王钦若惶恐不安，他的同党陈彭年就献上一计，他说：

“寇准功高无比，皇上视他为最大的忠臣，每每以他当初主张的抵抗政策作喻，言外之意，自是贬损我们主张的退却政策为奸了。这种情况如不改变，我们不但斗不过寇准，只怕连立足都难。所以说，当务之急，应该把寇准的功说成是过。此事若成，我们的处境自会改变，那寇准也注定失宠。”

王钦若深受启发，击掌叫好。

第二天上朝，王钦若一言不发，冷眼旁观。退朝之后，他一个人留下，对真宗说：

“皇上视寇准有功，忠心不二，臣以为大错特错了。”

真宗皇帝不以为然，只冷冷地道：

“我若依你之议，只怕这会已在江南了，我还能站在这里吗？”

王钦若自称有罪，却道：

“臣有不周，却和寇准的奸险之心大有不同。城下之盟，本是一件可耻的事，古人都不屑于此，可寇准却唆使皇上为之。再说，寇准此举，只将皇上作最后一笔赌注抛了出去，胜则有功，败则皇上遭殃。眼下寇准只是侥幸赌赢了，皇上却不识其奸，反以为功，这只能说明寇准实是个隐藏很深、手法高明的大奸臣，皇上不可一误再误了。”

真宗脸色顿变，默不做声。许久，他才阴冷地一笑，对王钦若说：

“此事不可对外人提及。”

从此，真宗对寇准的看法顿变，恩遇立失。寇准摸不着头脑，只有王钦若等人暗自高兴不已。

原文

无智无以成奸，其智阴也。有善无以为奸，其知存也。

译文

没有智谋不能成为奸臣，他们的智谋都是阴险的。心存良善不会甘当奸臣，他们的良知没有丧失。

释评

凡是奸臣，都有两个明显的特征，即善使阴谋诡计和没有良心。他们为了达到自己的目的，不仅可以无所不用其极，手段用尽，更能六亲不认，有违天理，无恶不作。这是奸臣最让人胆寒之处，也是正直的人不敢想象和难以防范的。当然，奸臣在表面上是善于伪装的，在言语上也是故作正义的，在行动上更是极为隐蔽的。人们只要抓住奸臣行为的本质，就不会为其所惑了。

【事典】刘瑾的手段

刘瑾作为明朝出名的奸人，为人唾弃，留有千古的骂名。考察刘瑾的发迹史，可见此人并不是一味行粗斗狠之辈，他的智谋和心计虽然见不得人，阴险得很，却是颇有奇效。他正是恃此才爬上高位，以行其奸的。

刘瑾六岁入宫，直到年近五十岁的时候，才捞到一个美差，被派去服侍年仅三岁的太子朱厚照。刘瑾的宦官朋友前去祝贺他说：

“太子就是未来的皇上，你侍候太子，将来就有了出头之日，到时可别忘了我们这些人啊。”刘瑾一口应承，他说：

“我先前只是苦于没有机会，才几十年默默无闻。我纵是有千条妙计，又有什么办法呢？这下好了，别说他是三岁的孩童，任何人只要让我接近，他还跑得了吗？”

刘瑾于是绞尽脑汁，想方设法逗弄朱厚照开心，用各种好玩、奇巧的事吸引他，甚至睡觉之前，刘瑾都让朱厚照养成了必听他讲个故事的习惯，否则朱厚照就吵闹着不能入睡。久而久之，朱厚照便特别喜欢他，也离不开他。

朱厚照十五岁当上皇帝之后，对刘瑾马上重用，让他做了钟鼓司的司正。刘瑾没有大意，对皇上的事更上心了。他从不过问皇上的政事，只是进献好玩好看的鹰犬、百戏、杂技，他还广选美女入宫，让年轻的朱厚照迷恋声色，只是尽情享乐。

刘瑾的宦官朋友见他如此，便问他说：

“皇上天天玩乐，都是你一手操办，你也该为自己索取更大的官了，你为何不对皇上明言呢？”

刘瑾对他们说：

“现在还不是时候，不过我一点也不担心此事啊。只要我把皇上侍候舒服了，让他快乐已极，他自会授我权柄，还用得着我说？倘若我先行开口，皇上就会把我所做的事视为故意讨好他，此中的效果便会大打折扣。”

朱厚照果然为刘瑾玩弄于股掌之上，他见刘瑾无欲无求，只是忠心做事，凡事又为他着想，于是不久又升他做了内宫掌印太监。内宫掌印太临是个肥差，负责宫廷陵墓的修造、米盐贮备、差遣采购等事宜。刘瑾的那些宦官朋友于是纷纷找上他，求他照顾，以便捞些钱财。刘瑾一口拒绝，他说：

“你们要想多取实惠，就不该只顾眼前，盯着这么一点利益。我初担此任，必先奉公守法，不贪不占，才能赢得信任，谋取更高的职位。你们不要难为我了，日后我必有厚报。”

那些人责怪他不念旧情，都有怨言。朱厚照闻知此事，对刘瑾更加信任了，便让他担任了权力极大的司礼监掌印太监。

司礼监负责把所有大臣的奏本转呈皇帝。为了控制朝政，刘瑾故意趁朱厚照寻欢作乐的时候，才把奏本送上，让他批示。朱厚照每到这时，便会心烦地让刘瑾代他批阅，从而让刘瑾的奸计得逞，使他得以用皇帝的名义裁决政事，迫害忠良，集天下大权于一身。

原文

智不逾奸，伐之莫胜；知不至大，奸者难拒。

译文

智谋不超过奸臣，讨伐他就不能获胜；良知不深远广大，对奸臣就难以抗拒。

释评

和奸臣斗争，是充满凶险的。不为奸臣所诱，也是十分困难的。奸臣往往以其位高权重，智计过人，令反对他的人被其陷害、死于非命。这就要求和奸臣作斗争的人们，不能只凭一腔热血，更要精于谋略，在智谋上超过奸臣，使其无法察觉，中我奇计，以智取胜。反之只能白白牺牲，让奸臣的气焰更为嚣张。应该特别指出的是，正因为和奸臣相斗凶险，所以只有良知广大的人，才能挺身而出，拒绝奸臣的拉拢诱惑。他们的良知和正义感，给了他们舍生忘死的勇气和力量，不计个人得失，不惜以卵击石。这种浩然正气和英勇行为，历来为人钦敬，也为奸臣们所惧怕。

【事典】有勇有谋的李膺

东汉桓帝时期，宦官专权，为害天下。野王县令张朔，因有朝中极有权势的哥哥张让撑腰，横行不法，鱼肉百姓，甚至连怀孕的妇女都杀害。

当时的司隶校尉李膺查知此事，传命捉拿张朔，不想他的手下皆有惧色，不肯应命。在李膺的斥责之下，那些人说：

“大人可知道张让是谁吗？”

李膺一愣，随道：

“一个宦官。”

那些人急了，抢着说：

“张让虽是个宦官，却是极有势力，甚得皇上宠幸。张朔本不足惧，可他是张让的亲弟弟，这就难办多了。打狗还要看主人，我们若是抓了张朔，张让岂肯相让？到时大人遭殃不说，我们也要倒霉。”

李膺手拍桌案，朗声说：

“你们以为我不知此节吗？恰恰相反，我正要借此惩办张朔，以警告张让等宦官。他们恃宠不法，别人惧怕他们，我却要和他们斗斗。若是人人都不主持正义，与之相抗，天下终会亡在这些奸贼手中！”

他坚持捉拿张朔，手下人只好遵命。有人走漏消息，张朔逃到京城，藏在张让家的夹壁墙中。张让知道李膺刚直忠正，不好收买，可为了弟弟，他还是派人携带重金，来到李膺府上为其说情。来人讲了一通利害之后，又拉拢李膺说：

“人们为官，无不为光宗耀祖，自居显位。我家大人深受皇上厚爱，他若替你美言几句，这事便不难了。我家大人难得有言在先，若是你不肯追究张朔之罪，他马上就保举你担当重任。”李膺略一思忖，竟是出乎来人的预料，他不仅收下张让的重金，还笑着对来人说：

“有张让大人提拔，这是许多人求之不得的好事，我怎会不识抬举呢？”

来人走后，李膺暗中派人跟踪，又多方打探，终于得知了张朔的下落。他马上召集人手，冲进张让的家中，把张朔从夹壁中抓出。张让十分恼怒，指责李膺言而无信。李膺冷冷一笑，回答说：

“我假意答应你，只是为了让你放松戒备，以便搜寻张朔的所在。你阴险狡猾，我又怎能鲁莽行事呢？”

李膺捉住了张朔，自知张让会向皇上求助，到时就无法惩办他了，所以不待多时，他便将张朔处死。

张让怒上加怒，向桓帝状告李膺不经请示便随便杀人。李膺就此对桓帝说：

“张朔罪证属实，杀之无错。《礼记》一书言明，公族犯罪，虽说可以宽大，可主管的官员在执法时却可以不从。如今恶人横行，应当从重从快，方可令人震慑，维护天下的安定。如果皇上怪我办事认真，行动迅速，臣就只能不理政事，任恶人损害国体了。”

他说得义正辞严，桓帝虽有不快，却念他忠于职守，不好当面指责，只得作罢。李膺从此威名远播，以至那些宦官吓得不敢走出宫门，唯恐遭到他的惩罚。

原文

忠奸堪易也。上所用者，奸亦为忠；上所弃者，忠亦为奸。

译文

忠臣和奸臣是可以变换的。君主任用信任的人，虽然是奸臣也被看做忠臣；君主抛弃不用的人，即使是忠臣也被视为奸臣。

释评

封建官场是任人唯亲的，也是摧残忠臣的。统治者虽表面上鼓励人人都当忠臣，可实际上，他们所采取的用人标准和处事作风，却是处处不容于忠臣，有利于奸臣。官场的人情淡薄和世态炎凉，又使人们唯上是从，对得势的人物极力吹捧和谄媚，而对君主不喜欢和排斥的人物，马上拉下脸来，肆意攻击和嘲笑。于是，在人们的说法里，君主宠幸的人，都被赞颂得忠贞无二；君主离弃的人，即使他们忠心可昭日月，也被诬指为奸佞。他们这样做固然是为了跟上形势，保存自己，也不排除在封建专制思想的毒害下，人们变得愚忠之极，忠奸不分了。这是忠臣的悲哀，更是社会的悲哀。

【事典】张放的两种境遇

汉成帝时，富平侯张放甚为得势。他是汉成帝的姑表兄弟，妻子是成帝皇后许氏的妹妹，汉成帝又和他素来亲密，常在一起微服游玩。有了这些关系，他便是汉成帝眼中的红人，更为朝中大臣们所艳羡。

张放倚仗皇上宠爱，常干一些违法乱纪之事。有人把张放的恶行告到朝廷，那些朝中大臣无一人敢管，还为此向张放买好说：

“侯爷堂堂正正、天下敬仰，今竟有小人无端诬告侯爷，我们都为之感到气愤。我们怕侯爷心有不快，特来向侯爷宣慰。”

张放自不会把此事放在心上，他只对群臣一笑说：

“这种小事，以后就不要告知我了。如何惩治那些诬告之徒，你们看着办吧。”

群臣唯唯喏喏，以后再遇此事，他们都对状告之人严办；一时人人恐惧，无人敢去告发张放。张放洋洋得意之时，他的妻子却很有远见。一次，夫妻二人对坐，他的妻子说：

“现在皇上关爱于你，朝中大臣才会谄媚有加。这种人见风使舵，见利忘义，侯爷自己怎可不谨慎呢？万一皇上态度有变，这种人第一个就会指责你的，我们怎能轻信他们的吹捧呢？”

张放一听，怒道：

“我贵为富平侯，犯些小事又算得了什么？现在人人都是这样，何况我呢？那些人说我好话，算是他们知趣；有皇上撑腰，我还怕他们不识时务？”

张放毫不收敛，只是在成帝身上多下工夫。他导引成帝淫乐游玩无度，毫无政绩可言，却每每被群臣颂为当世第一大忠臣，屡屡有人进表请求嘉奖于他。

对于这种现象，皇太后王政君家族的人却感到了威胁。为了争权夺利，王政君家族的人便直接向皇太后告状，说张放诱导皇上嬉戏淫邪，实为一大奸臣，必得除掉。皇太后见汉成帝贪玩放纵，变得又黑又瘦，不禁大怒，逼迫汉成帝放逐张放。成帝只好忍痛割爱，将张放贬到远方边境去当官小职卑的都尉。

张放骤然失势，朝中大臣惊讶过后，就纷纷举奏张放的恶行。丞相薛宣、御史大夫翟方进等人，为此更是虚张声势，坚请把张放处死。他们为此上奏成帝说：

“张放奸邪，我等已是忍耐多时了。此等恶人，我们与他势不两立。”

成帝冷冷地对他们说：

“你们从前可不是这样啊！怎么同一个张放，前后有这样大的变化呢？”

薛宣、翟方进等人哑口无言，许久方吞吞吐吐地说：

“皇上英明无比，他既为皇上贬窜，自是奸臣无疑了，我们还会有所疑虑吗？我们紧跟皇上，自要拥护皇上的一切决定。”

原文

势变而人非，时迁而奸异，其名难恃，惟上堪恃耳。

译文

时势变了人就不同，时间变了奸臣就有分别，忠奸的名称难以依赖，只有君主才可作为倚仗。

释评

忠奸之名，向来为人所看重。忠臣为人钦敬，奸臣为人诟骂，所以即使无比奸恶之人，也要极力伪装，以忠臣面目出现。不过，这只是表面的功夫，改变不了奸臣们为恶弃善的本心。他们为了实惠，其实是根本不在乎忠奸之名的，因为他们知道，奸的名声并不能决定他们的升迁和命运，只有君主，才能做到这一点。这就是他们一味媚上，不顾舆论和民心的本质原因。事实上，奸臣们的思虑在封建专制时代，是与其合拍的。君主的变换和态度的不同，对忠奸的认知也会随之改变；君主的昏庸和时间的推移，察验忠奸的标准也会发生变化。忠臣往往把"忠"字看得太重，却常常忽视君主对"忠"字的不同理解和自我诠释，这不仅让他们大吃苦头，也让奸臣们得以悟出此中窍要，反其道而行之，捡到了好处。

【事典】久不升官的赵绰

隋文帝曾当面对大理少卿赵绰解释了不给他升官的秘密，他郑重其事地说：

"你执法严格，办事勤劳，当是我朝的一大忠臣了。我不升你的官职，并不是我对你有何意见，这只能怪你的相貌不佳，绝非富贵之相啊。"

赵绰心虽怨怪，嘴上却连连称是。

隋文帝有此一说，是有其原因的。赵绰是大理寺少卿，这是一个负责司法的官职，他刚正无私，总以法律为依据来审评案件，曾多次和隋文帝发生冲突。

一次，刑部侍郎辛亶穿着大红裤子上朝，隋文帝颇为震怒。喝问之下，辛亶说他这样只想让自己官运亨通，这个方法也是别人告诉他的。隋文帝不信，只以为辛亶是用妖术诅咒自己，便判他死罪，让赵绰来执刑。

赵绰不顾朝中众大臣都在场旁观，他当面拒绝了隋文帝的命令，还振振有词地说：

"我执掌司法，自该秉公办事。辛亶所犯之罪，按律不该处死，还请皇上收回成命。"

隋文帝勃然大怒，厉声道：

"你抗旨不遵，这可是死罪！你不识大体，竟敢托词欺君，你还想活命吗？"

他又传命将赵绰斩首。赵绰凛然不惧，大声说：

"为了维护法律，我何惜一死？只求皇上放了辛亶，不辱皇上的英明。"

他当场解开衣服，等待受刑。

隋文帝并不昏庸，他怒气稍缓，便又语气有缓地说：

"你这般倔强，虽是难得，可是要吃大亏的。"

赵绰回答说：

"臣以忠为本，问心无愧，自不会计较个人得失。"

隋文帝思之再三，也觉杀之无由，于理不合，便只把他囚禁了几日，还让他担任原职。

此事过后，赵绰的家人仍是十分后怕，他们对赵绰说：

"你依法办事，皇上却不以为忠，你何必非要坚持呢？得罪了皇上，命都不保，忠又有什么用？你要有所转变，万不可一味死硬、顶撞皇上了。"

赵绰笑着打断家人的话，说：

"皇上不是赦免了我吗？谁又说忠无用呢？任何时候，我都在维护皇权，巩固国本，这是我应尽的职责，岂可改变？"

不久，他果然又和隋文帝争执起来。有两个人以假币兑换真币被抓，隋文帝命令将其斩首，赵绰却说：

"依法他们当被杖刑，何来死罪呢？这太重了。"

隋文帝摆摆手说：

"这事不用你管了，还不行吗？"

赵绰不依不饶地说：

"皇上让我执法，这事自该我管，除非皇上下旨免去臣的官职。"

有了赵绰的坚持,那两个人虽没被处死,隋文帝对赵绰的厌恶却更增加了。终其一生,他也没有升迁。

原文

好恶生奸也。人之敌,非奸亦奸;人之友,其奸亦忠。

译文

喜欢和厌恶产生奸臣。人们的敌人,不是奸臣的也被视为奸臣;人们的朋友,是奸臣的也被说成忠臣。

释评

人们的私心和情绪,在察辨忠奸中起着不可忽视的作用。它可以颠倒黑白、置事实于不顾;又可以凭空捏造、无中生有地加人罪名。这种凭己所好、由人而定的鉴定忠奸方法,不可能是客观和准确的,由此也可说明,在忠奸的区分上,人们不能人云亦云,轻易相信所谓的“明断”和“定论”,还要从事实行为本身入手,用自己的头脑来分析和判断。只有这样,人们才能拔开迷雾,不掩其真,发现真相。

【事典】借头示众的曹操

曹操讨伐私自称帝的袁术时,袁术坚壁清野,闭门不战。曹操大军的粮食越来越少了,渐渐陷入了困境。

曹操虽想了许多方法,可因大军远离后方,此地又水旱连年不断,粮食无法筹集,一时连足智多谋的曹操都手足无措了。

这天,曹操正在为此发愁,忽见主管粮食的仓官王垕进来请示说:

“粮食将尽,丞相可有万全之策?”

曹操凝视王垕良久,方道:

“你用小斗发放粮食,自可多维持几日。”

王垕忧心道：

“丞相这般欺瞒将士，明眼人自可看出。他们定会不满生事，恐怕麻烦就更大了。”

曹操一笑说：

“这个你不要担心，有事我自会解决，你只管照做便是。”

王垕还要进言，见曹操不再理他，只好默默地退出，长吁短叹。

王垕依命而行，果如王垕所料，将士们怨气冲天，都暗怪曹操蒙骗他们，军心一时大为动摇。王垕急在心上，却又无可奈何，连连顿足而叹。

曹操见大事不妙，遂把王垕招至营中，沉沉地说：

“如此形势，危急万分，你可有良策平息众怨吗？”

王垕叫苦连天，忙道：

“没有粮食，下官能有什么好办法呢？丞相不听下官之言，确是考虑不周啊。”

曹操摇头说：

“你有所不知，只怪你太老实了。不过这不是你的错。”

他随后对王垕说要借他的头一用，王垕大惊失色，急道：

“我忠心耿耿，丞相所命，从不敢违，丞相为何忠奸不辨，还要杀我呢？”

曹操至此才说出真相，口道：

“我让你改用小斗发放粮食，本想暂时救急，以渡难关。不料将士怨气太盛，远过我的想象。如今只好借你之头，以息众怒，否则乱象一生，你我都死无葬身之地了。”

王垕泣不成声，痛道：

“想不到我忠心听命，却因此致祸，天下可有这样的道理吗？”

曹操心中怜惜王垕的忠义，嘴上却说：

曹　操

曹操，字孟德，三国枭雄，文韬武略，多疑善谋。东汉末年，挟天子以令诸侯，基本统一了中国北方，与蜀汉、东吴鼎足而立。曹魏建立后，追尊“武皇帝”，史称魏武帝。

镜　鉴

忠奸之“名”，因情势而定，与“实”无关。

"道理由人评说,忠奸也非你所能论定。你虽无罪,眼下也只好委屈你了,休要怪我!"

他不等王垕再言,便命刀斧手将他斩首。曹操还把他的人头悬挂起来,并张贴榜文,说他克扣军粮,奸恶已极,故而杀之。

此事大快人心,将士们都把王垕视为奸佞小人,无不放声痛骂。他们不再怨怪曹操,反视他为除奸去恶、主持正义的英明之主,一场即将发生的变乱也自平息。

原文

道同方获其利,道异惟受其害。

译文

道义相同才能获得利益,道义不同只能得到灾害。

释评

俗话说,物以类聚,人以群分。察辨忠奸,看其道义上的异同、审其利害上的关系,不失为一个根本之法。奸臣总是互相勾结,以利为上的。他们互相利用,互相吹捧,互相扶持,表面上共为一体,实质上却是各有打算,一旦分赃不均,他们也就拆帮散伙,互相攻击了。而真正的忠正之士,是不屑拉帮结伙的,有的只是相互敬慕、暗中提携。他们不为私利,也不惧灾害。所以说奸臣的道同是暂时的,是极端自私的;忠臣的道同是长远的、是充满正义的。忠臣和奸臣只能道异,他们之间的斗争永不会停止,有所损伤和牺牲也就不可避免。

【事典】诬告岳飞的万俟卨

岳飞被害,秦桧固是元凶首恶,可秦桧的帮凶万俟卨,却是第一个诬告岳飞谋反之人。他还直接负责审理岳飞一案,动用酷刑,大肆株连,充当了此事的急先锋和刽子手。

万俟卨原在岳飞的防区湖北任职，他见岳飞兵强马壮，很有势力，便极力巴结岳飞。岳飞见他一脸奸相，又听闻他多行不法之事，为人阴诈，也就不屑与他交往，故此万俟卨常常自讨没趣。

万俟卨只想攀附岳飞，以谋私利，对岳飞的冷淡起初并不在意。他苦思多时，终想出了一个主意，便百般求见岳飞。岳飞最后勉强接见了他，一开始就不耐烦地说：

"我军务繁忙，如果没有正事，你就不要多说了。"

万俟卨奸笑两声，口道：

"岳元帅人人敬重，下官也是忠义之士，我们所谈所好的共同点甚多，元帅何必拒人于千里之外呢？"

岳飞心中厌恶，只道：

"唯今之计，当以空谈为戒，多杀敌报国为真。"

万俟卨不置可否，却说：

"元帅手握军权，雄霸一方，这是元帅的根本。我为元帅思前想后，自以为元帅当广招人马，多聚粮草。如若趁乱拥兵自重，实力雄厚，朝廷也奈何不了元帅，何愁大事不成呢？元帅若是有所差遣，下官必当竭尽全力。"

万俟卨的话，无疑是劝岳飞闹独立，岳飞自是一口拒绝，他严厉地说：

"你不思报国爱民，却出此见不得人的主意，你是找错人了。若再胡说八道，别怪我不客气了。"

万俟卨从此怀恨在心。为了报复岳飞，他向秦桧诬告岳飞谋反。秦桧正愁无由陷害岳飞，于是马上把万俟卨视为知己，敞开心扉对他鼓励说：

"你是上天赐给我的人啊，我们算是想到一块去了。岳飞一除，我一定要好好奖赏你。"

秦桧把他调到朝中，任其为专管司法的监察御史。万俟卨视秦桧为恩人，更加不遗余力地陷害岳飞了。在他们的阴谋策划下，岳飞终被害死。而万俟卨却因作恶功高，被秦桧提拔重用，爬上了副宰相的高位。

原文

奸有益，人皆可为奸；忠致祸，人难以为忠。

译文

当奸臣有好处，人们都可以成为奸臣。当忠臣招致祸患，人们就很难做忠臣了。

释评

统治者对忠奸的不同态度和忠奸的不同命运，对社会和人的影响是巨大的。它直接左右了人们的价值取向和行为方式，从而对忠奸的取舍和滋生产生决定作用。不可否认，历史上的奸臣明显比忠臣幸运得多，但这并不能说明，奸臣的邪恶本质有任何改变。恰恰相反，它只能昭示忠臣的可贵和封建专制制度的不可救药，也暴露了人们的自私和贪心，以及爱慕虚荣、不计实害、唯利是从等致命弱点。在此，人们必须要用长远的眼光，理智地对待忠奸这个大是大非的问题，抗拒世俗的诱惑，进而作出正确的抉择。

【事典】求死的王权

王权是明太祖朱元璋的御史，他行事光明磊落，每以古时忠臣自比，任何人被他查出过错，他都要据实上奏，严加弹劾。

朱元璋起初对他十分赏识，总夸他是难得的忠臣。王权自得不已，总对别人说：

“皇上英明，好忠厌奸，真是天下苍生之幸啊。”

王权的一位好友熟知朱元璋的性格，私下为王权担忧。一次，二人闲聊之际，他便对王权说：“没有一个皇帝会说自己喜欢奸臣，可事实上并不是这样。自古以来，哪个忠臣不历尽磨难、受尽了屈辱？你每以忠臣自居，这对你多有不利，何必天天挂在嘴头，惹人在意？”

王权辩驳说：

"忠臣致祸,只不过没遇上明主罢了。岂能为此责怪忠臣呢?我无欲无求,自不屑献媚邀宠,皇上还是照样赏识我。所以说,皇上是真正的英明之主,由此可见一斑了。"

王权的朋友长叹声声,不便再言。

一次,王权为了国事,和朱元璋发生了争执。朱元璋好说歹说,王权就是不肯让步,朱元璋急了,怒吼着:

"你不是自比古时的忠臣吗?怎么一再违逆我呢?"

王权不屈地答:

"君主有错,一味顺从,这是奸臣所为,臣若是这样做了,还算得上忠臣吗?皇上若不接受谏言,臣宁肯以死抗争。"

朱元璋在群臣面前下不了台,脸色几变。他忍耐不住,冷笑道:

"你陷君主于害忠之名,这便是最大的不忠了。我不杀你,怎可治理天下,以儆群臣?"

他传命将王权推出斩首,兀自愤恨不已。群臣为王权求情,其中一人说:

"皇上万不可杀一王权,而冷落了群臣之心。王权人以为忠,人皆敬畏,皇上也常命群臣效仿,如今他既得死,岂不让人对忠臣暗生畏恐,而自学奸佞吗?这个风气万万开不得呀。"

朱元璋气头之上,才起杀心。时间一长,他的怒气渐消,又有些悔意。今听那人一言,他心头一振,遂又命人把王权押回,故作高声说:

"你若知错就改,我就不会杀你。"

王权倔劲上来,不肯认错,只说:

"我本无过错,何来改错呢?皇上既然认为我有过失,就应杀我。否则,无罪而无端辱我,教我违心认错,这绝不是忠臣所能忍受的。我不想让皇上为难,只求速死。"

朱元璋不想王权如此不可理喻,他失去理智,狂怒地大叫:

"我就担上枉杀忠臣之名,也要杀你无赦!"

他再不听人谏言,王权终被无罪杀害。此事人人心寒,都把王权之死引以为戒,一时人人学乖弄巧,奸邪之风充斥朝野。

原文

奸众而忠寡，世之实也；言忠而恶奸，世之表也。

译文

奸臣多而忠臣少，这是世间真实的状况。说自己是忠臣而厌恶奸臣，这是世间表面的现象。

释评

若有对社会的实际了解和对现实的深入观察，我们不难发现，生活中的丑恶现象和社会的残酷性，往往体现在人们崇尚其奸，不屑为忠和阳奉阴违上。人们习惯陶醉于口诛笔伐奸臣，却在行动上向奸臣的所为靠拢；人们坚决不承认自己和奸臣有什么关系，却从不拒绝运用奸臣的手段处事为人。这种表里不一、自欺欺人的状况和世情，对人和社会的实际伤害是严重的，也是有损自身的。这种现象不改变，社会就很难发展，人与人之间的关系就难以净化，由此造成的人间悲剧也会日益增多。

【事典】羊舌赤的方略

春秋时期，晋国遭遇灾荒、政令不修，一时天怒人怨，盗贼四起。大臣荀林父为此忧心忡忡，集中精力抓捕盗贼。

郤雍是个识贼能手，他能在人群之中，一眼看出谁是贼人。荀林父于是亲自上门请他出山，就任抓贼的官员。郤雍痛快地答应了荀林父的请求，荀林父于是问他：

“你是如何识别贼人的呢？难到他们和普通人长得不一样吗？”

郤雍自得地说：

“贼和普通人的长相并无二致，只是神情有异啊。贼看见市井之物便现贪婪之色，面对市井之人便生愧悔之情，遇上官差便显恐惧之态。我细心观察，于此便可断定是否为贼，从无差错。”

郤雍走马上任，果然抓贼不少，屡有收获。令人担忧的是，盗贼并未因此减少，反而越灭越多。荀林父愁苦不堪，于是他向大夫羊舌赤讲明原委，十分怨恨地说：

“人心不古，世情堪忧啊！人们现在不以做盗为耻，群起仿效，我们还要加重惩罚，以为震慑。”

羊舌赤摇头道：

“这哪里是根本的解决之道呢？你一味高压，我看是行不通的。你的那个抓贼能手郤雍，只怕还有性命之忧啊。”

荀林父很不高兴，便打断了羊舌赤的话。羊舌赤欲言又止，只好告辞。

几天之后，郤雍果然被几个盗贼杀害了。荀林父听此消息，又惊又怒，竟是忧愤而死。

晋景公得知此事，把羊舌赤召进宫中，向他垂询治盗之策，羊舌赤于是说：

“没有人愿意当坏人，可世上的坏人却很多，为什么会这样呢？这是因为世风日下，人们只重实惠而不知羞耻了。何况好人难做，坏人未必都得到惩罚，这更让人弃善从恶之心日渐炽热。长此以往，这不仅害了他们自己，更有损于国家的安定，危及大王的江山。如果大王能选贤授能，用忠去奸，真正让忠臣受益，奸臣受惩，上行下效，谁还会甘心做坏人呢？要改变不良的风气，彻底消除贼患，必须首先从这件事做起啊！”

晋景公听从了羊舌赤的建议，远离奸佞，任人唯忠，废除了缉盗之法，加强对人们的教化。不长时间，社会上的盗贼便少之又少，社会秩序得以稳定，晋国国势也日渐强盛。

原文

帷上帷己，去表求实，奸者自见矣。

译文

只是献媚君主，只是为了自己，去除表面探求实质，奸臣自然就会显现出来了。

释评

分辨奸臣，不能为其表面的现象所迷惑；在探求其内在本质的过程中，唯上唯己，实是奸臣们所共有的明显特征，由此便可得出答案。其实，唯上也只是奸臣们的一种手段，唯己才是他们的真正目的。如果这个“上”失势或不能给他们带来私利，他们便会原形毕露，不惜弑上谋逆。对于奸臣的这种真实嘴脸和恶毒心态，狂妄自大，昏庸无能的统治者往往认识不足，疏于防范。他们只是满足奸臣无比顺从而不察其奸，只是乐于听信奸臣的谄媚之言而不审其心。他们常以为利用了奸臣，却不知自己更为奸臣所利用，甚至完全被愚弄，只做了他们弄权行奸的一件工具而已。

【事典】自以为聪明的赵高

秦朝的一大奸臣赵高，诡计多端，善使阴谋，他害死扶苏，扶秦二世上台，又置李斯于死地。为了大权独揽，他对秦二世处处顺从，还心怀鬼胎地对秦二世说：

“皇上日理万机，身系国事，实在是件苦事，我真为皇上的身体担心啊。”

秦二世见赵高对自己如此关心，深受感动地说：

“满朝文武，唯恐我片刻偷闲，只有你才会说出这番话啊。和你相比，那些自称忠臣的人岂不汗颜吗？”

赵高连称不敢，又说：

“皇上年纪尚轻，现在又天下安定，何必无事自苦？再说，皇上和群臣议事，若有不当，只会让群臣小看了皇上，自露其短，这太得不偿失了。以臣愚见，皇上地位尊崇无比，当臣子的不该听见你的声音，这才能显出皇上的天威。”

秦二世受其愚弄，从此竟真的不见大臣，凡事只和赵高商议。如此一来，赵高得以大权独掌，秦二世成了傀儡，空有其名。

赵高控制住了秦二世，又担心群臣心有不服者，便搞了个“指鹿为马”的闹剧，把不顺从他的大臣杀掉。赵高至此高枕无忧，朝中上下也再无一人敢于反对他了。

刘邦带兵逼近函谷关的时候，赵高惊恐不安，自感末日来临。他为了自保，忽想出一条毒计，遂把他的女婿阎乐找来，对他说：

“天下大乱，兵贼已近函谷关，我们不能坐以待毙呀。我想反贼志在反秦，擒杀皇上，如果我们先行下手，献上皇上的人头，与之讲和，不愁贼兵不去；我们的富贵也就保全了。”

阎乐听之心惊，犹豫说：

“皇上对我们不薄，又能为我们所用，杀了他，是否妥当呢？”

赵高脸色一沉，斥责说：

“今非昔比，皇上已是无用之物，留他作甚？此计于我有利，纵有差错，也只能一试了，你不可心存仁念，坏我大事！”

阎乐满口答应，遂率兵发动突然袭击，占领了皇宫，逼迫秦二世自尽。秦二世苦苦哀求，痛哭流涕地说：

“我对赵高宠信无二，他怎会忍心杀我？我不问世事，他还不满足吗？”

阎乐不听其言，厉声威吓。秦二世自知死不可免，只好自杀了。

赵高自以为得计，却不知他新立的秦王子婴已对他恨之入骨。子婴表面上对他言听计从，暗中却是布置人手，伺机除掉赵高。

阎乐有所察觉，便对赵高说：

“子婴乃皇室之后，他虽被立为秦王，却是暗含忧怨，眉宇间颇有不喜之色，我们不可不防啊。”

赵高弄权已久，自恃聪明，从没把子婴放在眼里。他怪阎乐多事，不但不听，还把阎乐痛骂一顿，让他勿需再言。子婴麻痹住了赵高，趁其不备，终于将他杀死。赵高得到了他应有的下场。

【谋划卷】第九

上不谋臣，下或不治；下不谋上，其身难晋；臣不谋僚，敌者勿去。官无恒友，祸存斯须，势之所然，智者弗怠焉。料敌以远，须谋于今；去贼以尽，其谋无忌。欺君为大，加诸罪无可免；枉法不容，纵其为祸方惩。

上谋臣以势，势不济者以术。下谋上以术，术有穷者以力。臣谋以智，智无及者以害。事贵密焉，不密祸己；行贵速焉，缓则人先。其功反罪，弥消其根；其言设谬，益增人厌。行之不辍，不亦无敌乎？

本卷精要

在利益至上的前提下，官场没有永恒的朋友。

事情总是在朦胧的时候谋划，并预见它的趋势和结局；采取果断的行动，才可获取最大的利益。

谋划的功效，常以出奇制胜、攻其不备、迅雷不及掩耳的方式实施，才能真正体现出来。

用智计害人于无形，固是妙法，可若此术不通，赤膊上阵，直接加以伤害，这是许多人的最后选择。

原文

上不谋臣,下或不治;下不谋上,其身难晋;臣不谋僚,敌者勿去。

译文

君主不用计谋统御臣子,下属有的就无法治理;下属不用计谋对君主,他们自身的官职就难以晋升;官员不用计谋对付同僚,他的敌人就不能铲除。

释评

官场中人要应对各种复杂的关系,而要处理好这些关系,没有计谋的筹划是不行的。这固是因为官场不像其他领域那样,可以明刀明枪直来直去、简单行事,也是因为官场凶险,而官场中人又多有智慧。一旦有失,不仅祸事立招,且是难以翻身,无法挽回。在此谨慎和小心,实属必要。君主对臣子,如果君主一味恃权驭使,不讲谋略,不用方法,臣子虽不敢公开反抗,其办事的积极性和主动性也会大打折扣,他们对君主的忠心程度也就有了分别。臣子对君主,人人都唯恐在取悦君主上落于人后,这方面有高下之分,优劣之别,自是需要谋划和心计了,否则就难以突出出来,赢得君主的赏识,得以升迁。同僚之间,官场中人互视为对手,不把对方压倒,自己也就显现不出来了;于此若是谋划得当,方略对头,事情就会好办得多,效果也最为显著。

【事典】宋太祖联姻

宋太祖赵匡胤陈桥兵变,当上皇帝之后,天下并不太平。当时的宋朝有许多敌人,环伺周围:西有蜀国,南有南汉,东南面有南唐、越国,北面有北汉,契丹人也窥视中原,虎视眈眈。

一次宋太祖和大臣议事,宋太祖说:

“大敌不去,我寝食难安,你们可有安邦灭敌之策?”

大臣们各抒已见,宋太祖却都不满意,他说:

“打仗亲兄弟，上阵父子兵。安邦灭敌，还得靠精兵猛将。精兵易得，猛将难求，而忠于自己主子的猛将就更难得了，这才是最最要紧之处。”

宋太祖有此想法，便对手下臣子极力拉拢。他想了很多主意和办法，以便让臣子心存感激，死心塌地地为他效力卖命。

高怀德在陈桥兵变中立有大功，他又统领大军，能征善战。宋太祖对他十分看重，便想进一步和他拉近关系，促其心无杂念，死命杀敌。他为此把高怀德召进宫中，嘉勉一番后，说：

“将军劳苦功高，若有所求，我无不应允，将军可有话说？”

“皇上加恩于我，已然足矣。臣只想尽忠报国，别无所求。”

高怀德走后，宋太祖怅怅不乐，他对自己的妃子说：

“高怀德别无所求，这才是最让我担心之处啊，我左思右想，真不知该如何赏赐他了，故而心烦。”

宋太祖的妃子说：

“可惜他不是皇亲，要不还能让皇上这么费心吗？”

一句话提醒了宋太祖。他顿觉释怀，击掌道：

“你说的不错，若是成了一家人，我还用担心他吗？不过此事也不为难，我这就派人给他做媒。”

宋太祖有一妹妹，曾经嫁给朱福德为妻，后因朱福德早死，她便年轻守寡。宋太祖想到了妹妹，决意把她嫁给高怀德为妻，如此高怀德身为妹婿，自是一家人了。

宋太祖将自己的想法告诉了杜太后，杜太后却说：

“身为女人，最讲贞操节烈，你让公主再嫁，一则损其声誉，二则伤及皇上威名，此事实不可行。”

宋太祖耐心解释了初衷，最后说：

“为了皇权巩固，臣子尽忠，我也不能不多想办法啊。为了大事，何必拘于小节呢？此事未必对皇妹不好，还请太后以天下为重，准予办理。”

杜太后最终被说服，宋太祖的妹妹又不反对，宋太祖遂派赵普和窦仪为媒，向高怀德提亲。高怀德受此恩宠，满心欢喜，一口答应。宋太祖于是命太史择定吉日，为其二人完婚。婚后第二天，宋太祖就命高怀德带兵讨敌。高怀德非但没有怨言，而且是豪情万丈地欣然而去。奋力杀敌，不畏艰辛，为宋太祖立下了许多功劳。

原文

官无恒友，祸存斯须，势之所然，智者弗怠焉。

译文

官场上没有永恒的朋友，祸患常在片刻之间，这是形势的必然，有智慧的人对此不能松懈。

释评

官场中的一切，都是以利益的得失来左右人们对之评判的标准。地位变了，环境变了，时间变了，都可使官场中的人和事发生明显的变化，从而促使人们改变看法，选择取舍，重新确定敌友。这是官场的复杂之处，也是官场的残酷之处，从根本上决定了在利益至上的前提下，官场没有永恒的朋友这一现实。

那些以情为重、不计利害的性情中人，尚洁志士，在这里不但自讨没趣，处处碰壁，往往还因不合时宜，被人视为"害群之马"群起攻之，四面受敌。掌握这一点，聪明的人就不会心存幻想，盲目为善，他们与人交往，为人处事也就处处设防，机智多变，若能进一步谋划出众，智计察往知来，就更能祸事不招、立于不败之地了。

汉光武帝

刘秀，东汉第一位皇帝。汉景帝后裔，高祖九世孙。因起兵反对王莽，恢复汉室政权，成为中兴之主。政治上清静俭约，兴建太学，提倡儒术，堪称贤明君王。

镜 鉴

官场上没有朋友，唯有利益。

【事典】处变不惊的刘秀

刘秀和他的大哥刘縯举兵造反之时，自感力量单薄，便和新市、平林的农民义军王凤、陈牧等人联合，共同打击王莽的新王朝。

起初，农民义军王凤、陈牧等人对刘秀兄弟十分亲近，相处得如亲兄弟一般。刘縯对他们更是无话不谈，倾心结交。只有刘秀，他不仅和他们保持一定的距离，还为此多次劝刘縯说：

“王凤、陈牧等人，人既粗鲁，又多狡黠，我看他们对我们的友好并不是发自内心。何况我们势力壮大之后，必有权位利害之争，到时哪会有所相让呢？大哥切不可在此失察，毫不防范啊。”

刘縯性情耿直，为人宽厚，他对弟弟反而责怪道：“我们联合抗敌，若无诚意，只讲机谋，那就人心涣散，自行瓦解了，何来将来的胜望？你这个人心计太多，猜忌太甚，我是不会这样对人的。”

后来推举皇帝。本来刘縯最有资格当选，可是王凤、陈牧等人怕他不好驾驭，自己大权旁落，竟另立了能力平庸的更始将军刘玄为帝。刘縯心中感伤，常常对刘秀发牢骚说：

“这些人真是小人啊，我今天才算看透了。人说官场无友，不在此中厮混，又哪能知道这里的无情呢？”

刘秀每次都告诫哥哥说：

“事已至此，哥哥就不该有所怨言了。若让他们知晓，岂不引来杀身之祸？”

刘縯性格倔强，虽有刘秀劝告，可他还是忍不住对人诉苦。王凤、陈牧等人心怀怨恨，便唆使刘玄把刘縯无端杀害。

刘秀当时不在刘縯身边，当他指挥了那场著名的以少胜多的昆阳大战之后，回到宛城，这才得此凶信。面对如此剧变，刘秀心痛之际，却没有失去理智。他自知身陷人手，若是冲动报复，那就只有死路一条。

出乎所有人的意料，刘秀见了刘玄，却自责说：

“哥哥罪有应得，只恨我平日没有劝导哥哥，让皇上忧心了。臣实在有罪，还请皇上为正法纪，莫予宽贷。”

王凤、陈牧等人只想刘秀定会为刘縯讨个说法，那样他们就会借此把他也杀了，以除后患。眼见刘秀如此服帖，且又态度诚恳，似无虚假，他们反是无以加罪了，不得不暂时放过了他。

刘秀草草葬过刘縯，装作无事一样。白天他和人谈笑风生，饮酒作乐，深夜却是暗中哭泣，咬碎钢牙，发誓报仇。如此夜不能寝，他消瘦了许多。他的手下冯异看破了他的心事，私下劝他说：

“将军忍辱负重，虽暂时避祸，却不是根本之策啊。若脱离牢笼，另寻发展，不是更好吗？"

刘秀对冯异考察一番，确信他是一片真心之后，才口吐真言道：

"我这般行事，正为此故啊。眼下无此机会，自不可草率行事。"

他苦苦忍耐，直到刘玄想派人到河北发展势力，刘秀才经人举荐，借此离开宛城。他以河北为根据地，招兵买马，搜罗贤士，广揽人心，势力一天天壮大，为他建立东汉打下了坚实的基础。

原文

料敌以远，须谋于今；去贼以尽，其谋无忌。

译文

预料敌人能达到远处，必须要在今天谋划；铲除贼人要达到全歼，他的谋划就不能有所忌讳。

释评

为了达到目的，谋划向来是讲究不择手段、立足长远、早做准备的。没有了这些，谋划就失去了功效，反而会弄巧成拙，作茧自缚。事情总是在朦胧的时候，有智慧的人便能预见它的发展趋势和结局，从而采取相应的对策和谋略，这才显得特别宝贵和高明，也才真正为人所不觉，克敌制胜。否则，事到临头，仓促应变，纵是再好的计策，也只能减少损失，无法周全。同样，要想尽善尽美，收取全功，人们并不在乎手段的卑劣和方法的恶毒，只要行之有效，尽可拿来一试。这是人们的功利心作怪，也是"胜者王侯败者贼"的严酷事实所催生出的绝情之举和无奈之果。

【事典】姚崇的遗策

大唐名相姚崇将死之时，把他的诸子叫到床前，对他们说：

"我和张说素来不和，互以为敌。张说现虽不在京城，在外为官，我死之后，他必受重用，执掌大权。张说恨我入骨，到时报复起来只怕要连累你们了。"

姚崇的儿子们哭着道：

“这是我们无法改变的事，父亲就不要多虑了。我们纵是千辛万苦，也绝无怨言，请父亲安心。”

姚崇喘息着说：

“面对祸患，你们不思用智谋划，却要顺其自然，这哪是智者所为呢？我有一计，可消此灾，你等务须谨记，不得有违。”

儿子们屏住呼吸，姚崇又说：

“你们要在我灵座之前，放上珍玩宝器。张说吊奠之时，若对此视而不见，就可知他无法疏通，必须报复，你们必须马上逃到乡下，以避灾祸。如果张说贪恋宝物，把玩不止，则可知他见利忘恨，尽可收买。于是你们便说我有遗命，求他写一篇碑铭，以那些宝物为谢。切记，你们请他要速速写就，还要马上刻在石上，速呈皇上过目。一切都在一个‘快’字上。否则，张说有悔，不但前功尽弃，尔等也大祸临头，无可逃避了。”

姚　崇

字元之，出身于武将之家，胸有大志，直言敢谏，然智谋深远，在权利斗争中进退自如。是唐代重要政治人物，为武则天、睿宗、玄宗三朝宰相。

镜　鉴

远谋必须精准到位，才能发挥功效，速度、细节等要素缺一不可。

姚崇死后，他的儿子们遍发讣告。刚好张说有事入京，听闻此讯，便乘便到姚家祭奠。一见宝物，张说爱不释手，连连叹道：

“这么好的东西，可惜姚大人无法带走，倒教我睹物思人了。”

姚崇的儿子赶紧上前，按照父亲生前所嘱，开口道：

“大人乃当代奇才，文满天下。我父早有嘱托，他的碑文请大人写就，他方心安。若大人应允，这些宝物权当致谢。”

张说一听喜出望外，来不及多想，便马上答应。他回到寓所即写碑文，刚刚写好姚家就把宝物送上门来。张说交出碑文，收下宝物，心中的狂喜自不待言。

姚家收到碑文，见张说所写满是歌功颂德之词，遂连夜雇人刻写。他们又速将文稿呈献玄宗皇帝，请其御览。玄宗对文稿的文采和褒美之词大加赞赏，说：

“姚崇之贤，此文之美，可谓名至实归、相映成趣了。”

听到玄宗的夸奖，张说忽有所悟：自己与姚崇有仇，如今写文说他的好话，以后就报复不了他的家人了。否则就是自相矛盾,皇上也会怪他表里不一。他急忙派人向姚家讨取原稿,姚家便说文稿皇上已然看过认可,石碑也已刻成。张说顿足后悔不迭,方知中了姚崇的圈套。以后张说果然又获重用,返回朝廷,他虽有心报复姚家子弟,无奈他写的碑文已传遍天下,为求和碑文口径一致,他不仅不能加罪于姚家子弟,还不得不违心地对他们加以提拔。

原文

欺君为大,加诸罪无可免;枉法不容,纵其为祸方惩。

译文

欺骗君主是大罪,把这个罪名强加在别人身上他就不能幸免。破坏法律不能宽容,放纵他直到产生祸乱才加以惩罚。

释评

谋划的手法和谋划的内容,是相辅相成的。内容不同,决定着手法要有变化,针对性和实效性要强。自古以来,欺骗君主都是大罪,用这个罪名做文章,对任何人都是极强的杀伤力。在此,如何让罪名成立,便是决定性的问题了。纵容别人惹下祸端,设下圈套让别人造就事实。这是一种阴险的手法,也是不易被人察觉的手法。它看似为别人着想,又处处让别人占点小便宜,孰不知正是在这种误导和引诱下,别人积祸日大,为害日显,已一步步走向深渊。一旦他罪名昭著,人所共知,不可回头,谋划者便可明正言顺地加以讨伐,一举将他除掉,且能赢得人心,加官晋爵。中其计者虽显冤枉,却也因事实俱在,而无法辩解了。

【事典】李缓的“反案”

李缓是唐高祖李渊的孙子,他无谋无能,只因身系皇族宗室,李渊便赏他做了幽州都督。

李缓的副手叫王君廓,此人本是强盗,后来投降唐朝,立过不少战功。他不但武功过人，心计也特多，李渊正是看中他的这一特长，才教他辅助李缓的。

李缓自知没有本事，为了维持局面，他便对王君廓另眼相看，以为心腹。他还把女儿嫁给他，所有大事无不找他商量。

李世民发动"玄武门事变"的消息传来，李缓不知如何应对，急忙召来王君廓，对他愁苦地说：

"朝中有变，事关利害，我们该怎么办呢？万一此事处置失当，我就大祸临头了。"

王君廓却是不急于作答，心中只在思虑如何借此变故整倒李缓，邀功求进。许久，他才慢腾腾地说：

"此等大事，大人不可草率行事。我们何不乐观其变，再定不迟。"

李缓以为有理，听从了他的建议。

王君廓派出人手，进京打探消息。当他得知李世民的地位已是不可动摇之后，心中马上有了主意。不久朝廷有使臣前来，传命召李缓进京议事。李缓不敢怠慢，整装待发之时，不料王君廓却拦下了李缓，痛哭流涕地进言道：

"大人此番前去，和送死有何分别？故太子、齐王乃是皇上的亲生儿子，都被人杀了，何况是你呢？大人拥兵10万，奉命守边，眼下国家遭逢变乱，正该是大人讨逆立功、重整朝纲的大好时机呀，怎么能无所为、自寻死路？若是大人振臂一呼，下官和全体将士定会竭力拥戴，万死不辞。"

李缓不知王君廓的险恶用心，却把他当做了救命恩人，他抱住王君廓，感动得流下泪来，他哽咽地说：

"你真为我的性命着想啊，若是没你的良言相劝，大错便无可挽救，只怕我死了，还让天下人耻笑。"

李缓于是传命把朝廷来使拘押起来，又把北燕州刺史王诜召为军事参谋，准备征兵发难。

王诜前来，兵营参军王利涉才知事态严重，他赶紧面见李缓，劝阻说：

"大人擅自发兵，无有朝廷诏令，这明明是造反呀！大人怎可如此行事呢？若是有人不听号令，那可就危险之至了。"

李缓为王君廓所惑，坚持发兵。王利涉见劝之无果，便建议他联络突厥，召用窦建德的余部，一起举事。

王君廓得知此事，心中恐慌。他本想让李缓背上造反之名，他便要擒"贼"立功，夺取他的都督之位。他深知李缓若是照王利涉所言行事，李缓的势力便会大增，自己也有偷鸡不成蚀把米的风险，于是他对李缓说：

“王利涉不懂军机，大人怎能听他的鬼话呢？现在时间紧迫，我们必须抢占先机，方能攻其不备。”

李缓又一次深受感动，对王君廓说：

“有你如此待我，我才没有祸患啊，内外之兵，我都交付你了，一切任你行事。”

王君廓得到了调兵的印信，于是诱杀了王洗，放出了朝廷来使，逮捕了李缓。有此大功，他如愿以偿地取代了李缓，当上幽州都督。只是那个不辨其计，上当受骗的李缓，最后却是落得个被废为庶的下场。他的“反案”亦因铁证如山，而永不可翻案了。

原文

上谋臣以势，势不济者以术。

译文

君主凭借权势谋划臣子，势力衰弱的时候要依靠权术。

释评

权力场中，权势是最令人畏惧的东西。大权在手，纵是无能无谋之辈，也会一呼百应，无敢不从。权势也是变化的，君主也有徒有虚名的。在改变了强弱之势的情况下，智谋的作用便显得分外重要了。它可使弱者之君驾驭臣子，又可令他们躲避祸难。在特殊的情况下，它更有起死回生之效，教弱者之君铲除强臣，夺回已失的权柄。这又从反面提醒当权者不可一味恃势胡为，不思谋划，否则一旦强弱易手，祸事降临，便是非大智慧者所能轻易扭转的了。

【事典】汉桓帝的最后一博

东汉的汉桓帝刘志，是奸臣梁冀为了控制朝政才推上台的。他为帝之时，只有十五岁，梁冀从没有把他放在眼里，他这个皇帝没有实权，完全是个傀儡。

汉桓帝渐渐长大，对自己的处境日益忧心。他虽恨极了梁冀专权，无奈他的势力已成，爪牙遍及朝野，甚至他身边的宫卫近侍，也是梁冀所派来的私党。对此他强自忍耐，不敢轻举妄动。

汉桓帝二十八岁时，他自觉无法忍受，便苦思夺权之计。一日，他对自己的心腹宦官唐衡说：

"我身为皇帝，却是无兵无将，不得过问朝中大事，你以为如何呢？"

唐衡不知其问何意，遂小心说：

"皇上难得清闲自在，自可纵情享乐了，有什么不好呢？此话若是让梁冀知晓，他是要起疑心的，皇上以后不要乱说了。"

汉桓帝仰天一笑，苦声说：

"我视你为自家之人，连你都不肯和我说些真话，看来我这个皇帝真是孤家寡人呀！既是如此，你何不向梁冀通风报信，以求其封赏呢？"

唐衡跪地说：

"小人岂敢背叛皇上呢？若是皇上有心除贼，小人却有一策。"

汉桓帝眼中一亮，遂马上扶起唐衡，动情道：

"我生不如死，自度与梁冀相较，凶险无比，可这也是没办法的事了。这是我的最后一搏，你有话尽可道来。"

唐衡受宠若惊，颤声说：

"皇上势不如人，不可力敌，只能智取。时下人见梁冀势大，多是献媚归附，所以外人不可轻信。皇上身边之人，单超、左悺、徐璜、具瑗，和梁冀有仇，他们自会别无二心。若是皇上亲自相召，告知此事，他们当尽死力。如此再细心谋划，小心准备，小人以为必可铲除梁冀了。"

汉桓帝听此，神情不觉一振。他命唐衡召来单超等人，果如唐衡所说，他们当时就应承此事，表示不惜一死。汉桓帝为了让其尽心效命，竟和他们结下同

汉桓帝

刘志，东汉第10位皇帝，汉章帝曾孙，在位21年。146年，外戚梁冀毒死汉质帝，扶立刘志，是为汉桓帝。即位后，桓帝联合宦官集团诛灭梁氏，而宦官之腐败又更甚于梁氏。东汉政治更加衰颓，国势益弱。

镜　鉴

以利益恩仇为线索，就能找到同盟者。

盟，并许以重赏。

汉桓帝暗中行事，梁冀一无所知。梁冀专权日久，骄狂日甚，使他对一切事都视若无物。早有人对他有所劝谏，让他对汉桓帝不能掉以轻心，他却每每指责他们杞人忧天，高估了那个小皇帝。他曾嬉笑着说：

"只有无权无势之辈，才会弄些权谋智计的伎俩，我哪里用得着呢？"

结果正是由于他的粗心和大意，让汉桓帝得以从容行事。梁冀后被汉桓帝派人发动突然袭击，包围在其府中，他无奈自杀之后，梁氏家族也被消灭。

原文

下谋上以术，术有穷者以力。

译文

下属依靠权术谋划君主，权术穷尽的时候就凭借实力。

释评

权术作为一种政治手腕，是官场中人必须掌握和运用的，否则就难以立足、生存，发展和升迁更是无从谈起。对下属而言，由于君主的权威和喜怒无常，也由于争宠献媚的人为数众多和各出奇计，权术不仅显得重要，而且只有深通此道者才能超群拔众，赢得君主的欢心，得到重用。当然，权术也有穷尽的时候，或是权术被人识破，君主不赏。如此一来，聪明的人便会另辟蹊径，在增强自身实力上多下工夫。有了实力这个依托，当权者为了自身考虑便会多了许多顾忌；有实力的人恃此也能增加自己说话的分量，让当权者不得不做出让步。

【事典】张良的主意

刘邦称帝后，立他和吕后所生的儿子刘盈为太子。随着时间的推移，他见刘盈性格柔弱，便心有不喜。他和戚夫人所生的儿子刘如意，聪颖乖巧，很像年少时的刘邦，再加上戚夫人日益得宠，她又每每恳求立自己的儿子为太子，于是刘邦就有了废立太子的打算。

一次，刘邦召集群臣，讨论废太子的事，他说：

“刘盈软弱，将来恐怕难当大任。赵王如意甚得我心，假以时日，必成大器。”

群臣深知此事关系非常，一时不知如何应对，四下无声。御史大夫周昌心中有气，暗怪刘邦受戚夫人怂恿，他忍耐不住，首先开口道：

“太子废立，关乎国体，皇上怎会如此轻率呢？太子无罪而废，理有不该，人有不服，此事绝不可行！”

周昌言罢，群臣这才纷纷劝谏刘邦，反对废掉刘盈的太子之位。刘邦见无人赞成，一时只好免议此事，却想日后再谋求他法。

眼见儿子的地位岌岌可危，吕后万分着急，十分惧怕。她为此和刘邦大吵大闹，又试着用其他方法劝刘邦回心转意，无奈刘邦心系如意，吕后的所有努力都不见成效。

万般无奈，吕后找到张良，请他出面劝说刘邦。张良拒绝了，他说：

“我已隐退在家，自是不能过问政事，何况皇上态度有变，已非一日，我又怎能劝得了皇上呢？”

张　良

字子房，刘邦重要谋士。因祖上历任韩国宰相，遂拥韩国之贵族为韩王，欲图复国。韩王被杀后，依附刘邦。汉朝建立，封留侯，为汉初三杰之一。

镜　鉴

实力是决定事情走向的最重要砝码。

吕后见张良不肯，失望已极，她哭着对张良说：

“戚夫人恃宠而骄，倘若如意又当上太子，我们母子就凶多吉少了。盈儿是你的学生，你真的忍心不救吗？”

张良长叹一声，后道：

“我不便出面，皇后请恕老臣之罪，此事并非无解，我就出个主意吧。”

吕后顿时喜上眉梢，她自知张良足智多谋，他若有心相帮，此事就大有转机。张良让吕后的哥哥吕释之出面，请“商山四皓”扶保太子。他为此强调说：

“商山四皓，乃世外高人，皇上曾请他们出山，他们都婉言谢绝了，皇上对他们十分尊敬。若有他们替太子说话，太子的地位就无人能撼动了。”

吕后依计行事，当刘邦又要决定废太子之时，“商山四皓”出现在刘邦的面前。刘邦见他们不请自来，又惊又喜。不料“商山四皓”却对刘邦说：

“皇上向来轻视士大夫，先前我们才违命不至。如今太子仁孝，威名远播，我们愿扶保太子。”

刘邦心中惊讶，自度刘盈羽翼已然丰满，不可轻视了。他自此打消了废太子之念，刘盈的地位终得以保全。

原文

臣谋以智，智无及者以害。

译文

臣子用智计谋划同僚，智计达不到的时候就用伤害。

释评

官场同僚之间的争斗，向来是残酷和激烈的。这不仅因为同僚之间存在着利害关系，此消彼长，也因为在君主面前，同僚为了争宠，常常是以贬损、打击别人为手段，借以抬高自己，凸显己能。同时，君主为了驾驭群臣，也故意制造群臣不和，互相攻击，从而分而制之，让他们不能形成合力，便于君主统治。有此诸多原因，同僚之间各逞其能，谋划争斗便是难免的了。用智计害人于无形，固是妙法，可若此术不通，赤膊上阵，直接加以伤害，就是许多人的最后选择。这虽不是好的办法，却是善使计谋者难以想象和疏于防范的，不可等闲视之。

【事典】被逼自杀的韩非

韩非和李斯同是荀子的学生，韩非口吃，短于游说，而李斯却口若悬河，辩才超群。荀子曾考究二人的才学，对他们说；

“李斯才露于外，韩非才藏于内，将来官位显贵者非李斯莫属了。”

李斯十分得意。私下，荀子却独对韩非出语说：

“得我真学者，只有你了。论智论计，李斯绝不是你的对手，我不公开赞扬你，只是怕他对你心存忌恨，日后对你不利。”

荀子劝韩非以后不要和李斯共事，韩非似信非信，含糊地答应下来。

李斯后来到秦国游说，以其出众的辩才为秦王嬴政赏识，官至丞相。嬴政一天偶读韩非的《孤愤》一文，击节叫好。为了得到韩非，嬴政不惜用重兵攻打韩国，索取韩非。

韩非无奈来秦之后，李斯颇为紧张。他怕嬴政重用韩非，于是他以同学身份私下对韩非说：

“秦王赏识于你，这只是表面现象，他只不过想借此让韩国失去一个人才罢了。我们乃同门好友，自不会见死不救；倘若你不愿留此，我可安排让你速速逃走。”

韩非至此方信老师之言无差。他识破了李斯的诡计，故作慨慷道：

“我来秦国，非为秦王所请，乃为救韩应急。秦王大兵加韩，我岂能惜死害国？你的好意，我实在不敢受。”

李斯只想用计将韩非逼走，无奈韩非智高一筹，始终不上他的圈套。李斯把心一横，索性要把他直接加害，于是他面见嬴政说：

“韩非是韩国的公子，他心在韩国，对大王敢怒而不敢言，他怎会真心为大王效力呢？他确是罕见的大才，可这样的人若是为韩国所用，对秦国就是莫大的祸患了。与其养虎为患，不如马上将他杀了。”

嬴政一时被说动了，遂下令将韩非打入死囚。韩非不明所以，求李斯代言求见嬴政。李斯嘴上答应，暗中却招来他的心腹手下，向他征询说：

“韩非虽被打入死囚牢，我怕大王有悔，故而迟疑难断。你可有上上之策吗？”

那人早知李斯心中所忌，为了投其所好，他小声道：

“大人手握大权，自可把韩非斩杀。此事即使皇上知晓，因他有令在先，也怪不得大人擅杀无辜。”

韩　非

战国晚期韩国王室公子之一，法家的创立者。口吃不擅言，而文章出众，是法家思想的集大成者。有《韩非子》一书传世。

镜　鉴

才高者的谋略往往抵不过小人的狠毒。

李斯于是给韩非送去毒酒，逼令他自杀。韩非举杯哀叹说：

“先师之言，今日果然应验了。似你这无耻小人，无计可施，便害我致死，却是非君子所能测度的了。”

韩非死后，嬴政果然心有悔意，命人将他释放，可是已然晚了。面对韩非已死的事实，嬴政怅然若失，却无法改变。

原文

事贵密焉，不密祸己；行贵速焉，缓则人先。

译文

事情贵在保守秘密，不能保守秘密，就祸及自身；行动贵在迅速快捷，缓慢拖拉就让别人占了先机。

释评

谋划的功效，常常需要通过出其不意、攻其不备、迅雷不及掩耳的实际操作，才能真正体现出来。再好的谋划，如果做不到这一点，也会失去效能，达不到谋划的目的。谋划如果让人得知，对手自会对症下药，如此反被敌制，受害的只能是自己。行动不快，事情就有变化的可能；对手若是抢在前面，人们的谋划就会都被打乱，同时也陷于被动。这是运用谋划的戒律，也是谋划成功的首要前提。

【事典】刘歆政变的失败

王莽建立新朝后，十分器重在朝为官的经学大家刘歆。王莽酷好古礼，刘歆就依据“古文”经中的著名典籍《周礼》，设计了许多仿古制的大典，建造了众多有《周礼》依据的祭祀场所。王莽论功行赏，封他为红休侯。王莽改制造成混乱，天下一时义军四起，新朝摇摇欲坠。如此形势，朝中大臣个个自危，都在寻求自己的退路。大司马董忠一次亲至刘歆府上，闲谈之时，董忠说：

“我朝之乱，祸自一切好古，不合时宜，大人不认为有罪吗？”

刘歆不料董忠当面指责，只道：

“皇上有命，谁敢不从？大人如此无礼，恕在下不能奉陪了。”

刘歆下了逐客令，却见董忠自不为怪，又说：

“大人涉世太深，如若皇上将此罪尽推在大人身上，大人岂不祸在旦夕？大人就不思量自保之策吗？”

刘歆心动，忙问其计。董忠见刘歆动问，这才道出真意，他低声说：

“大人学问高深，见识自比常人为高。眼下我朝大势已去，我们何不起事诛逆，一可自保，二可再建王朝，永享富贵。”

刘歆为董忠公开造反的言语震惊了，他吓得脸色苍白，许久说不出话来。董忠极力劝说之下，刘歆渐渐脸色平和下来，最后他说：

“大人信任于我，我自不会告知他人，请大人放心。不过此事不宜草率，时下也不是时机，且待以后再议吧。”

刘歆没有马上和董忠联手，董忠也暂将此事放下。不久，刘歆的两个儿子因受甄丰和王莽抗争的牵连，一起被杀；刘歆痛定思痛，遂和董忠谋划政变事宜。董忠和他商议之后，告戒刘歆说：

“你为人善良，此事万不可泄啊。你书生气太浓，不能随便相信别人；一旦事情决定下来，我们便马上动手，到时你不要借故推辞才好。”

刘歆满口应下，私下里却是不分对象，到处拉人入伙。有几次事情都计划好了，刘歆却临阵退缩，临时取消了行动。董忠对此十分担心，他和刘歆大吵了一架。刘歆却说：

“我们力量不足，自要多找援手；准备不周，焉能贸然动手？我读书无数，这一点自比你善于策划，请你相信我好了。”

刘歆的盲目自信和他的那番举动，不仅让他过于乐观，而且终使消息走漏，丧失了行事的最好时机。王莽抢先下手，将刘歆和董忠等人一网打尽，刘歆自

刘 歆

刘向少子，西汉皇族。著名学者，以能通经学、善属文，待诏宦者署，为黄门郎。汉成帝时，受诏与其父刘向领校“中秘书”。哀帝时，继承父业，总校群书。

镜 鉴

谋大事不是做学问，缓而欲周，必败。

杀而死，董忠等人亦被一一杀害。

原文

其功反罪，弥消其根；其言设谬，益增人厌。

译文

把人的功劳反而说成是罪过，这最能消除他的根本；设定一个荒谬的说法诬指是他说的，这最能增加人们的厌恶。

释评

谋划的水平高低、手段高下，其产生的作用和实际效果是大相径庭的。从根本入手，让人人喊打，这无异是谋划者所追求的理想境界。它不仅打掉了对手，也让对手遗臭万年，却能显出自己的正确和无私，这样的好事谁会拒绝呢？把功劳说成罪过，把荒谬加诸彼身，这并不是一件特别难办的事，重要的是要有此心机和主攻方向。在封建专制时代，在欲加之罪，何患无辞的小人眼中，这一切极易发生，做也简单；而在正直之士看来，此举不但丧尽天良、无耻之极，而且最能致人于难堪和不辩，当是最令人恐惧与憎恨的事。

【事典】薛道衡的罪名

隋朝的薛道衡是隋文帝的老臣，在文坛享有盛名。隋炀帝登基后，他嫉妒薛道衡的才华，又不喜欢他的直言进谏，便有心将他除掉。

一日，隋炀帝心情郁闷，偏偏又读了薛道衡近日所写的诗文，他见其文采华美，意境深邃，感叹之下，对他更忌恨了。他愠怒之下，随口问服侍他的宦官，说：

“薛道衡那个老匹夫恃才自傲，却无太大的罪名，我该如何惩治他呢？”

那个宦官在隋炀帝身边日久，一向被其视为亲信，他见隋炀帝有了杀机，便毫无顾忌地说出了自己的想法：

“皇上有心治他的罪，何不从其才上下手？如此他恃无所恃，何愁出师无名呢？”

隋炀帝听过即笑,连道:

“不错,这样他就死得难看,也解了我的心头恨。”

过了不长时间,隋炀帝收到薛道衡献上的《高祖文皇帝颂》一文,内容歌颂隋文帝的文治武功,文笔也极尽优美华丽。隋炀帝看视良久,忽然发出一声奸笑,他召来薛道衡,当面问他说:

“你赞颂先帝, 无所不至, 真是难为你了。你这般用心,可是为何?”

薛道衡见隋炀帝一脸和气, 面带笑容,便朗声说:

“微臣久侍先帝,思念已极,借此抒怀,亦让天下人追思。”

隋炀帝默不做声,他环视众臣,许久才出言道:

“薛道衡这番美意,你们以为如何呢?”

众臣见隋炀帝脸有怪异之色, 不明所以。出于常理,他们自度薛道衡赞颂文帝无错,当是大功一件,于是纷纷表态说:

薛道衡

隋代诗人,字玄卿,历仕北齐、北周。隋朝建立后,任内史侍郎,加开府仪同三司。炀帝时,出为番州刺史,改任司隶大夫。后为炀帝所杀。

镜　鉴

上欲杀之,何患无辞,居下者当揣度上意,未雨绸缪。

“薛大人怀念先帝,心存至孝至仁,皇上当以嘉勉。”

隋炀帝越听越是眉头紧拧,他突然大喝一声,拍案而起,厉声道:

“你们只见其表,不察其奸,还为此贼美言,可是统统和我为敌不成?他极力赞美前朝,分明是居心险恶,暗指我当朝失政,昏庸无能!”

此言骇人听闻,众臣听之无不惊呆,不敢想象。薛道衡呆立当场,好久才回过神来,连呼冤枉。

隋炀帝又怒指薛道衡,斥责道:

“有人报我你早对当朝不满,说什么皇上无德,难堪大任;更荒谬的还是你竟说皇帝之位,当以贤者居之。你如此恶毒,我真不知你是何心肠!”

隋炀帝所言,全是他信口编造,如今加在了薛道衡的身上。众臣一听就怒不可遏,同声痛斥。隋炀帝见薛道衡狼狈不堪,群声责骂之状,心中狂喜。在无一人反对之下，隋炀帝判其有罪，交司法部门审理。如此罪名，自是死罪无疑了，隋炀帝遂名正言顺地下令赐薛道衡自尽。薛道衡拒不认罪，犹自辩不已，最后终被勒死。

原文

行之不辍，不亦无敌乎？

译文

谋划行为不停止，不是没有敌手了吗？

释评

历来的成大事者都是十分重视谋划和善于谋划的。他们不会为一时智谋成功而自得，也不会为暂时的智计失败而自弃。唯其如此，他们才会脱颖而出，成为最后的胜利者。反观失败者，谋划方面的不足和失误始终是他们失败的重要原因。他们或是自负狂妄，恃强斗狠；或是没有远见，贪图小利；或是智不如人，谋人不成，反被人算。凡此种种，从反面警醒人们，谋划不是可有可无的，也不是简单行事就能奏效的。它是双刃剑，运用得当、智计高超、久能为之，便是战胜敌人的法宝；用之有偏、策略平庸、有始无终，就会把胜利拱手让人，自吞苦果。

【事典】老谋深算的徐阶

明朝奸相严嵩当政20多年，很多忠臣都被他害死，朝中官员升迁贬谪，全凭贿赂多少而定。正义之士深恨严嵩，一时却无计可施。

徐阶身为重臣之一，忧心如焚，他见形势对严嵩有利，便采取韬光养晦之计，故意不问政事，却和严嵩交往颇密。

一次，徐阶和严嵩闲谈，说到朝中大臣反对严嵩时，严嵩恨恨地对徐阶说：“我为朝廷尽力，为皇上分忧，不想那帮小人不识大体，背地里还说三道四，太可恶了，我想重重地惩罚他们。”

徐阶深知严嵩狠毒，若是朝臣有骨气都被他贬逐，那么以后更无扳倒他的希望了。他念及此节，便故作惊讶地说：

“大人受此冤枉，我徐阶第一个不能和他们善罢干休。不过按理说朝中当无这种不识时务之辈，大人可知他们是谁吗？”

严嵩一一说出名姓。徐阶倒吸一口凉气，表面上却犹豫起来，故作哀声。严嵩动问之下，徐阶便说：

“他们实在该死，可若将他们一一治罪，也不是上上之策啊。一来皇上恐有疑虑，二来把这些人一下揪出，也显得大人为政无方，御人有失，这对大人的清誉十分有害。”

严嵩听之在理，便问他有何良策。徐阶这才故作低声说：

“我可替大人出面，对他们动之以情，晓之以理，如若他们不改弦更张，归附大人，到时再治他们之罪不迟。若是他们投靠了大人，大人不仅去了强敌，更增添了大人的势力，如此一举两得，岂不最好？”

严嵩称善，徐阶于是分别拜访和严嵩作对的大臣们，对他们说：

“严嵩现在如日中天，皇上又沉迷道事，与其打虎不成，反受其害，何若暂时忍耐，以待他日？你们为国为己，都该保此名位，留下性命，否则来日和严嵩对决，朝廷又依靠谁呢？”

那些大臣听从了徐阶的劝告，佯装依附严嵩，且上门请罪。严嵩大悦，对徐阶信任有加，以为知己。徐阶丝毫没有放松戒备，他为了进一步和严嵩拉上关系，彻底打消他的猜忌，竟不惜把他的长子之女，嫁于严嵩之子严世蕃的儿子为妻。

嘉靖四十年冬月，嘉靖皇帝居住的西苑永寿宫被火烧毁。在议论皇上该暂住何处时，严嵩向嘉靖皇帝提议应暂住南宫。徐阶这回见有机可乘，便私下对嘉靖皇帝说：

“南宫乃先皇英宗被景帝囚禁之地，这是大不吉利的所在。严嵩明知此节，却偏偏出此主意，可见他居心叵测，实不敢想象了。从前多位大臣都曾上谏弹劾他，我还不敢相信，如今看来，他不仅下压百官，更是大不敬陷害皇上。此贼不除，还有天理吗？”

嘉靖皇帝被触到痛处，也下了决心。为了彻底铲除严嵩，徐阶又利用嘉靖皇帝迷信道教的特点，伪造乩语，表明罢黜严嵩是神仙玉帝的旨意。这样一来，嘉靖皇帝对严嵩再无半点顾惜，马上传令将严嵩罢官，其子严世蕃也被斩杀了。

问罪卷第十

法之善恶，莫以文也，乃其行焉；刑之本哉，非罚罪也，乃明罪焉。人皆可罪，罪人须定其人。罪不自昭，密而举之则显。上不容罪，无谕则待，有谕则逮。人辩乃常，审之勿悯，刑之非轻，无不招也。或以拒死，畏罪释耳。人无不党，罪一人可举其众；供必无缺，善修之毋违其真。事至此也，罪可成矣。人异而心异，择其弱者以攻之，其神必溃。身同而惧同，以甚其畏而刑之，其人固屈。怜不可存，怜人者无证其忠。友宜重惩，援友者惟招其害。罪人或免人罪，难为亦为也。

本卷精要

刑法在确定犯罪方面，本是以事实为根据的，离开了这一要旨，那么如何处罚犯罪，便成了当权者对付民众和政敌的一种手段了。

肉体的残害、酷刑的无所不用，向来是酷吏的看家本领；但精神上的打击是别的方法无法比拟的，也是最奏效的。

审案问罪最忌心有同情，不忍下手，这是酷吏和阴谋者的经验之谈。

在凶险四伏的官场之上，一个人如果没有机心，不设心防，该是一件十分可怕的事。

原文

法之善恶,莫以文也,乃其行焉;刑之本哉,非罚罪也,乃明罪焉。

译文

法律的好坏,不在条文本身,而是它的执行;刑法的根本,不在如何处罚犯罪,而是如何确定犯罪。

释评

法律的作用是惩恶扬善的。对法律的运用和解释,在封建专制时代,由于极度的集权和缺乏人权观念,人治大于法治,法律所产生的作用便十分有限了,有的甚至成了摆设,只成了当权者对付平民百姓的御用工具。而他们却可胡作非为,置于法律之外。故此,封建时代的法律条文,虽看上去义正辞严,貌似公允,其实质却是有名无实,欺善不罚恶。这一点,看其实际执行的情况最有说服力。刑法在确定犯罪方面,本是以事实为根据的,若离开了这一要旨,那么如何处罚犯罪,便成了当权者对付民众和政敌的一种手段了。它不仅使刑法的作用失去真正的意味,也反过来促使邪恶者为非作歹,令民众遭受更大的伤害。这是封建专制社会固有的弊端,也是奸恶小人常常用来害人的挡箭牌和撒手锏。

【事典】不识时务的鲍勋

鲍勋在担任魏郡西部都尉之职时,负责邺城西部的治安执法。鲍勋办事无私,执法森严,人人都对他十分敬畏。

其时,曹操以丞相之名主持朝政,其子曹丕的夫人郭妃之弟,因违法获罪,被鲍勋拘捕。郭妃之弟在狱中破口大骂鲍勋,又十分狂妄地对鲍勋说:

“我乃显贵之人,岂是你一个小小的都尉就能抓的?若不把我放了,倒霉的一定是你。”

鲍勋脸色铁青,气得浑身乱颤,他亲自痛打了郭妃之弟两个耳光,大声说:

“国家制定法律,我就要依法办事。似你这等奸恶狂徒,还不该惩治吗?我不管你是谁,到了我这休想讨到便宜!”

鲍勋手下的狱卒见之色变,他们拉开鲍勋,对他劝说道:

“此人乃丞相世子的至亲,大人怎可得罪呢?此人并不可惧,可惧的是他身后之人哪!大人依法行事,本无差错,可这事发生在有权有势者的身上,就另当别论了,大人怎可一味认真呢?若是世子怪罪下来,大人又哪里说得清楚?”

鲍勋并没有听从他们的劝告,反而坚持治罪。郭妃向曹丕求助,曹丕就亲自出面向鲍勋求情说:

“他一时糊涂,你就饶他一次吧。你执法有功,他日我必有重谢。”不料鲍勋竟一口拒绝,他以法作论重声说:

“俗话说,王子犯法,与庶民同罪,何况是他了?我既受命执法,若是因人而异,徇私养奸,丞相想必也会怪我失职了。”

鲍勋搬出曹操,以法为据,曹丕心中虽是恼怒,却怕因小失大,也就不再逼迫鲍勋放人了。但他将此事记挂在心,须臾未忘。

曹丕称帝后,鲍勋在军中任执法官。一次,鲍勋的朋友去军营探视他,为了方便,鲍勋的朋友从未建成的营垒中走了近道。有人以军规中“军营内不许走近道”为据,要治鲍勋的朋友的罪。鲍勋以为这是小事一桩,也就没有追究。

曹丕知道此事后,要借此报复鲍勋,于是命人将鲍勋逮捕,还小题大作地把他交到朝廷中的执法机关,让他们严加治罪。

按理即使犯错,也只是鲍勋的朋友,鲍勋的罪名,实在无法加之。执法官迫于曹丕的压力,议来议去,也只能提出“罚金二斤”的处罚决定,上报曹丕。曹丕见之大怒,他咬牙切齿地说:

“鲍勋知法犯法,罪加一等。他这个人常以执法严明自居,如此小人,表里不一,我一定要杀了他。”

朝中大臣见曹丕判鲍勋死罪,皆呼鲍勋冤枉,罚之太重,他们纷纷为其求情。主持司法的大臣高柔更是冒死进谏说:

“皇上震怒,也不该逾法太过,鲍勋如此死法,让人可视法为无物了。如此有害国本之事,请恕臣不能执行。”

高柔拒不执行处斩鲍勋的命令,曹丕便将他软禁起来,改派心腹使臣动手。杀了鲍勋之后,曹丕便将高柔释放,还对他说:

“你实在太迂腐了,你们制定法律,难道是让你们拿它来对付我吗?鲍勋不识时务,他是死有余辜啊!”

原文

人皆可罪,罪人须定其人。罪不自昭,密而举之则显。

译文

人都是可以定罪的,加罪于人必须先确定对象。罪行不会自动暴露,密告并检举他就会让罪行显现。

释评

来俊臣、万国俊之流,害人有一套完备的理论和方法——先确实对象,再由特务们向有关部门告密和写检举信件,这便是他们害人的第一步骤。对象的确定是有学问的,他们不喜欢的人和皇上要排斥的人,自是对象之一;他们认为妨碍自己前途和有可能成为自己的对手的人,又是对象之二;至于那些德高望重和正直忠义的人,即使和他们无怨无仇,由于立场不同,自也是对象之三。如此只要他们能想象出来,任何人都可成为他们陷害的对象。害人总要有些借口,诬告和无中生有地揭发罪行,便为他们抓人捕人作了很好的铺垫。罪行属实与否并不重要,只要是人落其手,他们便掌握了主动;只要人有了嫌疑,他们就有机可乘。这是舆论上的造势,冤狱的产生常常便始于此处。

【事典】狄仁杰的冤案

武则天当上女皇之后,重用武氏家族的人,以武承嗣为首的武姓宗戚一时人人显贵,横行朝野。宰相狄仁杰不肯谄媚他们,有时还顶撞武承嗣于朝堂之上,于是成了武承嗣等人的眼中钉,他们便思量陷害狄仁杰的毒计。

武承嗣找来来俊臣、万国俊等酷吏商议此事,武承嗣先是骂了一顿狄仁杰,然后说:

“你们主管司法,明日便将他抓了,以解我心头之气。”

来俊臣不慌不忙地说:

"大人此举,怕是不妥。"

武承嗣把眼一翻,怒道:

"你是为狄仁杰说情吗?"

来俊臣忙道"不敢",他谄媚地说:

"下官是为大人着想啊。那狄仁杰非比常人,皇上信赖于他,此人又颇有名望,如果没有适当的罪名便贸然动手,皇上那里都交代不了,又怎能置他于死地呢?依下官之见,我们还要广造舆论,令其背上罪名,这样下手就方便多了,皇上也不会再说什么。"

武承嗣目现犹疑,万国俊便在旁补充道:

"来大人所言甚是。下官这就安排人手,告密、检举狄仁杰意图谋反,大人再据此上奏皇上,这般双管齐下,狄仁杰自是在劫难逃,大人也可不露痕迹了。"

武承嗣首肯此事,来俊臣、万国俊便让人到官府告密,给司法部门写检举信。武承嗣拿着这些信件,上奏武则天。武则天将信将疑之下,便让来俊臣、万国俊等人审讯此案。

狄仁杰深知来俊臣等人的阴毒,为了麻痹他们,为自己赢得向武则天表白的时间,他竟在审讯时一口认下罪名,没有一丝辩解。来俊臣等人十分惊讶,却由此不再对他动用酷刑,只将他关在牢中,严加看管。

狄仁杰在狱中用血写就鸣冤的表章,他把它暗藏在棉衣里面,让狱吏送回家清洗。狱吏见是一件棉衣,没有在意,便让人送至其家。狄仁杰的儿子狄光远,心知父亲此刻送衣回家,必有缘故。他仔细拆开查看,于是拿出血书,直接上告到武则天那里。武则天命人把狄仁杰押到她的面前,对他说:

"你已招供,今又令子传书,可是为何?"

狄仁杰连呼冤枉,口道:

"当时酷吏在侧,如我不招,必被其打死,又怎能面圣陈冤呢?他们造谣诬陷我,还请皇上明察。"

狄仁杰借此又将酷吏的恶行讲述一遍,武则天不置一词。只因她怜惜狄仁杰之才,又有事倚重于他,这才将他释放。

原文

上不容罪，无谕则待，有谕则逮。人辩乃常，审之勿悯，刑之非轻，无不招也。

译文

君主不会容忍犯罪，没有谕旨就耐心等待，有谕旨就马上逮捕。人们自辩无罪是正常的，审讯他们不要心存怜悯，对他们用刑不能出手轻微，这样做他们就没有不招认的。

释评

严刑逼供，惨无人道，历来是冤案得以造成的一个直接原因。在灭绝人性的酷刑之下，人们生不如死。屈打成招的事便应运而生。酷吏们以此为能，把它当做法宝屡屡祭出。这固能说明酷吏的残酷恶毒，亦可昭示统治者任用酷吏的阴险用心，更能显示在封建集权制度下的法律规章的虚设和无助。人们若对此抱有幻想，终会受其愚弄和残害。酷吏在这方面，不能否认他们是很有心机和手段的，整人的智慧，他们从不缺乏，对此，善良的人们绝不可小视。否则，即便是智慧超群者，也会栽在他们的手上。

【事典】阳球的残暴

东汉灵帝时，阳球以司隶校尉的身份，弹劾宦官王甫父子、太尉段颎相互勾结，图谋造反。灵帝不及细察，立时大怒，命阳球审讯他们，以求实证。

王甫和他的儿子王萌拒不认罪，他们对阳球央告说：

“先前大人为小官时，你常出入我家，我们也给你许多照顾，你当是最了解我们了，求你向皇上说明此事，还我们清白。”

阳球听后不语，脸上也无动于衷。

王甫父子说的也是实情，他们被捕之前，王甫身为宦官头目，权势极盛；王萌也曾当过司隶校尉之职，人人畏惧。当时阳球身为小吏，为了爬上高位，他便置办许多礼物巴结他们父子。王甫初次接见他的时候，他竟由于紧张，说话也结巴了。王甫多次对阳球说：

“你为了求取富贵，现在不惜如此投靠于我，日后我若有所差遣，你是怎样，我就不敢猜测了。”

阳球见王甫对己有所顾虑，为表忠心，他连叩响头，额头都磕破了，血流满地。

王萌那时担任司隶校尉，主管刑狱司法，阳球为了讨他欢心，便故意向他求问审案之法。每到这时，王萌夸耀地说：

“别人以严刑逼供迫人招认伏法，而我却从不如此行事。我把各种酷刑械具摆放出来，人们就吓得魂飞天外了，哪里还有不招的道理呢？自不用动刑费事了。”

阳球听到此处，总是赔笑恭维一番，还建议王萌用更残酷的刑罚之法。为了此事，他绞尽脑汁想那鬼点子，一有所得便马上报知王萌，王萌对他十分赏识了。

有了王甫父子的提拔，阳球官运亨通，青云直上，直到他当上了司隶校尉，自恃羽翼丰满，便不把王甫父子放在眼里了。当时朝中宦官和士大夫斗争十分激烈，阳球见士大夫得势，他为了谋求更大的官位，便无端陷害王甫父子和宦官之党段颎谋反。

如今，阳球面对王甫父子的求告，他心中暗笑，良久方道：

“你们如此顽固，当真是不可教化了。眼下我是重臣，你们是要犯，我们有什么交情可攀呢？此时非彼时，恕我不能因私废公，徇情枉法。”

阳球传命用刑，手段极酷。王甫父子惨声哀号，昏迷多次。阳球最后恼羞成怒，他亲自动手，用铁鞭鞭打他们二人的双腿，竟将腿骨击碎。

王甫父子受刑不过，只得违心承认谋反的罪名。不料阳球见他们招认，出于报复心理，还是重刑责打。王甫父子哀声说：

“我们所以招认，只求少受皮肉之苦，你的目的既已达到，又何必如此相迫？万一我们被你打死，大人就有办事不利之嫌，为了大人着想，就不劳大人亲自动手了。”

这般苦求，阳球仍是不肯罢手，他恶狠狠地对他们说：

“你们先前不可一世，我见了你们心中多有恐惧，此中滋味，当真比死还要难受。今日落到我的手里，你们生死在我，这份快意自是你们想象不到的。”

王甫父子绝望已极，忍不住出声痛骂。阳球用土塞住了他们的嘴，直到将他们活活打死。

原文

或以拒死，畏罪释耳。

译文

有的人因为拒不认罪被责打致死，这种情况可用畏罪自杀来解释说明。

释评

古今之事，这种“畏罪自杀”说并不少见。这既是阴谋者恶毒和酷吏狡诈的具体体现，也从反面印证了法制如果不存，对人的伤害该是多么的凄惨。历来搞阴谋的人，都是善于无中生有制造罪名的，他们草菅人命，信口雌黄，凭的就是这样的本事。这固和他们灭绝人性的冷酷有关，同时，统治者的纵容和法制的残缺也是造成这种悲剧的元凶，是难辞其咎的。透过此中现实，人们不难发现：在封建专制制度下，这种惨剧之所以绵延不断，无法根除，这不仅是人为的因素在作怪，更是制度本身的结症使然。

来俊臣

唐朝武则天时酷吏。少时凶险，不事生产，因告密得武则天信任，成为武则天在政治斗争中的鹰犬。后因为得罪武氏诸王及太平公主被诛。

镜鉴

手握重器的小人是不能得罪的。

【事典】来俊臣的“杰作”

来俊臣被武则天任用后，杀人如麻，人多畏惧，他恃此也不把朝中大臣放在眼中。为了敛财，他竟每每向他们索贿，少有不从者。

朝中左卫大将军泉献诚，为人正直，性格刚烈。当他听说来俊臣勒索朝中大臣这件事后，十分气愤，他为此向那些屈服于来俊臣的人说：

“我们乃国家重臣，怎能向一个小小的来俊臣献媚呢？这太不成体统了。”

那些人皆笑泉献诚不知深浅，他们对泉献诚说：

“我们并不是怕来俊臣这个人，而是怕他手中的权力啊。皇上信任他，他又可以胡乱抓人，与其舍些钱财得保平安，我们哪里还敢在乎自己的身份呢？”

泉献诚不以为意，不时痛骂来俊臣几句。他的朋友为他担心，便加以规劝说：

“朝中大臣们自不比将军愚钝，他们都那么做了，自有其玄奥。你不但不随波逐流，且是不避人言，结怨小人，这是取祸之事啊，怎可不改呢？”

泉献诚正色说：

“我行事无偏，严守忠义，奸恶小人又能奈我何？他们滥杀无辜，嚣张已极，倘若人人只求自保，天下岂不毁于他们之手？我倒要看看，他们有何手段能治我的罪。”

泉献诚的言行被人告知来俊臣，他先是一愣，继而哈哈一笑。来俊臣的手下不明所以，来俊臣笑过之后，忽地杀气腾腾，出语如冰，他重声说：

“泉献诚狂妄无礼，无非自恃手握兵权，若将此人除了，我还有何事不成？”

手下人献计说：

“对付此等武夫，何劳大人动手，只要大人开口，自可加他个谋反之罪，我们自会将他擒拿。”来俊臣为使别人更加慑服于他的威势，并没有马上动手。他先派一人作为他的代表，上泉献诚家索取金钱，且是数额甚巨，须立即交付。泉献诚勃然大怒，将那人乱棍打出。来俊臣见那人回转时的狼狈之状，反是笑着安慰他说：

“让你受苦了，他日查抄泉献诚的家产，我一定让你主持其事。”

来俊臣连夜指使手下诬告泉献诚谋反，武则天对掌兵大将疑虑最多，她遂即命来俊臣审理此案。来俊臣将泉献诚关入大牢，对他嘲笑地说：

“你自不量力，这个下场如何？我虽官位远在你之下，却是掌握你的生死，你现在还想和我斗吗？”

泉献诚自不屈服，大骂不止。用刑之下，他也坚不认罪。来俊臣撞上如此硬汉，怒火更旺，索性命人把他用绳索勒死，以泄其愤。来俊臣对他的手下说：

“此人顽抗到底，结不了案，皇上怪罪不说，弄不好他说出真相，对我们就更不利了。此等情况，可依此例办理，我们上报说其畏罪自杀，一来此案可结，无有后患，二来可掩我失，死无对证。他日若有人查寻此事，你们这样说就行了。”

此案轰动一时，知道真相的人们无不痛恨来俊臣的凶恶阴毒。武则天却认为来俊臣破案有功，对他嘉勉有加。

原文

人无不党，罪一人可举其众；供必无缺，善修之毋违其真。事至此也，罪可成矣。

译文

人没有不结党营私的，给一人定罪便可揭发出他的同伙；供状必须没有破绽，把被告供状编撰修补使之不违反真实。事情做到这样，罪案就可以成立了。

释评

制造冤案、陷害无辜，酷吏们的手段不可不察。这里既有他们的行事理论和思想，更有具体的实施方法和操作细节。认识了这些人们就可以看清他们的本来面目，从而知己知彼，预防在先，免受其害。许多人正是由于自恃身正无私，低估了酷吏兴风作浪的能力才致祸的。更有人不识酷吏的“巧妙”手法和“瞒天”之术，往往在不知不觉中便被他们做成了“铁案”，欺世盗名。这方面，酷吏的借题发挥，使他们把自己要打击的人，硬是拉进一件与他们毫不相关的罪案中；酷吏的弄虚作假，又让所谓的口供完全合乎犯罪的逻辑和真实。如此一来，人证物证俱在，被陷害的人便在法律程序完备的情况下，被名正言顺地定罪了。

【事典】长孙无忌的诱供

长孙无忌是唐太宗李世民的妻舅，深得李世民的信任。太子李承乾被废后，李世民认为晋王李治懦弱寡断，并不想立他为太子。李世民先是欲立魏王李泰，后因长孙无忌反对作罢；他一心想立吴王李恪，也因长孙无忌苦谏未果。为此，长孙无忌和二位王子都结下了仇怨，彼此为敌。

晋王李治后来登基即位，是为唐高宗。不久，魏王李泰去世，长孙无忌松了一口气，便把目光集中在吴王李恪身上。他怕李恪一旦得势，便会向他发泄不能成为太子和皇帝的怨恨，所以总想找机会把他除掉。

名相房玄龄之子房遗爱谋反案暴露后，长孙无忌负责审讯房遗爱。他心中窃喜，信誓旦旦地对唐高宗说：

“皇上所托，老臣决不辱命。以臣看来，房遗爱官小职微，恐不是真正的幕后元凶；如若审出要犯，事关皇上至亲，还请皇上莫要仁慈，严加治罪，否则，老臣的命就不保了。”

高宗皇帝猜想这是长孙无忌或是为了行事方便，才会有如此要求，于是不假思索地便答应下来。长孙无忌暗中得意，他之所以有此一说，原是早为他以后陷害吴王李恪打下伏笔，到时好让高宗皇帝不以为惊，也可以坚持治他的罪，不使高宗皇帝有所偏袒。

房遗爱没有其父的谋略和见识，他之所以心生反意，竟是完全受了他那身为公主的夫人所惑。他的公主夫人淫荡成性，广招面首，后来丑事广传，他的公主夫人怕事发获罪，于是鼓动房遗爱谋反。

长孙无忌

字辅机，唐太宗之内兄。辅佐李世民，建立了唐朝政权，是唐朝的开国功臣。又参与玄武门之变，助李世民夺取帝位。后，因反对高宗立武则天为后，削爵流黔州，自缢死。

镜　鉴

一人获罪，势必牵连党羽，打击对手，在于把握时机。

长孙无忌接手此案，他先是对房遗爱动用重刑，后又对房遗爱说：

“到了这个地步，你何必受皮肉之苦呢？你若招认，我也许还能帮你，求皇上法外施恩，免你一死。”

房遗爱受刑不住，又对长孙无忌心存幻想，便把同谋之人一一招出，不再抵赖。长孙无忌听完，把脸一沉，厉声喝道：

“我如此对你，你却不思立功赎罪，存心包庇大奸臣恶，难倒你真不想活了吗？”

房遗爱连称冤枉，他苦声说：

"大人关爱,罪人感激不尽,哪敢欺骗大人呢?就这些了,绝不隐瞒。"

长孙无忌沉吟片刻,忽作一笑,他拍打了一下房遗爱的肩膀,低声说:

"你是个聪明人,自不会为别人开脱抵罪,自误终生吧。吴王李恪一向自恃狂妄,他要当皇帝的野心日久,难到他就和此事无关?我劝你还是老实招认,有了幕后主谋,在皇上面前我才好为你说话呀。"

受此暗示,房遗爱为了自保脱罪,便信口胡说自己乃是受了吴王李恪的指使,他又东拉西扯,故意把事情编得有头有尾。长孙无忌录下口供,又反复修改补充,直到此事编造得别人看不出虚假,他这才让房遗爱签字画押,然后直接呈送给了高宗皇帝。

面对铁证,高宗皇帝虽心有狐疑,却不由得不信。结果此案中人皆被处死,吴王李恪却是无罪冤死。长孙无忌见李恪已除,索性又把吴王的亲信和他不满的人,都牵进房遗爱的谋反案中,把他们统统发配岭南。

原文

人异而心异,择其弱者以攻之,其神必溃。

译文

人不同他们的思想就有差异,选择他们的薄弱之处加以攻击,他们的精神一定会崩溃。

释评

人都有自身的弱点,抓住了每个人的这些弱点,集中火力在此攻击,对其精神的打击是别的方法无法比拟的,也是最奏效的。精神一倒,整个人的意志和韧性便没了,头脑便不再清醒,贪生怕死的心理就会占据上风。由此酷吏们才能利用此节,打开缺口,为他们制造冤案、逼人就范大行其便。这种对人的心理的研究和弱点的认定,不能不说是酷吏们的"高明"之处,许多人或许不惧他们的淫威和暴虐,但往往屈服于他们的攻心战,做了精神的俘虏,让他们的阴谋得逞。这未必就是屈服者的耻辱,却可见证酷吏的无耻之极，实已到了无孔不入的地步。

【事典】郭猗的攻心战

南北朝时，北汉的宦官郭猗为了巴结相国刘粲，同时陷害他的仇人刘义，便于一天深夜求见刘粲，故作神情紧张地告密说：

“皇太弟刘义与大将密谋造反，他们第一个便是要将你除掉。我冒死前来，只想让相国早做准备，以防此祸。”

当时北汉皇帝刘聪在位，他不立长子刘粲为皇太子，却把自己的弟弟刘义作为帝位的继承人，立为皇太弟。后来刘义失宠，刘粲以相国之位掌管大权，郭猗正是看中这一点才如此行事的。刘粲听此凶信，顿时心有恐慌，手足无措。他虽不敢肯定此事，却猜想刘义或有此心，自己只是未察觉罢了。他目光不定，郭猗见刘粲还有犹疑，便直问道：

“相国虽位高权重，可那刘义终还窃据皇太弟之位，他若冒险动手，相国的处境就不妙了。只要相国有心除贼，一来可去祸患，二来可取太子之位，如此美事，相国为何不为呢？若是相国不信刘义谋反，自可亲问那将军手下的属官王皮、刘惇，只要相国允许他们改过自新，不治其死罪，想必他们定会说出真情。”

郭猗随后抢在刘粲前面，先行找到王皮、刘惇，他将二人拉至密室，惊慌地说：

“你们的将军谋反，皇太弟是其主谋，此事皇上和相国都已知晓，你们也参与了吗？”

王皮、刘惇大惊失色，忙道“不知”。郭猗见他们魂不附体，于是哄骗他们说：

“这是死罪，你们即使真的不知，谁又会相信呢？到时只能落得拒不认罪的结果，罪上加罪，你们的亲戚家人都要遭殃。依我之见，倘若相国问起此事，你们尽可招认，只说怕是相国不信，反治我们以诬告，这才不敢检举他们。相国一旦开恩，你们便有救了。”

郭猗的话句句击中二人的要害，他们反复思量之下，只好应承了。刘粲把他们招去，不待动问，二人便依郭猗所教，将所谓的事实供出，还煞有介事地虚构了许多细节，并不停地央求刘粲饶命。

刘粲确信无疑了，他马上面见父皇。刘聪见罪证确凿，急命大肆收捕。刘义遂以谋反罪被诛，连他所属将士一万五千余人也被坑杀。郭猗得偿心愿，从此倍受刘粲宠信。

原文

身同而惧同，以甚其畏而刑之，其人固屈。

译文

人的身体相同害怕责罚也相同，用他最畏惧的东西给他动刑，他就一定会屈服。

释评

肉体的残害，酷刑的无所不用，向来是酷吏们的看家本领，也是阴谋家和暴君赖以行私和统治的手段之一。他们不顾人的尊严和生命的宝贵，动辄斥之暴力，迫人就范，一方面暴露了他们的蛮横和凶残，另一方面也显示了他们内心的恐惧和本质的虚弱。在真理和正义面前，他们是不敢正视的；在事实和良知面前，他们是自感无理和渺小的。自卑和狂妄，懦弱与残忍，是他们典型的心理特征，使他们有别于常人，表现出极端的兽性。

魏忠贤

明末大宦官。出身于市井，为赌债所逼而入宫，侍奉皇长孙。朱由校即位后，升为司礼秉笔太监，权倾一时。崇祯帝朱由检登位后，遭弹劾，流放凤阳，途中畏罪自杀。

镜　鉴

严刑纵然使人畏惧，而仇恨恰也因此产生。

【事典】迫害狂魏忠贤

明朝熹宗皇帝时期，宦官魏忠贤势焰熏天，被称“九千岁”，国家的军政大权，全都控制在他的手里，无恶不作。

魏忠贤的倒行逆施，自是遭到了正义之士的反对。对此，魏忠贤一方面网罗党羽，组成“阉党”；另一方面，他利用手中掌握的东厂、西厂特务机构，对正义之士、朝中大臣进行残酷的迫害。

1624年，右副都御史杨涟弹劾魏忠贤二

十四大罪，御史黄尊素等人又相继上疏，国子祭酒蔡毅中率师生千余人请究魏忠贤罪。一时，讨伐魏忠贤的声势颇为浩大。魏忠贤初时惶恐无措，他恳求熹宗皇帝庇护。熹宗皇帝下旨切责了众人，此事暂时平息。

此时，因贪赃被革职在家的崔呈秀却看见了自己宦途的希望。他把赌注押在魏忠贤身上，私下对魏忠贤说：

"大人权倾天下，如此小事何必请示皇上呢？那些人只被斥责，处罚得太轻了，只怕人人都会效仿他们，这如何得了？大人宜当酷刑待之，让人心有畏惧。"

恰在这时，工部郎中万燝又上书弹劾魏忠贤。魏忠贤便把崔呈秀找来，对他说：

"你说的不错，这些人得寸进尺，我是决心严加责罚了。依你之见，我该治他什么罪名呢？"崔呈秀主意甚多，此刻却一概不用，他只对魏忠贤说：

"没有人是不怕死的，大人尽可将他杖毙，以让天下人知惧。那些人个个都是饱学之士，大人何须和他们妄动唇舌？"

魏忠贤自认崔呈秀言之有理，便把万燝收进监牢，问也不问，便将他打死。此事传出，果然人人又恨又惧，胆小者再也不敢弹劾魏忠贤了。

崔呈秀因进言有功，魏忠贤将他官复原职，仍担任御史。他为了向魏忠贤献媚邀功，又给魏忠贤出主意说：

"眼下杨涟等人，心怀怨恨，他们一日不除，对大人终是隐患。他们现在暗使韬光养晦之计，这怎能瞒得了我呢？"

魏忠贤早对他们恨之入骨，有了崔呈秀的进言，他遂兴大狱，把杨涟、左光斗、魏大中等人，全部拘捕。审讯他们时，魏忠贤理屈词穷，被他们驳得一句也回答不上。可他却冷笑着说：

"你们乃大儒也，说说讲讲我自不如你们；你们乃大忠也，浩然正气我都有些钦敬。不过你们也许不知，这才是你们惹祸的原因啊！和我作对，我本一个乡间无赖，我管得了这么多吗？你们读书人就是肉皮子发贱，我对付你们的就是一个'刑'字，在我这里，你们那一套却是毫无用处了。"

在魏忠贤的酷刑之下，杨涟、左光斗、魏大中先后死去。

魏忠贤对朝中大臣如此，对反对他的皇后、妃嫔也不放过。张皇后因在皇上面前说过魏忠贤的坏话，他便使诡计让她流产；对他不满的冯贵人，在他的威逼和陷害下，最后自杀而亡。他还恩将仇报，竟将有大恩于他的宦官魏朝和王安一一害死，且是死状极惨，魏朝被他勒死，王安被他放恶狗咬死。

原文

怜不可存，怜人者无证其忠。

译文

怜惜不可以存有，怜惜别人的人并不能以此证明他的忠正。

释评

审案问罪最忌心有同情，不忍下手，这是酷吏和阴谋者的经验之谈。他们制造冤案，凭的就是不要良心，颠倒黑白。若是良心发现，心有恻隐，他们自是失去了晋身之本，又何以成事呢？事实的残酷性也让正义之士心寒，那些富有爱心的仁人君子，只因他们不容于小人，不工于谄媚，常常是不得志的。统治者全凭自己的好恶来辨别忠奸，只因仁义之举非其所好，便被其排斥于忠正之外，甚至反指为奸。这不仅鼓动了小人、酷吏行恶，正义之士有所变通，更助长了社会的冷漠之风。

赵　普

字则平，北宋名相，开国功臣。智谋多，读书少，善吏道。后周时，曾为赵匡胤的推官、掌书记。与赵匡胤发动陈桥兵变，建立宋朝。曾三度出相，是北宋初年举足轻重的政治人物。

镜　鉴

欲成大事须得心狠。

【事典】赵普的狠心

赵普在宋太祖时期，身为宰相，深得信任。宋太宗赵光义上台后，卢多逊当政。他为排挤赵普这个先朝元老，便在宋太宗面前诋毁他，致使他虽名为太子太保，却是有名无权。赵普为此心怀郁闷，常常独坐叹息。

赵普的朋友见此动情，对他说：

“卢多逊小人得志，你怎会容忍呢？你这样不抗不辩，他岂不是气焰愈发嚣张？到得那时，只怕你受害不说，也要连累你的家人和朋友啊！”

赵普黯然叹道：

“物换人非，这是常有的事啊，我虽心有不悦，却不想多生枝节了。人生在世，何必处处斗狠要强呢？”

卢多逊见赵普如此软弱，更加施展了毒手。他用权将赵普的妹夫侯仁宝调出朝中，到偏远的南岭外邕州去做知州；又用计瞒骗了皇上，借用皇上的名义让他和敌交战，使其战死沙场。

妹夫之死，令赵普改变了想法，他要以牙还牙，报复卢多逊。他深知卢多逊之所以得宠，一个重要的原因，便是他和秦王赵廷美关系密切，如果要扳倒卢多逊，必须先扳倒他的靠山赵廷美。此时，赵普犹豫了。他和秦王无怨无仇，平日里也是素有来往，相交甚好，他实在不忍心向他下手。他本想把此事长埋心底，一日不小心却向家人流露了出来。家人于是出言劝他说：

“皇上对你不再信任，都怪你对人太好，心太善良了。卢多逊害死咱家人，多行不法，他得到报应了吗？你不忍加害秦王，不这样就无法惩治卢多逊，更无法报仇，还顾得上这么多吗？秦王做他的靠山，你又何必怜悯他呢？再这样，说不定我们还要遭多少祸呢。”

赵普被家人说动，不觉也少了顾忌，他等待机会，对秦王的一举一动都十分留意。

忽有一日，秦王府的旧僚柴禹锡、赵熔、杨守一等人竟向太宗皇帝密告秦王谋反，又说卢多逊和秦王交往甚密，也许也参与此事。太宗皇帝命赵普调查此事，赵普心中狂喜，自以为报仇的机会终于等到了。

其实，那些人只是诬告秦王。赵普在调查中得知，秦王赵廷美胸无大志，只是在平日说了几句无关痛痒的牢骚话而已。至于那个卢多逊，虽和他交往频繁，所谈论的多是私事，却无一事与朝政有关。赵普苦思一夜，还是狠下心来，他第二天密报太宗皇帝说：

“秦王和卢多逊，相互勾结，图谋不轨，已非一日了。幸赖皇上英明，慧眼识奸，否则祸不可知。眼下有惊无险，为防有变，皇上请速下决断吧。”

宋太宗暗自庆幸，脸上却是冒出了冷汗。他勒令秦王回归私第，子女封爵全部除去；卢多逊发配人烟荒芜的崖州，即日便行。两年之后，卢多逊便病死在那里。

原文

友宜重惩,援友者惟招其害。

译文

朋友应该从重惩处,帮助朋友的人只能给他自己招来祸害。

释评

对朋友的态度,可见一个人的道德品质和心地本性。酷吏和阴谋者这种置友情于不顾,且要置其重罚,以此邀功求赏,保全自己的行径,可见其无情的嘴脸了。其实,他们眼里的朋友,也只是官场上逢场作戏、互相利用的酒肉朋友而已。他们坏事做绝,又何尝有什么真正的交情可言呢?即使如此,亦可看出在凶险四伏的官场之上,一个人如果没有机心,没有设防,该是一件多么可怕的事了。一旦有了风吹草动,那些所谓的朋友不仅会出卖他,还会落井下石,翻脸无情地加重处治他,更别指望他们有所救助了。

【事典】周兴的哀叹

武则天任用的酷吏之中,周兴发迹最早,人也最为机敏狡诈,可谓酷吏之首。他靠罗织他人罪名,担任秋官侍郎之职后,豢养了数百名无赖,专门从事告密活动,以为鹰犬。他常教训他们说:

"我们只求为皇上尽忠,就是亲爹老子也要勇于揭发,别的更不能心存善念。特别对朋友,不但要和他们划界限,还得更加严厉。不这样做就显示不出你的清白和忠贞了,到头来自找麻烦,这不是聪明人干的事呀。"

周兴害人无数,自是仇家众多。有人对他行刺,只因他身边护卫众多,防范严密,他才没被杀死。来俊臣一向以周兴的朋友自居,于是他对周兴说:

"大人为国除奸尽忠,也该虑及自身的安危。国家视你为栋梁,你不为自己着想,也要为天下苍生惜身啊。"

周兴听之受用,他连连说:

"还是你关心我啊,以后有事,我一定帮你的,你放心好了。"

来俊臣巴结周兴,无非是着眼于周兴的地位和权势。为了和他搞好关系,来俊臣常拉他饮酒玩乐。在外人眼里，他们无异是最要好的朋友了。

周兴的仇人见刺杀不成，遂以其人之道，还治其人之身，也密告他谋反。武则天让来俊臣审理此案，来俊臣一时变得愁眉不展。他的手下便问他说：

“大人和周兴乃为至友，大人可是为周兴忧心？”

来俊臣苦笑摇头说：

“朋友之谊，只在同道之间，如今周兴已为嫌犯，我们何谊之有？我只担心他过于狡诈，这个案子实难落实。”

来俊臣手下大感意外，倒吸一口凉气。

来俊臣不乏其奸，他想好计谋后，便派人请来周兴饮酒言欢。他先是极尽恭维周兴乃第一办案高手，无人能及，接着便故作愁烦地说：

“有一囚犯极其狡猾，我各种刑具都用过了，还是不能让他招认，大人可有妙法教我呢？”周兴飘然之间，不禁得意地卖弄说：

“囚犯抵赖，全在用刑不酷。我新近想得一法，保管无人能受，自会乖乖招认。”

来俊臣忙着给周兴敬酒，周兴更加兴奋，他比划着接着说：

“拿一大瓮，把犯人装入其中，在瓮的四周架上炭火，犯人如不招供，他就会被烤熟烤焦了，你还怕他不就范吗？”

来俊臣听过即笑，命人搬来大瓮，四周架上炭火，然后道：

“我奉皇上谕旨，特来审你谋反一案，请君入瓮吧。”

周兴脑袋轰响，连忙趴在地上，不住地叩头说：

“大人与我乃是至交，此事纯属诬陷，还请大人为我伸冤。”

来俊臣脸上肃然，他冷声说：

“你我相交，乃出于公义，何来私情？若再胡言乱语，本大人决不轻饶！”

周兴瘫倒于地，只好把来俊臣所需要的口供招认了。事后周兴顿足哀叹说：

“我自诩有识人之能，却是栽在来俊臣的手里，我原是有眼无珠啊！”

原文

罪人或免人罪，难为亦为也。

译文

加罪于人或许能避免被人加罪，此事虽不容易也要勉为其难。

释评

陷人于罪，行事者总有很多的借口和理由，其中，这样做能避免被人加罪，便为很多人所信奉。他们害人却说是为了免受人害，是先下手为强的自保之策，这在封建专制时代，或许有他的道理。但从人性的角度和社会公理的层面看，这无异是极端凶残与有违天理的行为，不仅自私，也荒谬绝伦，完全是站不住脚的欺人之谈。酷吏和阴谋家于此的骗人之能，使人往往误以为他们也是迫不得以，被动行事，这就使他们的罪行披上了一件合法的外衣，令人难察其本来面目。事实上，疯狂制造冤狱，陷害无辜，六亲不认，只有大奸恶臣，丧失人性的人才可能真正做到，善良的人无论如何也是做不到如此绝情的。

【事典】檀道济的愤怒

南北朝时期，宋国的大将檀道济能征善战，屡立战功，深孚众望。檀道济有此威名，朝中近臣深为忌恨，想方设法要把他除掉。

檀道济在朝为官的一位挚友得此讯息，连忙给他写信说：

“你身为大将，执掌兵权，手下又多骁勇善战的将领，你的几个儿子也在军中任职，这一切虽是你的荣耀，也是你让人忌恨的原由啊。现在朝中有人进谗，对你不利，你应自请辞职，上表谢罪。”

檀道济阅罢书信，心中愤怒，他对几个儿子说：

“我在沙场为国杀敌，岂是朝中小人所想象的那般无耻？我不是为己之荣，亦不是谋取私利，此心天日可鉴。”

他的几个儿子惶恐不安地说：

“父亲功高震主，历来又多有冤死的忠臣，我们何必坚持呢？不如卸甲归田，少去许

檀道济

南朝宋将领。东晋末，从刘裕攻后秦，屡立战功，官至征南大将军。后因功高善战，被忌而杀。据说，《三十六计》为檀道济所著。

镜　鉴

忠心不是保护伞，奸邪无缝不钻。

多麻烦。”檀道济长叹一声，他对儿子们说：

“时下国家危急，战事频繁，我身为大将，为了免祸而弃国，大丈夫不能为也。只望皇上英明，知我此心。”

彭城王刘义康对檀道济心中赏识，却也怕他无人能制，或有反意。那些近臣遂多次找上刘义康，力劝刘义康出面抓捕檀道济。他们对刘义康说：

“大王为皇上至亲，当为皇上分忧啊。檀道济文武兼备，手握重兵，只怕有一天造起反来，那就无人能敌了。现在你不加罪于他，有一天他就会加罪于你，与其让他占先，又怎如我们马上就动手呢？这是无可选择的事，大王切不可心存侥幸啊。”

刘义康把心一横，口道：

“不是你死，就是我亡，檀道济你休怪我无情了。”

不久宋文帝得了重病，刘义康便拟了一道诏书，传召檀道济进京议事。檀道济急欲上路，他的妻子便说：

“此事来的突然，你为人又过于善良，这般轻去，我真为你担心哪。”

檀道济却安慰妻子说：

“朝廷召见，必为战事，这有什么好奇怪的呢？我没有什么过错，有什么可怕的？我速去速回，你放心好了。”

他赶至京城建康，进宫见过皇上，问过安之后，就要起程返回。彭城王极力挽留，且故作亲热地说：

“将军一路劳顿，趁此正好歇息数日，也让小王代皇上慰问将军。”

檀道济无法拒绝，强忍着留下。刘义康暗中把一切安排好了之后，便于一日再召檀道济入宫，把他收捕；同时宣读诏书，指控他谋反。檀道济遭此重击，立时怒不可遏地说：

“你们这是自毁长城！”

身陷人手，檀道济的任何言辞都是多余的。他被杀害之后，不明真相的人，还为除去了一大祸患而庆幸不已呢！

【刑罚卷】第十一

致人于死，莫逾构其反也；诱人以服，非刑之无得焉。刑有术，罚尚变，无所不施，人皆授首矣。智者畏祸，愚者惧刑；言以诛人，刑之极也。明者识时，顽者辩理；势以待人，罚之肇也。死之能受，痛之难忍，刑人取其不堪。士不耐辱，人患株亲，罚人伐其不甘。人不言罪，加其罪逾彼；证不可得，伪其证率真。刑有不及，陷无不至；不患罪无名，患上不疑也。人刑者非人也，罚人者非罚也。非人乃贱，非罚乃贵。贱则鱼肉，贵则生死。人之取舍，无乃得此乎？

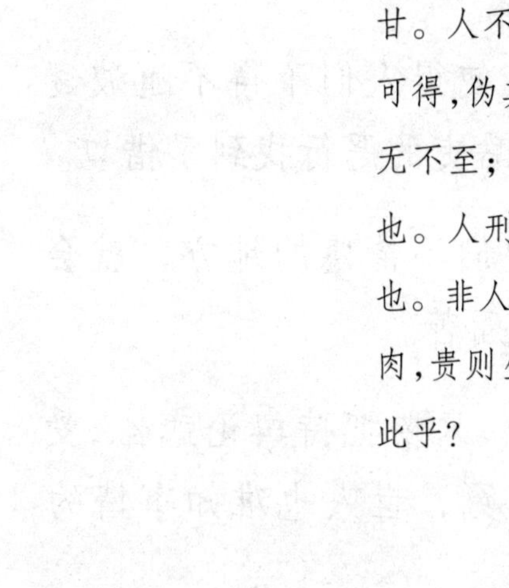

本卷精要

阴谋者的招法和酷吏的伎俩，因为针对性强，切入点准，威慑力大，所以常常是致命的，也是非一般人所能忍受的。

在酷吏和阴谋者的整人手法中，不能忽视他们言语恐吓的杀伤力。

专横和高压，使得人们不得不随波逐流，逆来顺受，也给酷吏的恶行找到了借口。

惩罚人针对他们不情愿的地方，就会给他们带来最大的痛苦。

只要掌有权力，只要把持舆论武器，受害者就无法抗辩鸣冤，世人也难知事情的真相。

原文

致人于死，莫逾构其反也；诱人以服，非刑之无得焉。

译文

让人达到死亡的境地，没有比构陷他谋反更能奏效的事了；诱导人们做到服从，不刑罚他们就达不到目的。

释评

古往今来，阴谋者都善使诬人谋反之计。历朝历代，严刑逼供这一手段都为酷吏们推崇。统治者怕人造反的心理是共同的，他们对此极为敏感和疑心，惩处的结果也是极酷和不赦。这就为那些阴谋者打击政敌、消灭异己提供了绝好的机会和借口。人们大都畏惧肉体的惩罚，酷刑之下很少有人能坚持到最后。这就使酷吏们抓住了人的这个弱点，以此来逼迫人们服从他们的意志，肆无忌惮地制造冤案。阴谋者的招法和酷吏们的伎俩，因为针对性强、切入点准、威慑力大，所以常常是致命的，也是非一般人所能忍受的。

【事典】遭人陷害的杨秀

杨秀是隋文帝杨坚的第三个儿子，被封蜀王。杨广以阴谋手段将杨勇扳倒，自己当上太子后，为了地位永固，他便把杨秀视为潜在的敌手，一心将他铲除。他为此事把投靠他的权臣杨素找来，对他说：

“杨秀不除，我的心始终不踏实，你能想个主意吗？”

杨素微微一笑，说：

“他为人宽厚，生性淡泊，找他的过错很不容易啊。”

杨广脸上惶急，不悦道：

“你素来足智多谋，难到是你心有不忍，对他留情不成？”

杨素连连摆手，正色说：

“太子误会了。老臣在想，若要治他于死地，把他彻底扳倒，只有告他谋反之罪才成,可皇上哪会轻易相信呢？更何况以他的为人和平日所为,朝中上下更不会相信他会谋反。此事既势在必行,且容老臣三思,周密策划。”

从此,杨素便在杨坚面前常说杨秀的坏话,为了让杨坚相信,他还故作神秘地对杨坚谎报说：

“杨秀自谓他有天子之相,陛下以为如何呢？”

杨坚自是对此反感。时间一长,杨素的百般谗言终使杨坚怒火上窜,他把杨秀召进京来,命杨素审问杨秀。

杨素得此方便,自是不肯放过杨秀。他劝诱杨秀自认谋反不成后,马上杀气腾腾地对杨秀吼道：

“你虽贵为皇子,时下却是我手中的钦犯,我这酷刑无数,你就一样一样品尝吧。”

酷刑之下,养优处尊的杨秀连发惨嚎,杨素如若未见,只催促狱卒用刑加力。过不多时,杨秀随即昏厥。杨素将他弄醒之后,杨秀如见魔鬼,浑身颤抖。他连说招认,自认诅咒皇上,盼他早死,准备谋反。

有了口供,杨素急忙面见杨广报告喜讯。杨广开心之下,却对杨素说：

“他虽招认,可是少了证据。以父皇的精明,也未必深信,这该如何是好？”

杨素略一思忖,即道：

“‘巫蛊’害人,古已有之,太子何不令杨秀有此罪名？”

“巫蛊”是一种迷信的害人手法,即刻一偶人,写上欲害之人的姓名和咒语,在偶人身上遍插钉子,埋于地下,辅以在神前祷告,以置人于死。杨广于是命人做了两个木偶,分别写上父皇杨坚和四弟汉王杨谅的名字,又写上咒其速死的咒语,将它们埋在华山脚下。一切安排妥当,杨素这才进宫面见杨坚,将杨秀的口供呈上,又将“巫蛊”之事合盘托出。杨坚看罢口供,连声怒骂杨秀该死。待杨素亲至华山脚下把那木偶挖出,呈给杨坚看时,杨坚气得七窍生烟,口道：

“杨秀如此恶毒,真是远过我的想象啊！”

他坚持要把杨秀斩首,众大臣苦劝之下,他才免其一死。结果杨秀被废为庶人,囚禁府中,不得与妻子见面。

原文

刑有术，罚尚变，无所不施，人皆授首矣。

译文

刑讯是讲究方法的，责罚贵在有所变化，施行的手段没有限制，人们就都会伏法认罪了。

释评

在逼人认罪方面，刑罪手段的适时运用和花样翻新，目的只有一个，那就是让人不能承受，产生极大的恐惧，从而不再顽抗，低头认罪。在此，冤狱的制造者不惜绞尽脑汁，想出一系列令人为之魂飞色变的酷刑招法，强化对人的迫害力度和精神恐吓，最大限度地逼人尽快招供，进而省去不少气力，花费最短的时间来了结此案。应该指出的是，那些丧失人性的施刑者，他们以此为乐，以残害他人为荣，这不仅反映了他们的变态心理和极端冷酷，而且由此折射出了在封建专制制度下，人的一切都被扭曲，甚至人类引以为傲的智慧也被引上歧途，成了杀人害命的帮凶。

【事典】酷吏们的发明

在武则天所宠信的酷吏当中，来俊臣是最有“发明创造”才能的一个。他所创酷刑之厉害，除了武则天和武姓亲属之外，所有的政府官员和民众无不对它发抖。

据不完全统计，来俊臣审讯被告时所用的酷刑，仅“枷”一项，就有十个使人心裂胆丧的名号，它们是“定百脉”“喘不得”“突地吼”“著即承”“失魂胆”“实同反”“反是实”“死猪愁”“求即死”“求破家”。这些枷刑，轻则令人手残肢断，重则叫人当场丧命。更令人恐惧的是，来俊臣在审讯疑犯之前，总是先将一无辜人犯当场施刑，令疑犯在旁观看，且不得闭上双目。伴随着那撕心裂肺的惨嚎和血淋淋的场面，疑犯有的当场就吓昏了，有的更是被吓得疯癫，精神错乱。致使许多案子，不待给疑犯用刑，他们便老实招认了。

朝中大臣曾对来俊臣的办案能力大表怀疑，他们曾向武则天进言说：

“一个人若是自认谋反，他不仅自己被杀，且要连累全族被屠，这样的罪名，他们怎会轻易地承认呢？我们怀疑来俊臣是在弄虚作假，有意欺瞒皇上啊！”

武则天也觉好奇，询问之下，来俊臣便解释说：

“这确是难事，可正因如此，才能显出臣的手段。本来他们早做好了拼死顽抗的准备，甚至有的试图自杀，不过臣的酷刑，让他求生不得，求死不能，远比死亡还让他们痛楚。他们痛不可忍，为了过关，自是如实招供。”

武则天不置可否。她以女性之身篡夺李姓政权，在那个时代自是遭到了大多数人的反对。她为了保护自己的王朝，极端地采取了任用酷吏的政策，目的就是要作大规模但表面合法的屠杀。

有了武则天这个最高当权者的支持，酷吏们大批涌现。为了邀功示能，他们便在酷刑上出奇出新。为求得到重用，他们所制造的冤案越来越大，而这一切竟全得力于他们“发明”的酷刑上。

来俊臣的酷刑有的有着十分动听的名字，在这方面的想象力，来俊臣可谓做到了极致。和它们所拥有的美丽名称相反，这些酷刑是极其残忍和恶毒的。“凤凰展翅”，是把被告绑上短木，像扭绞绳索一样地扭绞双臂，痛楚难当，不须多时，被告的双臂就会被绞断。“驴驹拔橛”，是把被告绑在柱子上，用绳子拴住颈项，向前牵引，如不马上招认，脖子就会被拉断，气绝身亡。“仙人献果”，是让被告光着身子跪在碎瓦砾上，双手捧枷，举过头顶，须臾之间，膝盖就会痛疼入骨，血流当场。“玉女登梯”，是逼使被告爬上高梯，用绳子栓住脖子，向背后拉拽，如不招供，用力之下，人会窒息而死，不马上死的也会跌下摔死。

索元礼也是酷吏中很有名的一位，他的发明也有其独到之处。他让被告将头伸进一个特制的铁笼之中，铁笼里面钉满铁针，如不立招，笼子里的铁针便会伸缩暴长，直将被告的头颅刺穿。他曾把被告倒悬挂起，在其头部系上石头，被告若是反抗，他便会加大石块的重量。索元礼最有名的一招，便是用铁圈套在被告的头上，在缝隙中打入木楔，如不招认，他便会用力拍击木楔，让被告脑浆崩裂而死。

侯思止是一个文盲酷吏，他虽没有什么特别花样，但只有一招便让人胆寒心碎。他常将被告双足缚住，在地上倒拖不止，被告不招，身子脑袋都会拖烂磨破，其中的痛苦自是难以言传了。

原文

智者畏祸，愚者惧刑；言以诛人，刑之极也。

译文

有智慧的人畏惧祸事，愚笨的人害怕刑罚；用言语来杀人，这是刑罚中最高明的。

释评

在酷吏和阴谋者的整人手法中，不能忽视他们言语恐吓的杀伤力。"不战而屈人之兵"，他们对此也特别看重。如能不费气力，就让被告痛快招认，他们何尝不希望如此呢？问题是能做到这一点的人实在不多，这不仅需要过人的智力，还要对被告有深入的了解，如此方能政策攻心、威逼利诱，彻底解除被告的武装。在此，智者和愚者的态度和弱点是不同的。智者害怕祸患，晓之以理，让他们知道后果的严重，他们有的便会不再死硬到底；愚直的人不撞南墙不回头，他们若不遭受刑罚的痛苦，就始终存有侥幸之心。酷吏和阴谋者正是掌握了他们的这种行为特征，行动上才会有所区别，有所侧重。在这一点上，他们不但是"整人高手"，也可算是"心理大师"了。

【事典】卢杞的暗算

唐德宗时，卢杞和杨炎同任宰相，互相攻讦，势同水火。卢杞几次想把杨炎排挤出朝廷，只因杨炎善于理财，文才亦好，德宗皇帝一时离不开他，所以卢杞的图谋屡屡受挫，为此他十分心焦。

一次，卢杞把心中的愁苦对他的心腹手下说了，那人便给他出了个主意，说：

"皇上此刻信任杨炎，你却每每说他的坏话，常此以往，皇上对你的用心都会产生怀疑,只怕扳不倒他,你却惹祸上身了。依我之见,你尽可找准机会,明里不说其恶,却暗藏杀招,皇上容易接受,杨炎也是不觉,这不是更好的方法吗?"

卢杞深受启发,便寻机下手。不久,藩镇梁崇义发动叛乱,德宗皇帝欲命另一藩镇李希烈前去讨伐,杨炎却再三阻止说:

"李希烈狼子野心,和梁崇义本是一路货色,若是让他立了此功,他更会恃功自傲,藐视朝廷,岂不为患更大?"

德宗皇帝不听,杨炎却极力反对。德宗皇帝对他十分不满,便直接命李希烈出兵。不巧,天降大雨,李希烈苦于准备不足,又兼道路泥泞难行,出兵便延缓下来。卢杞趁机就对德宗皇帝说:

"杨炎他冒犯陛下不说,这会李希烈也因怪他说自己的坏话拒不出兵,杨炎实不该这样误事啊!平叛不可一日延误,陛下何不暂时免去杨炎的宰相之位,好让李希烈释怀发兵呢?待到平叛功成,到时再让杨炎复官,也不算对他有什么伤害。"

卢杞这话说得不露痕迹,表面上也没有攻击杨炎之词。德宗皇帝急于平叛,马上就答应了。杨炎被免除了宰相之位,卢杞独掌大权,他自不会让他有东山再起的机会,遂趁热打铁,又诬陷他有反篡之心,图谋作乱。德宗皇帝对卢杞的无端指责开始并不相信,他说:

"杨炎这个人,我还是了解的,他聪明过人,行事稳重。说他不轨,你又无凭无据,这事让人万难相信。"

卢杞碰了钉子,可他并不气馁。他命人四下收集可能为他所用的有关杨炎的情报,希望从中牵强附会,以为证据。结果杨炎在长安曲江池边为祖先建了一座祠庙之事,被卢杞看中了。他就此向德宗皇帝歪曲说:

"杨炎存心谋反行篡,这件事就非比寻常。那里有帝王之气,人人皆知,朝廷向来不准在此筑屋。先前玄宗就曾命宰相萧嵩,迁出他建在那里的家庙,如今杨炎明知故犯,其险恶用心不是昭然若揭吗?"

德宗皇帝这会已听得心惊肉跳,他马上传旨把杨炎贬至崖州。后经卢杞再三挑拨,德宗皇帝又将他杀死。

原文

明者识时，顽者辨理；势以待人，罚之肇也。

译文

聪明的人能认清当前的客观形势，愚顽的人却一味辨说有理与无理；按照形势的要求对待他人，这是责罚人的出发点。

释评

俗话说，识时务者为俊杰。在酷吏和阴谋者的眼里，与他们抗争，拒不认罪的人，便是不识时务。这既说明了他们的狂妄和自大，也显示了是非颠倒、酷刑成风的封建专制的真实状态。在这种黑暗现实下，公理被废弃了，正义被扼杀了。凡事无理可讲，强权和暴行让人只能按照当权者的意志行事，否则便是叛逆，便要残酷惩罚。如此专横和高压，使得人们不得不随波逐流，逆来顺受。而统治者惩罚的重点和初衷，也会变本加厉，根据形势的变化，随意打击和诬陷他们心中的不服从者和不合作者，给人上纲上线，罗织罪名。这是酷吏政治产生的根本所在，也是封建社会世风日下、道德沦丧的根本原因。

【事典】张敞的把柄

汉宣帝时，张敞被朝廷从胶东召到京师，担任京兆尹之职。初来乍到，便有好心人提醒张敞说：

“这里非比他地，因为有了当朝权贵的庇护，不但盗贼猖獗，且是无人敢管。你不要鲁莽行事，睁一只眼闭一只眼算了。”

张敞嫉恶如仇，对此反驳道：

“我身为京师长官，岂能任贼横行，尸位素餐呢？长此以往，官匪勾结、正义不张，朝廷当是不攻自破了。我幸得此位，自要铲奸除恶，为国尽忠。”

张敞决心除贼，他先是向长安父老了解情况，打探盗贼们的详细住处，后是精心安排人手，制定行动方案。这时有人建议说：

“这里贼多势众，与其力敌，不如智取。大人若依小人之计，尽可让所有盗贼无一漏网，少费周折。”

张敞听从了那人的建议，于是将那些强盗头目都一一寻来，或动之以刑，或晓之以法，待他们伏罪之后，张敞便封他们都做了官府的小官。此举令许多人颇感惊诧，他们对张敞责怪说：“不惩治他们，也就是了，这般委以官职，太过离谱，怎能服人呢？”

张敞无动于衷，坚持己见。那些强盗头目的手下一见他们的头目得官，于是从四面八方赶来表示祝贺。强盗头目便依张敞的吩咐，把手下一一灌醉，并用红土在他们衣服后面标上记号。一待酒席散去，守候在外面的捕盗官员便依据标记，将出门的强盗抓捕归案。如此炮制，张敞没有多长时间，便将盗贼一扫而光，首都长安变得一片安宁。

如此大得人心之举，那些朝中的权贵却恨在心上。他们不能公开为盗贼们辩护，便千方百计找寻张敞的错处，只想借此对他打击报复。但是张敞并无劣迹，小的过失也遍寻不着，权贵们急了。他们听说张敞经常给妻子描眉，便以此作为把柄，向皇帝告状说：

“张敞毫无大臣之礼，行为下贱，举止不端，这样轻佻的人是不能立足于朝廷的，请皇上严肃法纪，罢斥此人。”

群情汹汹，讨伐张敞的人越来越多，他们所言其中的害处也越来越大。汉宣帝于是把张敞召来，当面向他问讯说：

“他们所言之事可是实情呢？”

张敞心中愤怒，却是强忍着点了点头，口道：

“此乃闺房私事，与他人何干？与朝政何干？他们小题大作，乃是别有用心，请皇上为我作主。”汉宣帝一时哑言，后道：

“话虽如此，你也要自重啊。”

张敞日后多有建树，汉宣帝却从不重用他。朝中的权贵仍抓住这个把柄不放，对张敞的攻击和责难始终也没有停息。

原文

死之能受，痛之难忍，刑人取其不堪。

译文

死亡可以接受，痛苦难以忍耐，给人动刑选取他们不能忍受的。

释评

死亡的痛苦是一时的，肉体的折磨和摧残却是让人有生不如死的感觉。这种活生生的痛苦，常使人只求速死，对死亡却不以为惧了。酷吏和阴谋者自是掌握人们的这种心态，他们要的就是人们不能忍受酷刑时的屈服。于是他们故意不让受刑者死去，而百般折磨，甚至在肉体惩罚的同时，加以精神污辱和名誉攻击。只要打击有效，他们都会毫不犹豫地实行。应该说人的意志力和承受力终是有限的，在这种不择手段的摧残面前，酷吏和阴谋者往往会奸计得逞。当他们举杯而贺、弹冠相庆的时候，他们的丑行也被钉在了历史的耻辱柱上，留下无尽的骂名。

【事典】周兴的本事

周兴初为酷吏之时，由于其手段残忍、善窥上意、破案迅速，武则天对他十分赏识。当时的宰相魏玄同一次却对武则天说：

“周兴肆意滥杀，为人狡诈，陛下不可对之信任太过。他这个人胆子太大，我真怕他有一天做出极端的事来，让陛下难堪啊！”

此事让周兴知道后，他便把下一个陷害目标锁定在魏玄同身上，日夜琢磨如何将他治罪。

大将黑齿常战功卓著，他对魏玄同十分敬重，二人平日多有来往。周兴一次见他们二人一同游玩，车马随从众多，不禁心生一计，遂马上求见武则天，奏告说：

“朝中大臣和领兵大将素来亲密，形影不离，陛下以为这是正常的事吗？眼下魏玄同和大将黑齿常交往可疑，又有人告其将要谋反，今日我见他们出行在道，护卫甲兵颇多，招摇于市，特来报与陛下知晓。”

武则天遂命周兴彻查此事，周兴于是把魏玄同、黑齿常抓捕审问。开始，周兴让手下人具体办理此案，可是几天过后，他的手下人却向他汇报说：

“魏玄同、黑齿常二人软硬不吃，拒不认罪，看来只好请大人出面审理了。”

周兴心中暗惊，脸上却冷笑道：

“还是你们无能啊，让老子出山，这不是给他们面子吗？”

手下人于是众口恭维周兴本事超群，无人能比。周兴被其吹捧得洋洋得意，他自负地对他们说：

“碰上这样的硬汉，你们不行，那就看我周兴的本事了。干我们这一行的，没有这个本事怎么成呢？别说他们谋反有疑，就是完全冤枉，也得让他们俯首认罪。做不到这一点，我们还能混下去吗？”

周兴于是亲自审讯二人。魏玄同、黑齿常一见周兴，随即破口大骂。周兴却阴冷一笑，口中说：

“你们这般行事，无非求死，免遭苦罪，我周兴岂能上你们的当呢？实话和你们说，若是你们老实低头，如实交代，我自会求请皇上饶了你们的家人。如若不然，你们必死不说，且要多受酷刑，连累你们的家人一同被诛，这个结果就损失惨重了，你们真想如此收场吗？”

一言未尽，魏玄同和黑齿常已是冷汗直冒，脸色尽变。他们相视之下，不觉都低头长叹。魏玄同首先开口说：

“我等蒙此奇冤，为了家人，却不敢向大人叫屈了，望大人手下留情，我等虽死亦是值了。”

周兴连声应允。魏玄同、黑齿常泣泪认罪，武则天遂传命将他们处死。

事后，周兴的手下问他此事的诀窍，周兴奸笑着回答说：

“他们一个是宰相，一个是大将，寻常的那一套既不中用，想必他们已是不惜自身，只能改攻他处。身为人父，没有人不顾念自己子孙的，我以此要挟，果然一击而中。因为我知道，这是人之常情啊。”

原文

士不耐辱，人患株亲，罚人伐其不甘。

译文

读书人忍耐不了屈辱，人们都担心株连自己的亲人，惩罚人要攻取他们不情愿之处。

释评

惩罚人针对他们不情愿的地方，就会给他们带来最大的痛苦，也会令他们心有顾忌、痛不能舍，这就占据了主动，把人掌握在自己的手中。酷吏和阴谋者惩罚人的这种方略，一则给他们带来极大的变态快感，二则以此要挟和刺激之下，刚强之人也难免弃械投降，放弃抵抗。这固然是阴险之术，也不可否认，这也许正是酷吏和阴谋者每每得逞的奥秘所在。他们深通人性，善于针对不同的人而采取不同的策略。同时，读书人不堪忍辱，正直人的情感太重，这本是人性中优秀的性格特征，在这里也显现出了它有弊的一面。结果让小人钻了空子，利用此节，为他们实现阴谋服务。

【事典】孙嘉淦的巨变

清朝雍正皇帝上台不久，翰林院的孙嘉淦就上疏论"亲骨肉"等敏感的政治问题，暗中斥责雍正薄情寡恩，苛待兄弟，严对大臣。雍正本想杀他，却念自己刚刚继位，孙嘉淦又颇有名望，所以强忍愤怒，只将他逐出翰林院了事。

经此凶险，孙嘉淦却不以为意，他对劝诫自己小心改过的人说：

"我乃进士出身，饱读诗书，岂能学那媚上之辈，摇尾乞怜，不进忠言呢？纵是有杀身之祸，我也决不做有辱读书人的事。"

劝他的人叹息说：

"你以无辱为上，不肯迎合皇上，这怎能在官场立足呢？你不要以不受辱为荣，在我看来，这不仅不是你的优点，反而是你致命的缺点。如此下去，祸患不远了。"

孙嘉淦和他唇枪舌剑，斥他明哲保身；自己却一如前状，仍是屡屡上书进言，言辞激烈，日甚一日。

雍正皇帝终于无法忍耐，将孙嘉淦逮捕入狱。审讯他的官吏无才无学，借此便嘲笑他说：

“你才高八斗，有个屁用？老子只知效忠，大字不识几个，却是能对你讯问，打罚由我，你可服吗？”

孙嘉淦自是心头火起，对他痛骂不止。那个官吏见他气得脸色失青，浑身乱抖，冷冷一笑说：

“你真是个书呆子，我还没有打你，你便受不住了，似你这样，还能在朝为官？你瞧我不起，今个我偏偏要重重地治你，让你也有个记性。”

他传命狱卒把孙嘉淦按倒在地，由他亲自动手，杖打孙嘉淦的屁股；他又把孙嘉淦拎起，左右开弓，打了他几十个耳光。一番污辱和折磨之后，那个官吏再将狼狈不堪的孙嘉淦揪到自己的面前，嬉笑着说：

“你还不服吗？”

孙嘉淦眼冒金星，体痛难支，他血气上涌，又喃喃骂了几声。那个官吏一脚将他踢翻，抡拳暴打他的脑袋。孙嘉淦昏迷之后，那个官吏又在他身上撒尿泄愤。

孙嘉淦的朋友探监之时，见孙嘉淦被折磨得不成人形，问过情由，怜惜地对孙嘉淦劝说道：

“你上了他们的当了。他们故意污辱你，目的就是激怒你，他们好借此责罚，置你死地。再说，我们读书人以救国平天下为己任，你又何必和小人结怨而误大事呢？”

孙嘉淦此时神情灰败，再无先前的倔傲之气，他痛声说：

“狱吏之贵，今日我才知道啊。你说得对，我不能不明不白地死在这里。否则，我枉死不说，更要株连我的家人。都怪我太意气用事了，结果亲者痛仇者快。”

孙嘉淦从此性情大变。他出狱后，再无先前的锋芒，处事圆溜多变，对上更为乖巧恭顺，成了一个十足的政治奴才。

原文

人不言罪，加其罪逾彼；证不可得，伪其证率真。

译文

人们不承认有罪，就此加害他的罪名比原来的罪名还大；证据不能够得到，伪造证据大概像真的一样。

释评

酷吏和阴谋者在制造冤狱时，总会碰到受害者死不认罪、拒不招供的情况。面对如此强硬的对手，也难不倒他们。他们采取的办法一是罪上加罪，以示威吓和胁迫；二是伪造证据，以便欺上瞒下。这些卑鄙的办法在封建专制时代是十分流行的，封建极权和缺少法制注定会滋生出这个恶果。只要掌有权力，只要把持舆论武器，受害者就无门抗辩鸣冤，世人也难知事情的真相；酷吏和阴谋者有恃无恐，自能为所欲为了。

【事典】惨死的任圜

五代十国时期，任圜是后唐明宗朝的宰相。任圜文武全才，为人刚烈，为此，枢密使安重诲忌恨于他，处处和他作对。

任圜的家人和朋友深知安重诲的权势，他又深得明宗宠信，于是多次劝任圜和安重诲结交释怨。他们说：

“安重诲是个典型的小人，什么事都会干出来的。你虽贵为宰相，可他执掌兵权，你既奈何不了他，又何必得罪他呢？”

任圜打心眼里瞧不起安重诲，他一听即怒，拍案道：

“他算什么东西！若不是皇上宠信，我第一个就弹劾他。让我和这种人和好，除非太阳从西边出来。”

任圜的家人见他执意不从，为了不惹祸端，他们便悄悄派人备上重礼送与安重诲，谎说是任圜所托。安重诲十分得意，第二天上朝时他便对任圜道：

“你我同心，这是都有好处的事，大人既知悔悟，我也不计较了。”

任圜心中惊怪，回家问询之下，他才知送礼之事，不禁暴跳如雷，竟亲自操起棍棒责打家人。然后，他亲自直闯安重诲府第，直接索回所送之礼，竟是当街发给了众人。

安重诲恨死了任圜，从此便在明宗面前屡进谗言。为了搞垮他，安重诲还勾结党羽，胁迫大臣连番上表，无中生有地揭发任圜的罪行。有的人为了讨好安重诲，竟在朝堂之上对明宗皇帝说：

“任圜不去，此贼不除，我就绝食抗议。皇上不听忠言，我只能以死进谏。”

迫于形势，明宗皇帝只好将任圜的宰相之职罢免。任圜不服，却也无可奈何。

安重诲对任圜的去职并不满意，他生怕有一天明宗会回心转意，就想伺机将他害死。过了不久，宣武节度使朱守殷起兵造反。安重诲于是诬陷任圜和朱守殷勾结，禀告明宗说：

“任圜失去相位，心怀不满，这才会和朱守殷联手。朱守殷若是有了他这个内应，内外夹攻之下，皇上的江山就凶险了。”

明宗一听果然害怕，便命安重诲审问任圜。任圜死不认罪，还痛骂安重诲说：

“大敌当前，你以个人私怨害我，将皇上置于何地？我定奏明皇上，让你这个奸臣贼子现出原形。”

安重诲恼怒之下，恶恨恨地说：

“你拒不认罪，这就是欺君大罪了。欺君当死，你还想活着见皇上吗？”

他命人将任圜乱棍打死，随后又伪造了一份任圜招供认罪的口供，拖过已身死的任圜，印上他的手印。明宗皇帝见证据确凿，也没怪罪安重诲擅杀，只喃喃道：

“任圜这么凶恶，先前我怎会不识其奸呢？”

原文

刑有不及，陷无不至；不患罪无名，患上不疑也。

译文

刑罚有做不到的地方，诬陷却什么都可以做到；不要担心给人加罪没有名义，只担心君主没有猜疑之心。

释评

君主的猜疑之心，是每个君主都共有的，也是他们的显著特征。如果这种猜疑加诸在某个人身上，这个人的麻烦便由此产生了。归根结底，这是一切冤案产生的根源，也是酷吏和阴谋者最能利用君主之处。刑罚的作用终是有限的，起码对仁人志士来说，它的作用就微不足道。诬陷栽赃就不同了，小人可以任意诽谤，凡事可以虚构牵连，人证物证又可以做假，纵是人宁死不认，在所谓的事实面前这只能算顽抗到底，并不能阻碍给人定罪。于是，酷吏和阴谋者便把害人的重点，放在诬陷和让君主猜疑上。有了这些，害人就不是件难事，他们的目的也会轻而易举地达到。

【事典】李孝逸的灾难

公元684年，武则天立武氏七庙，准备称帝。徐敬业让骆宾王起草讨武檄文，在扬州起兵造反。李唐王朝的宗室子弟李孝逸受命统兵抗敌。两军对垒之际，徐敬业派人策反李孝逸说：

"你是李氏子孙，又是文武全才，怎能放弃祖宗的江山，却要为武氏卖力效命呢？如若我们合兵一处，我家将军可使大人为三军主帅，如此兵强马壮，人心在我，何愁大人没有享不尽的富贵？"

李孝逸依附武则天决心已定，他不仅未接受劝告，反把来使痛打一顿，斥之说：

"顺天行事，乃君子之道，我心可鉴，誓死效忠武氏。徐敬业起兵犯上，若不投降,他只有死路一条。"

李孝逸放回徐敬业的来使,让其回去传话,遂精心准备战事。几场大战过后,九月起兵的徐敬业,到了十一月便被李孝逸攻破江都,徐敬业大败身死,一场祸乱遂消于无形。

有此奇功一件,武则天对李孝逸封赏有加,引为倚重。李孝逸以之为傲,行事也不像从前那么谨慎小心了。一次,他竟对朝中显贵、武则天的侄子武承嗣夸耀其功说:

"大人文有韬略,我武有智谋,还望大人不要以为天下从此就太平无事了,指望我的地方还多着呢。"

李孝逸说者无心,武承嗣却听者有意,以为李孝逸讥讽自己,再加上他本来就对李孝逸立有大功心怀嫉妒,于是他虽脸上作笑,心中却有了害李孝逸之意。

一待落实此事,武承嗣竟犯难了:李孝逸所立的大功无法抹杀,武则天对他又十分器重,该从何处下手呢?他心中烦躁,不停地在桌案上比划李孝逸的名字。许久过后,当他把目光定在那个"逸"字之上时,忽有所悟,继而眉开眼笑。

一日朝罢,武承嗣一人留下,他对武则天奏报说:

"李孝逸竟欲谋反,陛下知道吗?"

武则天心惊肉跳,面上却十分镇定,她慢声细语地说:

"他要谋反,你如何得知的呢?"

武承嗣瞎编一通,最后说:

"他手握军权,又是李氏宗亲,如今又骗得陛下赏识,此人实为我朝的大患。最能显示其不轨之心的是,他居然说自己名字中的'逸'字,中有一'兔',兔是月亮上的神物,高高在上,所以他才当有天下。"

如此拙劣谎言,武则天竟然相信了。她篡唐建周,心中有鬼,便对别人处处猜忌,唯恐有人造反生事,对手有重兵的大将,她的疑心就更重了。她稍有迟疑,早就摸透了她心思的武承嗣又连番进言,力劝她不可姑息养奸。最后,还是宁可信其有、不可信其无的心理占了上风,武则天下旨将李孝逸流放儋州。李孝逸不久就死在了那里,临死还在喊冤。

原文

人刑者非人也，罚人者非罚也。非人乃贱，非罚乃贵。

译文

被人用刑的人会受到非人的待遇，惩罚别人的人自己也会避免惩罚。遭受非人的待遇就低贱，不受惩罚就高贵。

释评

酷吏和阴谋者陷害无辜、残害忠良，说穿了他们无不是想借此向统治者邀功卖好，作为求取富贵、向上爬的阶梯。在他们眼中，不把别人置于死地，自己就会被别人暗害；自己先动手惩罚别人，自己就能占据主动，不会受制于人，被别人惩罚了。这种狭隘心胸和变态心理，促使他们不顾正义和良心的谴责，不仅以制造冤案为荣，更以折磨人为乐。他们把个人的荣华富贵，寄托在剥夺别人的自由和生命上，完全丧失了人性。他们如此凶残，统治者对他们也会心生畏惧和充满戒心。一旦他们失去利用价值或招来天怨人怒，统治者总会毫不犹豫地把他们抛出，作为替罪羊无情宰杀。这不仅反映了统治者的阴毒，也宣告了酷吏和阴谋者的如意算盘终将破产。他们为虎作伥，这实是他们应得的下场。

【事典】武则天的高明

武则天向以重用酷吏闻名，她手下的酷吏之多，酷吏之恶，可谓亘古少有。一个周兴，他一人便杀无辜数千人；来俊臣更是残暴，他灭绝的忠良达千余家。

对酷吏们的穷凶极恶，武则天是颇为欣赏的，她曾对来俊臣嘉勉说：

“我的江山，有你们很大的功劳。反对我的人太多了，没有你们的极力绞杀，真不知道会出多少乱子。你们大可便宜从事，为朝廷铲除奸党。”

来俊臣等人受宠若惊，更加死心塌地为武则天卖命。他们自以为有了皇帝撑腰，就可永葆富贵了。来俊臣曾嚣张地对自己手下说：

“我们乃是奉皇上旨意行事，纵是千错万错，那也和我们无关，你们何必畏手畏脚呢？捅出天大的麻烦，只要皇上不怪罪，那就是小事一桩，你们完全不必介意啊。”

酷吏们的暴行，朝中大臣、天下百姓无不对之恨之入骨，他们敢怒不敢言，仇恨却在积聚，随时有爆发之势。

武则天的心腹大臣为此忧心，他委婉地劝谏武则天说：

“酷吏胆大妄为，恶名昭著，这会影响陛下的名声啊，陛下何不下一道旨意，让他们有所收敛呢？”

武则天冷笑几声后说：

“现在乃非常时期，免不了有非常之事。此事日后再议，我自有主意。”

武则天其实更为此事担心，如果天下人都被酷吏逼反，她这个皇帝也当不成了。眼下对手还没尽除，她只想一旦对手消灭殆尽，皇位稳固，到那时再杀他们不迟。有此打算，武则天从此对所有上书反对酷吏的人一概斥责，有的甚至打入监牢，让酷吏们自行处置。酷吏们愈发不可一世，他们办起事来也更加卖力。

当武则天的对手和潜在敌人被酷吏们收拾得几乎已尽的时候，武则天见他们已无多大用处，也为了收买人心，于是便突然变脸，先是杀了索元礼、丘神

、周兴，最后还亲自下令处死来俊臣，且颁发诏书，向天下人公布来俊臣的罪恶。诏书中说：

“来俊臣滥用刑罚，有法不遵，欺君惑众，此贼完全是一人作恶，危害国家和百姓，不杀之不足以明法纪、平民愤。来俊臣为祸甚烈，他的家族也应全部屠灭，以慰天下。”

如此一来，武则天把罪责都推给了酷吏们不说，她自己也成了为百姓报仇雪恨的大好人了。史书上说她这是“杀人以慰人望，手段可谓高明”。

原文

贱则鱼肉，贵则生死。人之取舍，无乃得此乎？

译文

低贱的人就任人宰割，高贵的人就主宰别人的生死命运。人们的选择态度和行为，恐怕是源出于此吧。

释评

不可否认，酷吏政治下的人们，在高压和淫威下，他们的人生选择和行事方式会有极大的转变。这种转变是被迫的，也是无可奈何的，只有少数投机者才会对此心甘情愿，愉悦之至。靠出卖良心、杀人害命得来的富贵，正直的人是不屑的，他们迫于形势，随机应变，只不过是为了躲避灾难，保全自己。这和那些利欲熏心、死心卖命的人有着本质的不同。利欲熏心之辈，死心卖命之流，他们往往在这个时候摇身一变，目的只在求取功名，赚得好处，至于由此带来的灾害，他们只要事不关己，便懒得去问了。不管怎样，酷吏政治对人的影响都是巨大的，由此产生的恶果也是触目惊心的。

【事典】苏味道的软骨病

苏味道是武则天时期的宰相，在这个酷吏横行的凶险时代，许多大臣都惨遭毒手，家破人亡，苏味道却毛发无损，官运亨通。有人向他求教此中道理，他便常对人说：

苏味道

初唐政治家、文学家。早年为咸阳尉，随裴行俭两征突厥。先后三度为相达七年之久，深得武则天赏识。在复杂的政治环境中，始终毫发不伤，官运亨通。

镜　鉴

软骨而能自保，何乐而不为？

"人得因时而变啊,不变就行不通了。时下酷吏受宠,我敢得罪他们吗?如今直言获罪,我敢讲真话吗?现在人人自危,我敢大意吗?既是不敢之处太多,最好的方法就是办任何事情都不能有太明确的态度,对国家大事不要提任何主张,对所有人都不要去得罪。"

正因他如此行事,人们便给他起了个外号叫"苏模棱","模棱两可"的成语便由此而来。

苏味道这般圆滑和小心,他的一个朋友还觉得他做的不够,他提醒苏味道说:

"你凡事躲避,置身事外,这虽能保身一时,却不是永固之道啊。如今皇上最喜祥瑞之事,寻常百姓都有所呈报,你身为宰相却无此功,怎行得通呢?万一皇上怪你肉眼凡胎,不配相位;酷吏告你有意隐匿不报,心存不轨,你该如何应对呢?"

苏味道浑身凉透,跺足道:

"此中疏漏,可谓大矣,我真是罪该万死了!"

苏味道从此命人遍寻祥瑞之物,只因此物实在难寻,他一时无有所获,竟是夜不成寐,惶惶不可终日。

这年三月,长安城突降大雪,实属反常。在人们的惊怪声中,苏味道却灵机一动,他对百官说:

"时值暮春,本该天降雨水,这会儿大雪纷飞,当是祥瑞之象。各位可随我入宫面圣,贺喜皇上。"

百官随声附和。独有殿中侍御史王求礼反对说:

"眼下草木正荣,大雪落下,势必成灾,这哪里算得上祥瑞呢?"

苏味道厉声斥责王求礼胡说,于是亲率百官入宫。在武则天面前,王求礼仍是坚持己见,力劝她不可接受称贺。武则天亦觉此事有害无益,说什么也算不上祥瑞,她便没有接受称贺。即便如此,她也没有嘉许王求礼一句,说他直言可勉;对苏味道的谄媚胡诌,武则天反是心中暗喜,没有半句的责备。

【瓜蔓卷】第十二

事不至大，无以惊人。案不及众，功之匪显。上以求安，下以邀宠，其冤固有，未可免也。荣以荣人者荣，祸以祸人者祸。荣非己莫恃，祸惟他勿纵。罪无实者，他罪可代；恶无彰者，人恶以附。心之患者，置敌一党；情之怨者，陷其奸邪。

官之友，民之敌；亲之友，仇之敌，敌者无常也。荣之友，败之敌；贱之友，贵之敌，友者有时也。是以权不可废，废则失本。情不可滥，滥则人忌。人不可密，密则疑生。心不可托，托则祸伏。智者不招己害。能者寻隙求功。饵之以逮，事无悖矣。

本卷精要

每一件大的冤案、错案,统治者都有不可推卸的责任,甚至是真正的元凶。

在淫威强权之下,纵是智慧再高,有时也是全然无用。

在人际关系中,保持一定的距离对谁都有好处。

在朋友眼里看来无妨的东西,在小人的眼中就大有文章可做了。

多数的冤案,表面上人证物证俱在,看似合理合法,挑不出什么毛病,这正是冤案制造者的狡猾之处。

原文

事不至大，无以惊人。案不及众，功之匪显。

译文

事情不是很大，就不能让人震惊。案件不是牵扯人多，功劳就不能显现。

释评

整人者之所以害人，关键在于一件惊天巨案的告破，统治者视以为功，总是要加以重赏和加官晋爵的。在这一巨大利益的推动下，整人者往往把整人视为升官发财的捷径。而那些原本品质不坏的人，受此诱惑和启发，渐渐地也会加入到整人者的行列。至于那些被整的人，或出于报复，或因受到刺激而神情大变，也会倒戈一击，以其人之道还治其人之身。由此而形成的整人成风、涉人激增的局面，便更刺激人在整人时求大、求多。在他们看来，唯其如此，才能一鸣惊人，惹人重视；唯其如此，才能得立大功，爬上高位。有此心态，有此机遇，他们自不会放过任何蛛丝马迹。更多的还是挖空心思，肆意诬陷和捏造，从而造就出一个个大案要案、反叛联盟、奸人集团，使众多无辜的人无端受害。

【事典】李秦授的建议

李秦授是武则天时期的一个小官吏，他无才无德，却野心不小。为了得到升迁，他不惜倾尽家财四处活动。即便如此，只因他的家当所值不多，所能送礼的钱财自是有限，他的这一努力却未见成效。

李秦授怨天尤人之际，他的一位酒肉朋友便开导他说：

“现在形势变了，皇上重用酷吏，重赏举报之人，你何不在此动点脑筋呢？

这是无本的生意,你又鬼点子多,这最适合你了。”

李秦授拍案叫好,连连称谢。他连夜便写了一封举报信,诬告他的上司意图谋反。谁知还是晚了一步,早已有人抢在他的前头告发其人了。李秦授心中叫苦,但他仍不气馁,又诬告他上司的上司谋反。这次更糟,偏巧那个人因举报有功,正走红运,李秦授诬告不成,还险些让人反咬一口,惹下大祸。

连连碰壁,李秦授有些灰心,自感诬陷告密也不是一件简单的事了。但他仍不死心,遂亲自登门求教他的那位酒肉朋友。那人便说:

“现在人人告密,个个举报,你不弄点绝活是显不出来了。我正好有个主意,只是拿捏不准,风险极大,你若愿意,这事我就让给你了。事成,你不能少了我的好处;事败,那是你一人倒霉。”

李秦授咬紧牙关,狠狠地说:

“豁出去了,有什么妙法,你尽管说吧。”

那人沉吟片刻,就说:

“皇上登基以来,所杀皇亲国戚和大臣众多,他们的家人和亲族都被流放在外,这些人我算了算,足有数万之多啊。如果把这些人定罪害死,岂不是奇功一件?当真是无人能比。不过万一罪名不当,或是皇上不忍下手,那就是自找麻烦了。”

李秦授一听此言,也感有些棘手。他考虑再三,最后决定咬牙一搏。于是他上书武则天,建议说:

“那些流放之人,人有数万,心怀怨恨,这些人若是同心协力,起事造反,真可谓以一敌十,堪为大患。他们和朝廷的仇怨是不共戴天的,也是陛下无法教化的,陛下切不可大意轻心,应尽早铲除。”

当天夜里,武则天就召李秦授入宫,喜不自禁地对他说:

“若不是有你提醒,我真忽视了这个最大的后患啊。你叫秦授,这是上天把你授给我的,我怎会不接受你的建议呢?”

武则天当场将李秦授升官数级,赏以巨额钱财,还赐给他十名美貌绝伦的歌妓。而那数万的流放者,却因李秦授的一语建言被诛杀一光。

原文

上以求安，下以邀宠，其冤固有，未可免也。

译文

君主用它求取安定，臣子用它邀功取宠，这里的冤情一定会有，却是不可避免的。

释评

残害无辜，大搞株连，统治者和酷吏们的出发点虽有不同，但他们故意为之的心都是相同的。表面上，统治者往往以为酷吏所欺、不知真情作幌，给人以一切的罪恶都是酷吏所干的假象。这既能使自己免受攻击，也能为日后解脱自己、找替罪羊做铺垫。事实上，酷吏们即使有通天之能，若无最高掌权者的默许和纵容，他们也是掀不起太大的风浪的。何况重用酷吏，这本身就表明了统治者的喜好和用心，他们若是无权无势，相信也只能是个无赖而已，所造成的伤害注定和一个酷吏是无法相比的。由此不难看出，每一件大的冤案、错案，统治者都有不可推卸的责任，甚至是真正的元凶。

【事典】推波助澜的牙剌挖赤

元朝蒙哥继承汗位之后，定宗皇后海迷失及诸子不服，察合台的后人也有怨言。朝中老臣牙剌挖赤于是对蒙哥汗说：

“身为大汗，最怕人不畏惧，多有怨词。如此日久，那些不服之人势必敢冒奇险，以逞其奸。臣以为大汗当早作筹划，对那些不服者和怨怪者一律诛杀，为了不留后患，他们的家人和亲族也不应存留。”

蒙哥汗心中一动，想来想去，他还是说：

“我初登大宝，杀戳太多只怕激起大变，此事以后再说吧。”

蒙哥不听牙剌挖赤之言，牙剌挖赤心中不快，顿觉怅然若失。他自觉在新君面前无有寸功，只想恃此让蒙哥汗对己看重，不失宠信；如今此计不成，他也只好暂时忍耐了。

不久，那些皇族中不满之人，竟趁蒙哥汗和群臣饮酒欢宴之时，派人前来行刺。事情败露之后，参与其事者一一落网。

蒙哥汗虽对他们恨之入骨，却顾念颇多，一时难下决断。他忽想起牙剌挖赤先前的谏言，便把他召入宫中，问他说：

“你前番料事如神，今日果有叛乱。这些人如何处置，你可有好的主意吗？”

牙剌挖赤心中暗喜，面上却故作愁苦的表情说：

“这些人都是大汗的至亲，只怕大汗下不了手啊，我还能说什么呢？”

蒙哥汗被他激怒，愤愤道：

“他们可是不念亲情，欲置我于死地！”

牙剌挖赤见蒙哥汗动怒，还是不正面回答此事，他又故作高深地说：

“先前希腊国王亚历山大灭掉波斯国后，想要攻打印度，结果他的手下有不少人反对此事，致使亚历山大欲战不能。亚历山大派人向他的老师亚里斯多德问计，亚里斯多德却不作答，只带着那个差人在园中散步。遇到荆棘挡道，他便命人将荆棘铲除，绝不迟疑，然后再植上新树，位列新路两旁。那个差人遂有所悟，回报亚历山大。亚历山大茅塞顿开，于是将那些持有异议的部属或杀或逐，无人能免。亚历山大去掉后患，其后就攻占了印度，成就了千秋霸业。”

蒙哥汗听过不语，牙剌挖赤又紧接着说：

“这个故事，大汗当有所悟啊！时下人心惶惶，臣子不服，依臣之见，大汗现在动手已然迟缓，怎可一误再误呢？”

蒙哥汗急忙道：

“乱臣贼子，我固然不赦，只是他们的家人亲族，未免有些冤枉，是以三思。”

牙剌挖赤唯恐蒙哥汗心软，他极力鼓动蒙哥汗道：

“成大事者，怎可顾念小节？纵有冤屈，只要对大汗有利，也该在所不惜才是。何况人心难测，斩草要除根，无论如何，这些人是留不得的。”

蒙哥汗听罢此语，爽然大笑，他上下打量了牙剌挖赤许久，这才说：

“你深知我心，所言极是。此事你知我知，不可外传。”

蒙哥汗于是把那些谋反之人一一严惩，他们的家人亲族也都被法办，最后连与此案无关的许多将领也被株连在内，被作为异己一并除掉。

原文

荣以荣人者荣，祸以祸人者祸。荣非己莫恃，祸惟他勿纵。

译文

真正的显达是能让他人也显达的显达，真正的祸患是能使他人也致祸的祸患。不是自己挣得的显达不要倚仗，只要是他人的祸患就不要放过。

释评

俗话说，一荣俱荣，一损俱损。封建专制时代的这种连带关系，为酷吏和阴谋者株连无辜、扩大打击对象提供了广阔的空间。他们可以通过丰富的联想，曲曲折折地找到他们要打击的对象和某案的关系；更可以凭空制造离奇的情节，将毫不相干的人和事连在一处，诬为同党，一并加以治罪。有此能耐，酷吏和阴谋者要整治的人，很难逃脱他们的毒手；有此玄奥，有智慧的人总是远离是非的旋涡，千方百计躲在酷吏和阴谋者的视野之外，更不会贸然地主动进攻。这种明哲保身的方法不值得提倡，可在淫威强权之下，纵是智慧再高，有时也是全然无用。此中的无奈和无助，非亲身体验者难以想象。

【事典】郭德成的聪明之举

明太祖朱元璋在位之时，郭德成任骁骑指挥之职。郭德成的妹妹是朱元璋的妃子，每次入宫，妹妹总想让哥哥多呆一会，可郭德成就是不肯，每次都借故有事早早离开。

郭德成的妻子对夫君所为亦是不解，她常埋怨他说：

“你和皇妃乃是至亲，多聊一会又有何妨？皇上知道了也不会怪罪于你，你还怕什么呢？”

郭德成总是不肯作答，只说：

“我确有要事在身，怎可因私废公？你不明情由，以后不要再妄加非议。”

郭德成不仅在此小心,和人交往尤其谨慎,特别对掌管司法的大臣和大大小小的狱吏,他都十分恭敬,还半开玩笑半认真地说:

“有一天若是我犯在你们手里,若能看在今日的情分上,让我少受些罪,我就感激不尽了。拜托!拜托!”

那些人每到此时,总是笑着回答他说:

“大人乃是皇亲,谁敢把你怎样呢?你太多虑了,切勿再言。”

一时,人们都认为郭德成有些呆傻。

一天,朱元璋召他入宫,临走之前,朱元璋赏他两锭黄金,还让他莫对人言。郭德成谢恩收下,把黄金装入靴筒。快走到宫门之时,他突然脚下不稳,随后似醉汉一样跌坐在地,靴子也脱落了。宫中守卫一见靴子中滚出了黄金,立刻将他暂押,报与朱元璋知晓。朱元璋言明此事,郭德成才得以脱身。

事后,有人责怪郭德成太不小心了,郭德成只是一笑置之。私下,他却对妻子说:

“皇上严刑峻法,那些酷吏无孔不入,我随时都有可能被人栽赃陷害,牵扯进来,怎能不事事小心呢?我故意露出黄金,正是虑此啊!试想皇宫防卫森严,滴水不漏,我挟金而出,岂能瞒过众人?人家若说是我偷的,我也有口难辩。何况我妹妹服侍皇上,我出入无阻,万一皇上以此试探于我,这事就更麻烦了。”

郭德成的小题大作,其实并不为过。审视朱元璋的为人,确有那种可能。他当政期间,清洗丞相胡惟庸,牵连被杀的功臣、官僚有3万人;大将蓝玉一案,先后牵连被杀的有1.5万多人;空印案、郭桓案,被杀者更多达8万人。朱元璋如此残暴和无情,也难怪郭德成对他不敢轻信,处处防范了。

原文

罪无实者,他罪可代;恶无彰者,人恶以附。

译文

罪名没有实证,用其他的罪名来替代;恶行没有显露,用他人的恶行来依附。

释评

封建专制下的冤狱和株连,都是在所谓的法律下来实现的。酷吏和阴谋者玩弄法律的条文,在义正辞严的借口下大行其奸,给他人扣上种种罪名和捏造种种恶行,常常又是张冠李戴,东拉西扯,名不副实。这种漏洞百出的伎俩,实际上并不影响他们对被陷害者罪行的认定,他们掌握大权,是非由他们自己评判,这从根本上保障了他们所制造的冤案的最后实现。从此可以得出结论,法制的虚无和酷吏的产生,是封建制度本身所固有的痼疾,是封建集权背景下所衍生的一个毒瘤,它是不可能自我消除的。

【事典】弄巧成拙的杨国忠

唐玄宗由于宠信杨贵妃，爱乌及屋,他任命杨贵妃的堂兄杨国忠做了宰相。杨国忠不学无术,本是一个泼皮无赖,一旦握有大权,其贪婪凶残的本性便暴露无遗。他身为宰相,竟兼职四十多个,都是弄钱捞油的肥差。

安禄山几次到长安进谒唐玄宗。杨国忠见安禄山深为玄宗宠信,赏赐丰厚,于是就格外忌恨。他曾把手下人召来,对他们说:

“一个胡人,一个武夫,他有什么能耐让皇上那么喜欢他呢？我看这小子不是个好货，定是皇上左右都受了他的重金贿赂,有人给他说了不少的好话。”

他猜测如此，索性直接把安禄山找来，对他说：

“我身为宰相,将军如何这样欺侮我呢？”

安禄山惊道:

“末将并无冒犯大人之处，想必是大人误会了。”

杨国忠冷笑几声,直接道:

杨国忠

杨贵妃之族兄，唐玄宗朝权臣。因杨氏姐妹得宠而获得玄宗重用。执政期间,吏治混乱，政治腐败，民怨沸腾。安禄山叛乱,杨国忠死于马嵬驿之变。

镜　鉴

实力不及偏要挑衅,是自取灭亡。

“既是如此，本相花费颇巨，将军可否赠我黄金万两？”

安禄山自恃玄宗宠信，并没把杨国忠放在眼里，他故作为难地说：

“孝敬大人，本是应该的。只因军费尚是短缺，末将实在凑不出此数，还请大人见谅。”

杨国忠见安禄山竟敢当面回绝，恼怒异常。他不便当场发作，事后却面见玄宗，诬他谋反，他说：

“安禄山手握重兵，心怀异志已非一日。他私下招兵买马，扩充实力，却不向朝廷报告，极力隐瞒，这是为什么呢？他表面上对皇上恭顺异常，故作痴傻，这不过是想骗取皇上信任，皇上万不可中了他的诡计。”

唐玄宗初时有疑，可见屡次传召安禄山，他都召之即来，没有一丝迟缓。唐玄宗据此对杨国忠斥责说：

“安禄山若有反心，我召他入京，他自会畏惧，不敢速速即来。你失于察人，日后勿言此事。”

对杨国忠的一再进言，安禄山十分恐惧，坐立难安。他一日对手下将领忧心忡忡地诉说道：“杨国忠恨我太深，我们可算不共戴天了。他不停地诬我谋反，所幸皇上并不相信此事，我们才能一时平安。杨国忠权倾天下，害人才是他的本事，他不死心，谁敢保证皇上下一次还不信呢？看来我们应早做准备了。”

安禄山从此加紧筹划谋反之事，杨国忠等不及了，为了证明自己的诬陷从来都是正确的，他竟采取了逼安禄山谋反的策略。公元755年，杨国忠派遣军队包围了安禄山在长安的住宅，把他的宾客全部杀死。他想以此来激怒安禄山，迫他造反。安禄山得知此讯，哀叹不止，他想向皇上申诉，可所有的奏章都不能越过宰相这一关。他被逼无奈，最后决定起兵反叛。

安禄山造反的消息传到长安，人人惊恐，只有杨国忠十分兴奋。这可证明他料事如神，他要名正言顺地把安禄山缉拿归案了。不过安禄山17万大军的实力，完全超出了杨国忠的想象，他们一路势如破竹，第二年便攻陷潼关。唐玄宗狼狈逃出长安，在距长安不远的马嵬坡，禁卫军突然发难。杨国忠不仅被杀，连他的家人也被斩杀一光，甚至唐玄宗宠爱无比的杨贵妃，也在禁卫军的要挟下，不得不自尽而死。

原文

心之患者，置敌一党；情之怨者，陷其奸邪。

译文

心腹的祸害，把他诬指为是敌人的同伙；情感上怨恨的人，陷害他是奸诈邪恶的小人。

释评

把自己不满、不喜欢的人，指斥为是内奸和小人，是酷吏和阴谋者惯用的手法。他们以正直无私的君子面目出现，用最动听的正义之言，理直气壮地“揭露”和“批评”强加于人的所谓罪状。而在外人的眼里，他们却成了正义之士了，其中的真假，一时也让人难以分辨。事实上，人们受这种愚弄和欺骗的事真是太多了。在不知情者眼中，在受害者无可抗辩的情况下，人们也许只能相信这个假相。当权力掌握在他们手里，舆论为他们所操纵，真相便被掩盖了，由此造成悲剧也就不足为怪。但是，历史的经验告诉人们，真相是抹杀不了的，终有一天会大白于天下；伪君子是长久不了的，终有一日将暴露无遗。他们只能得逞于一时，却永远也逃脱不了正义的惩罚。

【事典】朱浮的丑行

东汉光武帝时期，朱浮任幽州牧，他好大喜功，贪图虚名，招揽了许多宾客，耗费官府的钱粮众多。彭宠时任渔阳太守，为朱浮的下属，他见朱浮不务正事，醉心此道，心中大感厌恶，于是他写信进言说：

“天下初定，百废待兴，边城还多有战事，我们身为臣子，当为皇上尽心分忧，务实求进。大人实不该多养宾客，滥封官属，浪费钱粮。此言发乎我心，也实为大人着想，或有得罪，还请大人看在国家的利益上，原谅我的直言犯颜。”

朱浮看了彭宠的来信，十分震怒，他不仅不听忠言，还下命他多上缴钱粮，以供宾客之需。彭宠见朱浮变本加厉，于是就毅然抗命不从。朱浮恨愤难已，也给彭宠写了一信，信中说："以下犯上，抗命不遵，这都是死罪。你是一个武夫，没有什么教化，我姑且原谅你一次。你要知道，舞文弄墨你是不行的，行军打仗你更远在我之下；再不从命，我定讨伐于你，只怕到时你跪地求饶，已然晚了。"

彭宠接到此信，对朱浮更是分外憎恨。朱浮见他仍不听命，于是上书朝廷，凭空编造了他许多罪状，其中说：

"彭宠虽为太守，其实却是一名衣冠禽兽。他派人接她的妻子进城享福，却把他母亲扔在乡下，不管不问。他为人奸诈，心肠歹毒，连他最好的朋友都被他杀死。彭宠自恃手中有兵，暗中却和敌人私通，日夜谋划造反。如此不忠不孝不仁不义之人，恳请朝廷及早将他除去，以去大患。"

彭宠得知此事，怒上加怒，他冲动之下，于是发兵攻打朱浮。朱浮惶恐变色，他心神稍定，又玩起了他擅长的口舌之能，写了一封长信给彭宠送去，慷慨激昂地诬陷彭宠说：

"你身受国家大恩，坐享朝廷俸禄，怎能不顾恩义，起兵造反呢？你的良心何在？你的心肝何在？似你这样奸邪小人，怎配生在天地之间，你置百姓生死于不顾，你还算是个人吗？稍有良知的人，都会以你为耻，你如此作恶，想必你的父母亲人都会因你蒙羞，恨你不死了。"信的最后，朱浮所写的一句话成了千古名言："凡举事无为亲厚者所痛，而为见仇者所快。"

其实，彭宠此举不过是和他的个人意气之争，绝非造反，朱浮如此诬陷彭宠，其险恶用心自是不言自明。结果在彭宠大军进逼之下，无德无能的朱浮吓得要死，他竟不敢抗拒，杀妻弃城而逃。

原文

官之友，民之敌；亲之友，仇之敌，敌者无常也。

译文

官吏的朋友，在以官吏为敌的百姓眼里便是帮凶；亲人的朋友，在和亲人有仇的仇人眼中也成了敌人，所以说敌人是变化不定的。

释评

人际关系的亲疏和远近，始终是封建专制大搞株连的一个重要依据，人们熟知的株连九族，便是很好的明证。更让人恐惧的是，酷吏和阴谋者并不满足和局限于此，他们为了最大程度地迫害对手，邀取更大的功劳，还要挖地三尺，寻找一切线索，把一切与之有关的人都网罗在内，作为共同的打击对象。于是，他们对敌人的界定便无限扩大了，敌人的朋友也变成了敌人，甚至那些可能意义上的敌人，如敌人朋友的朋友，也被包括在内。他们做贼心虚，草木皆兵，一方面显示了他们的极端残酷，另一方面也暴露了他们的色厉内荏。这一点，酷吏和阴谋者概莫能外。

【事典】朱棣的屠杀

明太祖朱元璋在世时，四皇子朱棣被封燕王，坐镇北平。朱元璋死后，建文帝朱允炆上台，实行“削藩”，朱棣于是发动“靖难之役”，历经四年苦战，最后夺取政权，继位为君，是为明成祖。

朱棣攻入京师之时，宣召文学博士方孝孺起草登基诏书。他故作平和地对方孝孺说：

“你为一代大儒，名重天下；我去恶除暴，匡扶大明江山，这个诏书由你草拟，真是再恰当不过了。”

方孝孺十分认真，他认为朱棣以下犯上，就是谋权篡位。于是不肯奉命，还出语尖刻地对朱棣说：

“乱臣贼子，何能为君？我饱读圣贤之书，深受太祖之恩，自不能做此助纣为虐的勾当。你要杀便杀，不必多言了。”

朱棣强忍怒气，规劝他说：

“以有道伐无道，这也是圣人的教诲，你何必这般固执？我敬你知书达礼，才会如此

明成祖

朱棣，朱元璋第四子，战功卓著，朱元璋死后，以藩王身份击败建文帝朱允炆而登基，成为一代明君。执政期间政治清明，天下太平，开创了“永乐盛世”。

镜　鉴

道德无善恶，与历史之善恶完全是两码事。

相请；若你迂腐不化，当真是自误误人，你要三思。”

方孝孺已有了必死之心，对朱棣的威胁报以轻蔑的一笑，他悲声说：

“为国尽忠而死，乃是我辈终生所求，有何惧哉？你奸计得逞，自可大行杀戮，要知天理昭昭，是非公道终在人心，你岂能将天下人都杀光斩尽？”

朱棣怒火发作，咆哮着命人将方孝孺斩杀。他自觉还不解气，不仅灭了方孝孺的九族，还捎上了方孝孺的门生弟子、同事朋友，称其第十族，一并杀害。此案先后被杀者共有873人之多。

太常卿黄子澄是“削藩”的建议者，朱棣将他全族杀光。前兵部尚书齐泰也力主“削藩”，他不仅被斩，他的所有兄弟也获罪被一律处死。户部侍郎卓敬，处斩，灭三族。兵部尚书铁铉，磔死。礼部尚书陈迪，磔死，六个儿子被杀，亲属180余人，廷杖后贬窜蛮荒。左副教御史练子宁，磔死，家族151人被杀。大理丞邹瑾，自杀，家族448人被处决。大理少卿胡闰，绞死，家族217人惨死。御史大夫景清，磔死，他的亲属和朋友一并被斩杀不说，连亲戚的朋友的亲戚朋友，也悉数处决，以致景清家乡的数个村庄的村民都被杀光，房舍皆空。

原文

荣之友，败之敌；贱之友，贵之敌，友者有时也。

译文

显达时的朋友，败落时就是敌人；贫贱时的朋友，富贵时就是敌人，所以说朋友是暂时的。

释评

官场是最能改变一个人的地方，富贵同样能让人变得全然陌生。这种改变可以化敌为友，更可以化友为敌。俗话说“墙倒众人推”，“为尊者讳”，讲的就是这个道理。认清此节，一个成熟的人便会因时而变，对朋友不再简单地定义在纯友情之上了，他们会因朋友身份的改变而重新定位自己、定位他人，进而趋利避害，躲开可能招致的横祸，减少被无辜株连的灾难。当然，对真正的知心朋友而言，这种势利的眼光固不足取，真正的知心朋友是经得起风雨考验的。问题是，真正的知心朋友实在太少，人们眼中的知心朋友，又有几个是真正知心的呢？有了这种防范，心存这种认识，人们在人际交往中，特别是和朋友相处中，才能不遭人忌，不惹人嫌，留有退路，处变不惊。

【事典】陈胜的穷哥们

秦末农民起义领袖陈胜未造反时，在乡下种地为生。他心有大志，常有豪言壮语从他口中说出，人们都笑话他白日做梦。一次，他在干活时，又忍不住对和他一起劳作的穷哥们夸口说：

“土里刨食的活法，岂是大丈夫所为？我若有富贵那一天，一定不会忘了你。”

那个穷哥们叹息着说：

“你和我一样，都是天生的苦命，困守乡野，只怕没有那一天了。”陈胜感叹一声，苦道：

“无人信我，这也难怪，你们甘守田园，又怎会知道我的宏图大志呢？”

后来陈胜造反称王，定都于陈，威名远播。陈胜的那个穷哥们大喜过望，便要去投奔他享受富贵，他的家人劝他勿去，还说：

“陈胜和你是贫贱的朋友，如今他贵为大王，非比前时，他哪里还会把你放在心上？好了，他招待一顿好吃好喝，也就不错了；坏了，他翻脸不认人，嫌你给他丢人，那你就是自讨没趣，惹祸上身。我们现在虽是贫寒，却是无灾无难，总比你前去冒险强啊。”

那个穷哥们嘻嘻一笑，说陈胜有言在先，自会不差。他不顾人劝，日夜兼程赶至陈城，兴冲冲地对守卫王宫的人说：

“我是陈胜的朋友，我要找他。”

守卫见他穷酸之极，不肯通报不说，还将他捆绑起来。他百般诉说和陈胜的交情，守卫才放了他，却命他远远走开，不许再来。那个穷哥们于是躲在王宫外面，等陈胜外出时，他便急冲上前，高呼陈胜的名字，二人这才得以相见。

陈胜把那个穷哥们带入王宫，让他饱尝一顿山珍海味之后，严肃地对他说：

“我身为大王，你不可再对我大呼小叫了。不是我忘了故友，而是为王者规矩甚多，你也不能例外。”

那个穷哥们笑着答应,私下里他却到处乱窜,逢人便说他和陈胜穷困时的模样,一再感叹王宫壮丽,真想不到陈胜竟会住在这么好的地方。早有人将此事报与陈胜,还建议说:

"此人一再贬损大王,大王何必留他在宫里呢?不如打发他走算了。"

陈胜沉吟片刻,却道:

"他在这里尚且胡说八道,到了外面就可想而知了。他这是自寻死路,又怪得了谁呢?"

他传令下去,那个穷哥们立时死于非命。

原文

是以权不可废,废则失本。

译文

因此说权力是不可废弃的,废弃了就失掉了根本。

释评

酷吏和阴谋者之所以害人无数,祸国殃民,一个重要的原因便是他们窃取了大权,占据了要津,可以发号施令,迫人就范。反观那些受害者,权力不及或没有权力,应是他们为其所制的关键因素,没有这柄利剑,他们很难斗得过他们。至于那些权位高于他们的受害人,因其正直无邪,不搞阴谋诡计,就疏于对他们的防范和主动进攻,这自会使自己陷于被动;更重要的,酷吏和阴谋者善于骗取最高当权者的信任和支持,有时甚至是最高当权者直接充当幕后黑手。相比之下,那些权位高的受害人还是显得权力不够,身处下风就在所难免了。

【事典】夺人权柄的武三思

唐中宗时,武三思极受中宗宠信,地位无人撼动。眼见武三思的骄横不法,曾以强硬手段逼迫武则天让位、扶中宗重掌皇权的五位大臣,张柬之、桓彦范、敬晖、袁恕己和崔玄暐深以为患，于是一再劝谏中宗削夺武三思的官爵。中宗不听，武三思却由此对张柬之等五人怀恨在心，伺机报复。

宣州司士参军郑愔，和武三思素有交情，他因贪赃枉法被通缉，无路可走之时，他便逃到武三思家里避难。郑愔为了讨好武三思，便给他出主意说：

“大人高枕无忧，可是忘了还有大敌未除吗？张柬之等五人，迫武则天让位都可一日做到，何况是你呢？应设法将他们一网打尽才是啊。”

武三思果然被说中了心事，他恨恨地说：

“此五人如今和我为敌，终是大患。我恨不能生吞活剥他们。只是他们立有大功，个个又出将入相，一时之间，我也难以下手，奈何不了他们啊。”

郑愔见武三思愁容笼罩，脸色铁青，竟是哈哈一笑。武三思见他如此，惊问道：

“我无计可施，你可笑我无能？”

郑愔连忙止笑，赔罪说：

“惹大人误会，小的罪该万死。”

他见武三思神情稍缓，接着献媚说：

“大人幸好遇上我，可以转祸为福了，所以我才笑啊。”

郑愔紧接着把他的毒计说了一遍。武三思听得连连叫好，最后夸奖他说：

“你让我劝皇上明里给他们封王，暗地里却夺下他们的权柄，这个主意真是太好了。我前番苦无对策，不敢冒失动手，正是忌惮他们手中的权力啊。倘若他们无权，我收拾他们还不是易如反掌？”

武三思于是联络韦皇后和上官婉儿等同党，多方向中宗皇帝说张柬之等人的坏话。她们危言耸听，诬陷他们恃功狂傲，欲谋不轨，中宗皇帝从此生疑。一次，中宗皇帝和武三思商议此事，武三思便趁机说：

“皇后都知道这事了，何况别人呢？我见

武三思

唐代权臣，武则天之侄，深受则天器重。中宗复位后，武则天崩，任宰相，遂专权，为排斥异己，大肆陷害忠良。景龙元年，为太子李重俊起兵诛杀。

镜　鉴

为官而丧权，则无以安身。

陛下对他们有情,这才不敢告知陛下呀。此事千真万确,就看陛下如何处理他们了。”

中宗面露不忍之色,久不做声。武三思便提议说:

“陛下仁爱,不如佯示尊崇封他们为王,如何?只要他们不握有实权,就不足为患了,陛下也可免却不容功臣的非议。”

唐中宗亦觉此法一举两得,当即首肯。不久,张柬之等五人都被封王,所有实权都一一被夺去,连上朝奏事也被说成怕他们劳苦,只让他们每月初一、十五来两次即可。

权力一失,张柬之等五人个个成了光杆司令,再无力和武三思抗衡了。武三思运用手中的权力,最后把他们全都害死,其家族也被株连,同遭不幸。

原文

情不可滥,滥则人忌。

译文

同情心是不能随便施予的,太随便了就会招人忌恨。

释评

在许多株连无辜的案例中,许多人往往因为同情别人,仗义直言,被酷吏和阴谋者所忌恨,由此而致祸。这虽是悲剧,却能见其悲天怜人的可贵之处,令人崇敬。而奸滑之辈,他们总是抱着事不关己,高高挂起的态度,一味明哲保身。哪怕事关至亲的生死,他们也昧着良心不管不问。这种人生哲学和处事方法,虽然一时保全了自己,但从根本上说,却助长了酷吏和阴谋者的为恶之势,到头来还是无法自保——酷吏和阴谋者不彻底根除,灾难随时就会降临在每个人的身上。

【事典】无端被陷的王旦

王旦是宋真宗一朝的宰相,他为人厚重,办事公正,尤其是他重情重义、生性善良的一面，为许多人所钦敬。

翰林学士李宗谔才高品优，王旦十分欣赏他，便在人前多次称赞他说：

“李宗谔人才难得，堪为大任，后进诸生超过他的，实在不多啊。”

一次，王旦在朝堂之上，见李宗谔脸上愁苦，站立不安，心中颇怪。退朝之后，王旦就问他说：

“我见你举止有异，大别常时，你可有心事？”

李宗谔极力掩饰，可在王旦的逼问之下，他只好苦笑着说：

“儿女婚嫁，所费颇多，我的俸禄和积蓄远远不够，是以心焦。”

王旦怜其清廉，同情地说：

“儿女大事，不可偏废，不足之数，我借给你好了。”

王旦借钱给李宗谔，他的夫人却有些担心。一次，她在和王旦说家常的时候，有意把话题转到这事上，她说：

“你关爱后辈，体恤下属，这本是好事，善善之举。但你身为百官之首，此事让别人得知，别有用心之人便会说你偏袒有私、另有隐情了，这事还是少做的好啊。”

王旦笑声朗朗道：

“我素来行事磊落，问心无愧，别人能说我什么呢？他们又有什么可说呢？我借钱助人，绝无私心，夫人何必想那么多呢？”

王旦后来见李宗谔日渐成熟，为了奖掖贤才，提拔后进，他便想提拔李宗谔出任副宰相。为此，他和同为宰相的王钦若商量说：

“李宗谔才德皆具，王大人可有异议？”

王钦若是个奸诈小人，他出于对李宗谔才识的忌恨，又担心他们二人会结成同伙，对自己不利，心中自是不愿。王旦催问之下，王钦若为了不打草惊蛇，就表示了同意。私下，王钦若却单独晋见真宗皇帝，陷害王旦说：

“王旦借给李宗谔不少的钱财，眼见他无力偿还，这才要提拔李宗谔当副宰相。按我朝惯例，如果李宗谔得以上任，朝廷便会赏赐他三千缗，这就足够王旦收回欠债了。他说的好听，说是为国择贤，陛下切不可被他所骗啊。”

有王钦若的谗言在先，其后当王旦奏请真宗皇帝批准此议时，真宗皇帝不仅未准，还当面将王旦斥责了一顿。王旦从此失去了真宗皇帝的信任，王钦若却日渐受宠，权势倍增。

原文

人不可密，密则疑生。

译文

与人交往不能过于亲密，太亲密了就会让人产生疑虑。

释评

制造事端的人，没有什么是他们不能利用的，与人交往这方面，最能让他们引发联想，从而捕风捉影、故弄玄虚地施以害人之术，大搞株连。其实，在人际关系中，保持一定的距离对谁都有好处。过于亲密，不仅外人猜疑，就是他们自己，时日一长也会偶有摩擦，导致心有怨隙。随着了解的深入，人的种种缺陷便会暴露无遗，这个时候，亲密的人之间往往会从此分手，直至生仇生恨，许多祸事便由此引发了。

【事典】张说的败招

张说是唐玄宗时代的大臣，他心胸狭窄，嫉妒心特强，遇有与他不合的大臣，他总是找人家的小毛病加以夸大，以达害人之效。朝中大臣对他又恨又怕，少有人和他交往。

和张说同殿为臣的姚崇，对张说的为人十分厌恶。一次，张说请他赴宴，姚崇当面应承，背地里却只派了一个仆人代他前去。那个仆人还捎来姚崇的一句话，他说：

“我这个人行事乖张，十分小器，我家老爷说我一定能和张大人谈得来，故而才命我赴宴。我家老爷让我对你说，如果你怕一个仆人辱没了你的身份，那么你自可让我马上回去复命。”

张说又气又恼，却又难以发作，二人之间的仇恨更深了。有人怪姚崇对张说如此羞辱，太过偏激。姚崇便说：

“对付小人，就该用小人的办法，如果这时你不狠心这样做，吃亏的只能是自己。我不敢自命君子，却也绝不迁就小人，正所谓你不咬他，他就要咬你，你能让我坐以待毙吗？”

由于姚崇的贤德，唐玄宗准备让他做宰相。张说听到这个消息，便四处活动，千方百计地阻挠唐玄宗对姚崇的任用。结果张说的奸计没有得逞，姚崇还是当上了宰相。张说十分恐慌，他对心腹之人说：

“姚崇心愿得偿，他一定会对我报复，此事迫在眉睫，我该怎么办呢？”

他的心腹却颇有些点子，他给张说出了个主意，说：

“岐王是皇上的亲弟弟，大人和他素来交往密切，这会你去求他庇护，姚崇纵是想害大人也害不成了。”

张说被他点醒，猛击一掌于案，叫道：

“我真是昏了头了，这个招法我怎想不出呢？我对岐王向来送以重礼，此刻有事找他，他能拒绝我吗？”

姚崇果如张说所言，一上台就想报复张说。他见张说和岐王交往频繁，远胜于常时，心知张说一定是用岐王对付自己，不禁一时无措。他苦思几日，一日忽有一念：一个执政大臣和一位亲王交往过密，说他们一个天大的罪名都可以啊。皇上最忌此事发生，我若以此对皇上言明，张说还有好果子吃吗？

姚崇十分聪明，他自知没有证据，此事若是不成，弄不好反让张说告自己一个诬陷之罪，于是他在玄宗皇帝面前，故意一跛一颠地走路。当玄宗皇帝问他是否脚有病时，姚崇故作惶恐地回答说：

“陛下所见为虚，我是有心病啊。”

玄宗皇帝大感奇异，口道：

“你明明是脚病，怎会是心病呢？”

姚崇左顾右盼，故作紧张地说：

“张说身为大臣，却是不务正事，常常暗中和岐王交往密切，不分彼此，臣真担心他们干出不该干的事来。”

玄宗一惊，他自知姚崇这是暗示他们有可能谋反篡位，于是立即把张说贬出朝廷，调到外地。张说后来得知真相，自道：

“怪我行事不周，也怪那姚崇老奸巨滑，他的这一手，谁会想得到呢？”

原文

心不可托，托则祸伏。

译文

心里话不能全说出来，毫无保留就潜藏着祸患。

释评

俗话说，见人只说三分话，未可全抛一片心。人际关系的复杂，社会的凶险，都要求人们凡事不能一厢情愿，一味真诚。对阴险奸诈的人而言，他们往往利用人们疏于防范的心理，将人们所说的真话、心里话，作为他们陷害别人的所谓证据。人们如果敞开心扉，言词中难免有不妥之处；即使一点没有，人们的态度和倾向也会流露出来，这些在朋友眼里看来无妨的东西，在小人的眼里就大有文章可做了。人又是变化的，人们知道把心里话对亲人朋友讲，也该知道亲人朋友有一天可能变成仇敌，还是要有所保留的，特别是事关利害的话，更不能轻易说出。不授人口实，对自己终是有益的。

【事典】祸从口出的赵安仁

赵安仁在宋真宗晚年的时候，担任副宰相。赵安仁心直口快，办事无私，敢于直谏，宋真宗多次夸奖他是难得的忠臣。

赵安仁一次被朋友请去赴宴，酒桌之上，他的朋友便对赵安仁说：

“皇上对你的直言都赞赏了，可我还要劝你不可一味只讲真话，一无所留。现在人心险诈，世事难料，你如此不知顾忌，想说什么就说什么，早晚都是祸害啊。”

赵安仁生性倔强，自不会听他的劝了，他反驳道：

“皇上信任于我，我又怎敢欺君？人家对我友善，我还能虚言以待？我对人真诚，自信人能真诚对我，此谓礼尚往来之举，哪里像你想象得那么可怕呢？”

赵安仁的朋友掷杯于地，叹息着说：

“你如此固执，我们也无话可谈了。他日祸起，莫怪我没为你早日谋划。”

一日，宋真宗突然把赵安仁召去，说自己想要策立刘贤妃为皇后，问他的看法如何。赵安仁不及多想，开口便说：

“皇后之位，尊贵无比，刘贤妃出身低贱，才德不堪，如若此事成真，天下人都会不服，陛下万不可立她为后。”

宋真宗对刘贤妃十分宠爱，才会有此打算，今见赵安仁把她说得一无是处，宋真宗大为不快。过了一天，宋真宗把王钦若找来，将赵安仁的话说了一遍，还余气未消地说：

“赵安仁自恃直言有功，却不知他不辨是非，言之太谬。这样的直言，只会误事，又有什么用呢？”

王钦若早想扳倒赵安仁了，于是他便火上浇油地说：

“皇上待他不薄，刘贤妃又没有得罪他，他怎能说出那种刻薄的话来？我看他是心中有鬼，说不上还和某位皇妃结为一党，这样的好事自然不会推举别人了。”

王钦若还让宋真宗明日问赵安仁谁当皇后合适，以此来试探赵安仁的用心。宋真宗为他所惑，第二天便把赵安仁召来询问此事。赵安仁丝毫不觉宋真宗态度上的变化，他只凭着一腔忠义，发自内心地说出了自己的想法。他郑重地说：

“皇上虚心纳谏，诚乃国之幸事。皇上既有此问，臣思之再三，臣以为皇后之位，非沈德妃莫属。沈德妃乃先朝宰相沈义伦的后代，端庄贤淑，仁德慈爱，定能母仪天下，不负圣恩。”

宋真宗又将此话对王钦若说了，王钦若又据此进谗言说：

“皇上也许不知道吧，赵安仁从前是沈义伦家的门客，难怪他会那样说了。他假公济私，真是可恶啊。”

宋真宗大怒，立即就罢免了赵安仁的副宰相之职。王钦若以此得功，官升一级；刘贤妃后来得立皇后，也对他心存感激，另眼相看。

原文

智者不招己害。

译文

有智慧的人不会为自己招来祸害。

释评

酷吏和阴谋者向来以智者自居，他们杀人害命，株连无辜，一个很大的理由，便是他们以为这样做只能伤害别人，不会伤害自己，所以才显得那么的疯狂和乐此不疲。其实，这才是他们的愚蠢之见，他们虽可以猖狂于一时，但由于天怨人怒，正义不失，多行不义必自毙的下场，终是他们无法逃脱的最后结局。而真正有智慧的人，虽不可尽免酷吏和阴谋者之害，却可运用智慧，把这种危险减少到最小的程度，把这种灾难控制在最小的范围，从而避免不应有的牺牲，把代价降到最低。

【事典】陈平的荒唐生活

汉高祖刘邦去世后，吕后临朝称制，执掌权柄。她重用吕氏家人，不仅把他们封王拜将，还纵容他们肆意打击和迫害前朝旧臣，一时形势极为严峻。

陈平时任右丞相之职，他为汉室命运担忧，却又无力改变这种局面，于是变得忧心

陈　平

西汉王朝的开国功臣。秦末参加义军，初事魏王咎，后被谗逃至项羽处，刘邦还定三秦时，又间行投汉，为汉高祖重要谋士。汉朝建立后，官至丞相，历三朝，得享天年。

镜　鉴

绝处沉稳，生机乃现。

忡忡，整天长吁短叹。大中大夫陆贾有一次来看望陈平，见陈平如此模样，连连摇头。陈平出言相询，陆贾便说：

“你忧国忧民，竟会这样不爱惜自身吗？事实既是如此，你当退而求其次，唯思免害之计才是。你智谋过人，眼下却困守愁城，这只能让人看出你对时局不满，给你招来横祸，莫非你真的糊涂了不成？”

陈平和陆贾乃是挚友，陆贾言辞尖刻，却是令陈平一惊。但他不仅丝毫不以为怪，反而正色谢陆贾说：

“先生高见，平不及也。”

从此，陈平一改先前朴素之风，大肆挥霍，天天饮酒作乐，时时搜猎艳女入府，昼夜鬼混。

陈平如此高张嬉乐，不避人耳目，先朝的旧臣都怪陈平不思政事。他们有的暗中骂他不守臣节，有的还忧心地劝他说：

“皇上尚幼，国家倚靠丞相之处多矣。你统御百官，身肩重任，若是只顾嬉乐，不思振作，汉室危矣。丞相当思检点，励精图治，如此方不负先帝的重托啊。”

这等忠言，陈平这会装得全然不理。有人说的多了，他便显得极不耐烦，有时还故作愤怒，破口大骂说：

“你们一群莽汉，哪里知道享受的快乐？我历尽辛苦，挣得今日地位，若不趁早行乐，岂不让这大好光阴白白错过？我自知时日无多，享乐尚来不及，哪里还顾得上政事呢？”

陈平如此荒唐，吕后的妹妹吕媭看在眼里，却是心中暗喜。陈平从前曾受刘邦之命，出讨吕媭的丈夫樊哙，所以向来为吕媭所恨。如今，她便以此事在吕后面前进谗言说：

“陈平贵为右丞相，却天天饮酒戏女，花天酒地，不理朝政。他这样胡作非为，太后难道不该惩治他吗？”

吕后听后一笑，轻松地说：

“他贪图享乐，不理政事，正说明此人胸无大志，不足为患啊。在先帝旧臣之中，我最担心的就是他了。如今他这般模样，正遂了我的心愿，我高兴还来不及呢，哪还会惩治他？以后你也别在此多言了。”

陈平以此瞒过了吕后，平安度过了这段凶险的岁月。

原文

能者寻隙求功。

译文

有能力的人总是寻找别人的漏洞以求取功劳。

释评

俗话说，金无足赤，人无完人。一个人若想做到十全十美，没有一点缺点和错误，那是不可能的。有了这个缺憾，酷吏和阴谋者就会大加利用，极力搜寻和挖掘他们整治对象某些方面的小的过失和疏漏，进而上纲上线，夸大其辞，治人大罪。应当承认，他们寻隙的功夫和手段是十分了得的，以整人为能的他们，总能准确地找到被整者的“软肋”，再施以重手，想当然地把弥天罪名扣在被整者的头上。这方面，他们如此卖力用心，无不是为了求取功劳。有了这个刺激和奖赏，他们便会更加猖狂。只要统治者在此没有一个根本的改变，以之为功，整人的悲剧就一天也不会停止，株连的厄运就始终会阴魂不散。

【事典】借机陷害的吴瑾

明英宗朱祁镇1449年亲征瓦刺，兵败被俘，郕王朱祁钰即位，是为景帝。一年后英宗被释还朝，复辟之心始终未灭。1457年，英宗在大将军石亨等人的拥戴下，趁景帝病重，发动了“夺门之变”，复辟成功，重新当上了皇帝。

大将军石亨有此大功，英宗封他为侯，后又晋爵为公，对他十分宠幸。和他有仇的恭顺侯吴瑾见此，又恨又怕，只想寻机离间英宗和石亨的关系，把石亨扳倒。

吴瑾四下派人打探石亨的一举一动，却始终没有抓到石亨的任何把柄。时间一长，吴瑾十分焦虑，于是他把密友抚宁伯朱永找来，商量此事。吴瑾开门见山地说：

“我和石亨势不两立，我不整他，他必整我。现在他位高权重，不可一世；我又抓不到他的错处，这事恐怕夜长梦多，你说该如何是好？”

朱永皱眉多时，忽道：

“一个人终有他的错处，哪里会找不到呢？近来他新盖一府邸，豪华气派，宏伟非常，远逾王府了，这不是他最大的毛病吗？你若向皇上参他个僭越之罪，皇上能无动于衷吗？”

吴瑾嘴上说好，却又道：

“皇上宠幸于他，只怕我当面说他的坏话，反而会令皇上厌恶。再说，这也不算太大的毛病，若无恰当时机，效果怕是不大。”

二人商议多时，吴瑾为了稳妥起见，决定暂不进言，以后见机行事。

一天，英宗闲来无聊，让吴瑾和朱永陪伴，登上了凤翔楼。英宗一眼便见石亨的府邸富丽壮观。于是他明知故问地对二人说：

“想不到宫城之外，竟有这等气派的房屋。你们可知这是何人所建吗？”

吴瑾和朱永相视一眼，会意一笑。他们已在英宗的言语中听出了不满之意。吴瑾认为时机已到，于是故作高声说：

“此宅这般气势，直逼皇宫，不用问，这一定是王府了。”

英宗摇头不语。

吴瑾这会就势又说：

“不是王府，谁又能有这样的胆子，敢僭越造屋呢？此人如此狂妄无忌，莫非他想造反吗？”

英宗眉头一紧，似是深有触动。朱永在旁也煽风点火说：

“不是王府，也许是哪位大功臣的住宅吧。即使他有天大的功劳，也不该这样居功犯制。他不知自敛，明目张胆地如此行事，背地里他会做什么，更让人不敢想象。”

二人一唱一合，句句击中英宗的忌讳之处。石亨立有大功，英宗担心的就是他恃功自傲，功高震主。如今听二人一说，英宗似是从石亨的府邸上感受到了这种威胁。

从此，英宗对石亨态度立变，再也不信任他了。

原文

饵之以逮，事无悖矣。

译文

引诱他们上钩再据此把他们逮捕，事情就没有悖理之说了。

释评

多数的冤案，表面上人证物证俱在，看似合理合法，挑不出什么毛病，这正是冤案制造者的狡猾之处。他们所干的阴谋勾当，自知见不得人，说不过去，为了欺骗舆论，误导人心，他们总要做一番表面文章的。否则，他们的假面目暴露出来，无异于自绝于天下，这也是他们所不情愿的。于是，设下陷阱，引诱别人上当，让他自投罗网，这个可谓高明的害人方法就出笼了。它可让人造成事实，百口莫辩，别人又无可指责，害人最是直接和有效，害人者无不对之十分看重，屡屡施出。人们不识其奸，一旦中计，后果就十分凶险和严重，解脱罪名的机会也很小了。

【事典】武惠妃的杀招

唐玄宗时，后来居上受宠的武惠妃，为了让自己的亲生儿子孝王李瑁当上太子，可谓用尽了阴谋手段。

一日，玄宗看见武惠妃暗中哭泣，询问之下，武惠妃故作哀求之状，跪在玄宗面前，哽咽着说：

“陛下若不想我和瑁儿惨死，就救救我们母子吧！”

玄宗大惊，忙道：

“爱妃何出此言？有我在此，谁还敢动你们分毫？”

武惠妃接着诬陷说：

“太子和鄂王、光王结成死党，他们嫉妒我们母子受陛下宠爱，将要杀害我们，随时都会下手。我怕陛下为此忧心，本不想告之陛下，可是此事非比寻常，只求陛下搭救了。”

玄宗不等武惠妃把话说完,已是暴跳如雷,怒气冲天。他不问青红皂白,便要废黜太子李瑛的太子之位,鄂王李瑶、光王李琚,也要一并治罪。宰相张九龄一闻此事,急忙入宫进谏说:

"此事无凭无证,陛下怎能轻信呢?再说,陛下登基日久。太子和二位皇子从没有离开过深宫,他们受陛下教诲甚深,怎会做此大逆不道之事?他们成人不易,陛下又向来对他们十分关爱,如今盛怒之下要废弃他们,只怕陛下日后也要后悔啊!"

张九龄苦谏之下,唐玄宗才饶了他们。武惠妃见此计不成,深恨张九龄坏了她的好事。为了阴谋得逞,她暂时压下怒气,派人拉拢张九龄,劝他不要参与此事。张九龄不为所动,武惠妃所派的那人便说:

"大人和惠妃娘娘作对,小人以为这是不智之举啊!惠妃娘娘在皇上面前说一不二,大人就不为自己的前程着想吗?此刻若是大人施以援手,不但大人地位可以永保,就是大人的子孙后代也无可忧虑了,大人何必为了别人而不念这一切呢?"

张九龄冷声说:

"废立之事,岂能作为交易?我乃出于公心,早将生死置之度外。惠妃娘娘如要怪罪,老朽也只能领罪了。"

武惠妃见张九龄不肯就范,只好暂时按兵不动。后来张九龄被奸臣李林甫陷害而贬离京城,武惠妃没有了顾忌,便又蠢蠢欲动了。

有了上次的教训,武惠妃决定改换招法,她一时思想不出,于是和自己的私党商议。她的私党有的便开口说:

"没有真凭实据,是很难置他们于死地的。他们是皇上的亲生儿子不说,就是外人也不会轻易相信。可太子他们循规蹈矩,不要说谋反,就是一点小过错都难以挑出,这事实在是太难办了。"

另有人建议说:

"如今之计,只有让他们造成谋反的事实了。娘娘何不设下圈套,找一个理由骗他们带武器入宫,这样一来,娘娘对皇上指证他们谋反,皇上自会相信。"

武惠妃笑着点头,口道:

"到时他们纵是浑身是嘴,只要我不承认,谁还会相信他们的话呢?如此不仅可让他失去太子之位,他们的命也难保了,这才是斩草除根的妙法呀!"

武惠妃马上采取了行动。她以宫中有贼,请太子和鄂王、光王携带武器,入宫救驾的名义,骗得三人全身披挂、各执利器直闯入宫。武惠妃又对玄宗说三人谋反,已是杀进宫来,玄宗派人看视,果如所说。于是唐玄宗便认定他们谋反为真,先是把李瑛废去太子之位,和鄂王李瑶、光王李琚同时贬为庶人,接着又将他们全都赐死。